"苏式"教师发展服务品牌的姑苏实践

惠 兰 / 编著

苏州大学出版社
Soochow University Press

图书在版编目(CIP)数据

"苏式"教师发展服务品牌的姑苏实践/惠兰编著
. —苏州:苏州大学出版社,2023.5
ISBN 978-7-5672-4401-6

Ⅰ.①苏… Ⅱ.①惠… Ⅲ.①师资培养-研究 Ⅳ.
①G451.2

中国国家版本馆 CIP 数据核字(2023)第 085646 号

"Sushi" Jiaoshi Fazhan Fuwu Pinpai De Gusu Shijian

书　　名:	"苏式"教师发展服务品牌的姑苏实践
编　　著:	惠　兰
责任编辑:	沈　琴
助理编辑:	周　麒
装帧设计:	吴　钰
出版发行:	苏州大学出版社 Soochow University Press
社　　址:	苏州市十梓街 1 号　邮编:215006
印　　装:	苏州市深广印刷有限公司
网　　址:	www.sudapress.com
邮　　箱:	sdcbs@suda.edu.cn
邮购热线:	0512-67480030
销售热线:	0512-67481020
开　　本:	700 mm×1 000 mm　1/16　印张:17.75　字数:300 千
版　　次:	2023 年 5 月第 1 版
印　　次:	2023 年 5 月第 1 次印刷
书　　号:	ISBN 978-7-5672-4401-6
定　　价:	58.00 元

凡购本社图书发现印装错误,请与本社联系调换。服务热线:0512-67481020

序

序

江南春到。手头是一杯春茶,一叠姑苏文稿。

若说教育如茶,那教师就是清醇的"水",让这"茶"尽出其味。

2018年,《中共中央、国务院关于全面深化新时代教师队伍建设改革的意见》明确提出以"确保方向、强化保障、突出师德、深化改革、分类施策"为基本原则,实现"到2035年,教师综合素质、专业化水平和创新能力大幅提升",对教师队伍建设改革提出了具有时代意义的新目标和新要求。

"如何建构一流的教师教育体系,联结融通教师发展的关键节点,打造开放协同的教师发展体系,立足学生发展的核心素养,探索面向未来、面向教育现代化的教师专业发展路径"成为摆在我们面前必须研究和解决的时代命题。

苏州市姑苏区教师发展中心站位区域层面,整体推动新时代教师队伍建设改革朝向纵深发展,以"苏式"教师发展服务品牌的创新涵育,为我们贡献了"姑苏方案"。

一、有源之水,方能致远

扎根姑苏深厚的历史文化底蕴,姑苏区教师发展中心以"课程无处不在、学习无处不在、发展无处不在"为美好服务愿景,达成教科研训的有机融合,朝向"为区域教师提供全面、适切、个性、自由、有效的发展服务,提高教师实施素质教育的能力和水平,全面提升姑苏教育内涵发展水平"的目标追求前行,姑苏的"苏式"教师发展服务品牌呈现出独特的气质与隽永的力量。

二、川流不息,行而有方

姑苏区教师发展中心选择了一条教科研训一体化的全新路径,提出并实施"课程化建设",通过"姑苏教师专业发展课程"体系,重新架构与赋能教师成长进阶;以"全面质量观"为引领,创平台、建标准、抓教改,为师生提供精准的教育教学服务;扣住"苏式"文化脉络,专注课堂彰显"苏式"教育魅力,绽放"苏式"教师潜能;聚焦"百年老校"文化创生,瞄准智慧教育创新育人方式……这些实践专业而清晰,他们始终把目光集聚在"人"这个关键要素上,始终用心、用情、用力发展好每一位姑苏教师。近年来,以江苏省"苏教名家"培养工程培养对象、特级教师惠兰主任为领衔的姑苏教育人,积极致力于"苏式"教育品牌的建设与推广,"姑苏表达"之声愈发响亮,特别是姑苏的教师发展体认与实践,在省市中具有一定影响力与示范性。

三、奔流到海,步履不停

县级教师发展中心是我国教师教育体系的重要组成部分。在党中央坚持把教师队伍建设作为基础工作、强化教师教育工作、强调加强县级教师发展机构建设的背景下,围绕"县级教师发展机构使命"这一核心命题的讨论非常必要。姑苏区教师发展中心"苏式"教师发展服务品牌的新时代创新很有价值,极具借鉴意义。

教育如茶,水温茶自香。是为序。

苏州市教师发展学院

2023 年春

目录

■ **第一章 寻，启程的源** / 1

    第一节 文化缘起 / 3

    第二节 内涵特质 / 7

    第三节 理性追寻 / 18

■ **第二章 探，涵育的路** / 69

    第一节 教师专业发展制度建设的姑苏探索 / 71

    第二节 "教师专业发展课程"的姑苏建构 / 92

    第三节 "苏式"教育的姑苏表达 / 127

    第四节 "苏式"教师的姑苏涵育 / 147

    第五节 全面科学提升教学质量的姑苏行动 / 177

    第六节 智慧教育生态的姑苏创生 / 215

■ **第三章 绘，发展的景** / 245

    第一节 县级教师发展中心"新示范性"建设的姑苏思考 / 247

    第二节 我国县级教师发展机构建设研究述评 / 250

    第三节 我省县级教师发展机构建设调研样本分析 / 261

    第四节 新示范性：县级教师发展机构内涵建设的挑战与突围 / 273

■ **后　记** / 278

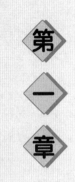

寻，启程的源

第一节 文化缘起

"苏式"教师发展服务品牌,是苏州市姑苏区教师发展中心(以下简称"中心")的内涵建设特色品牌。品牌的提出,源于以下四方面。

一、源于苏州地域气质的涵养

苏州是国家历史文化名城之一。苏州四季分明,物产丰富,这方水土养育了具有极高文化创造力的苏州人,滋生了具有独特面貌和精神的苏州文化。

姑苏区位于苏州市核心位置,是苏州重要的文化、艺术和教育中心。姑苏区现有各级文物保护单位184处(其中国家级24处、省级37处),各类非物质文化遗产代表性项目106项(其中世界级4项、国家级18项、省级17项),沧浪亭、狮子林等8处园林和大运河5条故道、5个核心点段列入世界文化遗产名录。千百年来,这片曾经的吴国都城所在地,不仅渗透着吴地钟灵毓秀的婉约意蕴,更彰显着"精致、灵动、致用、开放"的"苏式"文化的精神内涵与价值追求。

丰厚的姑苏文化精华体现在古城名镇、园林胜迹、街坊民居以及丝绸、刺绣等丰富多彩的物化形态,体现在苏剧、评弹、吴门画派等门类齐全的艺术形态,还体现在文化心理的成熟、文化氛围的浓厚等。灵动清新的水文化、多元开放的市井文化、精致秀美的艺术文化和尚文重教的教育文化,是姑苏传统文化内涵的集中体现。

文化底蕴的厚重深邃,文化内涵的博大精深,文化形态的鲜明独特,特别是姑苏文化所蕴含的积极的人文精神,在中华文苑中独树一帜。熔古铸今的姑苏教育,是千年古城赋予姑苏的宝贵财富与隽永气质。

二、源于"苏式"教育文化的浸润

姑苏教育文化在发源伊始就显示出"崇文重教"的特点。

据《中国教育大系——历代教育名人志》和《江苏历代名人录——教育卷》记载，自先秦至唐，众多生于或仕于姑苏的先贤在教育和文化领域立功、立言，使后世从浩繁卷帙中找寻到姑苏教育文化的滥觞。

春秋时期，吴地始与中原进行文化、教育交流。公子季札北聘，品析周朝礼乐，向中原诸侯展示南方大国的文化实力。吴人言偃以礼乐化民，立下重学重教的传统。

三国时期，吴郡大族家庭教育发展迅速，陆、顾二氏为佼佼者。

魏晋南北朝，官学、私学和家学三位一体，构成当时姑苏教育的体系。

唐代，吴人施士匄任博士，授课认真，循循善诱，育人无数。吴人陆质阐发《春秋》微言大义，开学者疑经之风。

宋、元、明、清是古代教育文化的繁荣时期。姑苏教育形成以府学为核心，书院、社学与义塾星罗棋布的局面，织就一张较为完整的教育网络，为国家培养了大批人才，亦有力地促进了文化发展。姑苏渐成人文荟萃之地，众多学派、画派与书派争奇斗艳。

北宋范仲淹和胡瑗是姑苏教育文化奠基时期的两大坐标。北宋景祐二年，范仲淹创建苏州府学，开分科教学、因材施教、言传身教的教法之风，并注重环境教育，首创"苏式"教育模式，为苏州文运昌盛奠定了基础，后人赞曰："苏学天下为第一，有深广巨丽之称。"胡瑗任苏州府学教授期间，以姑苏为教育改革之沃土，著名的"苏湖教法"于此起步。苏州府学因提倡教授实用知识和培养实用人才而成为全国地方学校的楷模。

清代，苏州书院发展进入鼎盛阶段，不仅创建了多所著名书院，还涌现出众多书院大师，确立了全国领先地位，对人才培养和学术繁荣均产生了重要影响。理学名臣张伯行建"紫阳书院"，取法胡瑗，偏重实用。"正谊书院""学古堂"皆由名儒硕彦传道授业。现在位于姑苏区人民路文庙东侧、三元坊南侧的可园，因曾先后归二书院所有而成为苏州现存唯一的书院园林。

清末，山河破碎，国势危亡，民众渐醒。人们开始接触西方文化，寻求救国之道。洋务派代表苏州人冯桂芬提出"中体西用"。清末新政在教育方面重要内容就是废科举、办学堂，书院改为兼习中西学的新式学堂。姑苏区现有的 20 所百年老校，其前身多为当时兴办的新式学堂。

  平江实验学校，前身为 1905 年创办的吴县官立第五初等小学堂；

  大儒实验小学校，前身为 1906 年创办的长元和高等小学堂；

  敬文实验小学校，前身为 1907 年创办的吴县公立第二半日制学堂；

  ……

民国初期，苏州民族工业和新文化日渐振兴，苏州学界教育思想空前活跃。西方教育思想传入，激发了教育改革的热情。杜威"学校即社会，教育即生活"的教育思想就曾在苏州小学教育界风靡。

江苏省立第一师范学校（今江苏省苏州中学）附属小学成为教育研究、实验、推广的"大本营"。俞子夷在国文科试行欧美"自学辅导主义"，吴研因开小学使用白话文教科书之先河。在胡瑗之后 900 年，姑苏又一次成为中国学校教育改革中心。

一段段历史，让我们可以清晰找到"苏式"教育的印记。姑苏教育人不断保持着"苏式"教育应有的姿态，追寻着姑苏学校应是的风景，展现着"苏式"教师发展服务品牌应然的品味。

三、源于"苏式"名师思想的传承

地处苏州核心古城的姑苏区，千百年来，精灵之气，氤氲积聚，文人雅士辈出，有"状元之乡"的美誉。明代全国共录取状元 90 名，苏州共出状元 8 名，约占全国状元总数的 8.89%。清代全国共录取状元 114 名，而苏州一地出状元 26 名。

范仲淹、胡瑗、俞樾、章太炎、叶圣陶、汪懋祖、沈百英……一个个名字熠熠生辉。尤其是叶圣陶，这位姑苏教育文化草创时期的坐标人物，他从干将坊言子庙小学的讲台上走来，成为中国现代教育文化大家，"教是为了不教"的教育思想是姑苏教育文化的现代表达，不断为后人所诠释和践行。正如前苏州市教育局局长、现省教育厅副厅长顾月华在《以立德树人为导向培育"苏式"教育品牌》一文中所指出的："叶圣陶先生是从苏州小学讲台走出去的伟大教育家，是中国现代教育文化领域的一代宗师，理应是苏州市广大教育工作者的精神导师和行为楷模。"

一位又一位教育名家，给我们今天涵育"苏式"教师发展服务品牌留下了宝贵的精神财富。

四、源于姑苏教育发展的需求

文化与教育同源共生。教育是姑苏的一张名片，教育在姑苏区有着特殊地位和作用，是姑苏区最重要的一部分。姑苏教育人认为：做教育就是做传承，做教育就是做文化，做教育更是谋发展。擦亮姑苏教育品牌，推动教育高质量发展是姑苏教育人的责任与担当。

作为全国首个也是唯一一个国家历史文化名城保护区，姑苏教育人在不断思考：被千年吴文化滋养孕育的"苏式"教育应以怎样的姿态呈现？

办好每一所学校，教好每一个学生，发展好每一位教师，擦亮姑苏教育品牌，形成高质量姑苏教育的文化符号，是新时期区域义务教育再创辉煌的指路航标。发挥姑苏教育核心优势，走内涵发展、特色发展、优质发展之路势在必行。

苏州地域气质的涵养，"苏式"教育文化的浸润，"苏式"名师思想的感召，姑苏教育发展的需求，更是基于中心内涵建设的需要，"苏式"教师发展服务品牌应运而生。

第二节 内涵特质

县级教师发展中心的内涵该如何定位？会有怎样的诠释？该如何去涵育这份内涵呢？中心基于思考与实践进行了诠释与表达。

姑苏区位于苏州城区中心，为千年古城之"核"，全区共有幼儿园65所，小学49所（含4所民办小学，1所特殊教育学校），初中16所，其中百年老校20所。可以说：姑苏教育呈现的是苏州基础教育最基础、最本真的生态。

姑苏区教师发展中心筹建于2013年1月，2013年9月正式挂牌成立。值得一提的是：中心是在2012年年底苏州市重大区划调整——在撤并原沧浪、平江、金阊3个老城区，成立姑苏区的独特背景下，整合原三区教研室、教科室、教师进修学校、电教中心等教育资源成立的全新机构，革故鼎新，意义深远。中心下辖教育科研部、教师培训部、教学研究部、教育信息部、办公室5个部门，内设"苏式"学校研究中心与姑苏区教育学会。

2021年7月，《省教育厅关于公布2020—2021年省示范性县级教师发展中心创建评估结果的通知》认定：苏州市姑苏区教师发展中心高分创建成为江苏省示范性县级教师发展中心。

长久以来，姑苏特别注重教育传统，特别注重教育文化，特别注重遵循规律，特别注重坚守本真。植根于姑苏教育的沃土，中心秉持"教育的本质是服务，中心的价值是'专业服务'"的核心价值取向，以"无限智慧，无限生成"为核心服务理念，以"课程无处不在、学习无处不在、发展无处不在"为美好服务愿景，以"课程化：区域教师教科研训一体化的路径探索"为特色，扎实行进在"'苏式'教师专业发展服务"特色品牌的涵育之路上。

一、"'苏式'教师发展服务品牌"的内涵诠释

融通、细腻、灵动、丰厚、精准、开放，是"'苏式'教师发展服务品牌"的独特气质。

1. 融通：以"课程化"为教科研训一体化的路径探索

自中心成立以来，一直在摸索教科研训一体化的姑苏路径。经过10年的思考与实践，"课程化"成为中心不断推进教师培训、教学研究、教育科研和信息化应用，实现管理统一、资源共享、信息贯通、效能提档的特色实践与创新行动。

中心创造性地提出"四位一体"工作的"课程化建设"，即以"课程"的高度、视角、标准、实施、评价等来架构与落实各项中心工作。历时1年的研磨，中心在2017年推出《"姑苏教师专业发展课程体系"建构方案》，提出课程建设"四位一体、彰显优势、平台支撑、协同并进"的总思路，全力创构"姑苏教师专业发展课程"。

"姑苏教师专业发展课程"设立横轴（课程分类）与纵轴（教师职业生涯划分）。横轴是依据教师专业标准，结合区域教育发展现状及需求，创设四大课程群类，分级下衍子课程群。纵轴则是依据教师职业生涯规划研究，结合区域教师发展现状及需求，由教师自我对标"生涯阶段要素"，动态匹配为适应期、积累期、成熟期、创造期。横纵两轴交叉共生，形成一张可无限生成的具有姑苏特色的立体化、适切化、个性化课程网络。

中心的"四位"部门站在课程规划者、设计者、开发者、实施者、反思者等多维角度进行"姑苏教师专业发展课程"的研制与实践。课程基于"四位一体"的特质基础，最大限度发挥"融通"优势。各部门在课程中不仅凸显着自我的功能价值，更实现着"一体化"的可能与效能。中心各部门人员没有壁垒分明的职能界定，"四位一体专业人员"是共同的承诺与担当。于是，在课程的视域里，每一个部门、每一位专业人员，都是"四位一体""融通"特质的实现载体。

借助中心每周"课程表"，借助姑苏教育"云平台"，借助虚实结合的课程研修模式，区内每一位教师均可利用横轴与纵轴准确自我定位，找到与之匹配的课程群，进行自主、自由、自能的研修，成为课程的享受者、评价者、重构者与创造者。

依托课程化建设，中心基本实现"课程无处不在、学习无处不在、发展无处不在"的美好服务愿景。丰富多彩的课程，适切有效的课程为姑苏教师在教育科研、教学研究、教育信息化等方面的成长奠定坚实基础，形成有力助推。10年来，中心的"四位"在"课程"中逐步实现真正"一体"，目标

第一章 寻，启程的源

清晰、系统推进、融通融合、互为依存，探索出一条区域教师发展中心实现"部门融通、职能融汇"的姑苏路径。

2. 细腻：以承继与变革兼顾的制度建设为保障

源于对优良教育传统的尊重，更基于姑苏教育发展的崭新格局，中心以"承继与变革兼顾"为原则，扎实推进区域教师发展顶层设计与制度建设：出台《姑苏区教师发展中心发展规划》，全面明晰中心建设与发展美好愿景；统整出台课程规范，全力构建课程管理体系；统整出台教学规范，全力构建教学管理体系；统整出台教育科研规范，全力构建教育科研管理体系；统整出台教育信息化规范，全力构建教育信息化管理体系；统整出台专业服务规范，全力构建区域教育发展绿色体系……自成立以来，中心立足区情，自主研制，推出涵盖"多位一体"职能的各级各类规章制度、指南建议等23套/项。赋有姑苏特色与实践效果的导向性、本土性、发展性方略得到了广泛认可，中心"依法服务""依法管理"的工作模式得到了普遍欢迎。

3. 灵动：以教师队伍的多层次发展为抓手

中心以"姑苏教师专业发展课程"为基石，逐步形成满足学校职岗需求、满足教师专业发展需求、满足教师幸福成长需求的多层次教师培养体系，全面提升姑苏教师队伍水平。

（1）专业人员发展学术化

"要强师，必先自强"是中心秉持的自身队伍建设观。专任教师是"一线中的一线"，这已经成为教师们强烈的自我认知与区域共识。中心拥有专任教师23名，依靠自主培养，目前副高级及以上职称17人，占比73.9%；研究生学历2人，占比8.7%；省中小学正高级教师4名，占比17.4%；省特级教师3名，占比13%；大市级以上学科带头人19名，占比82.6%。整个中心团队追求"师德"与"学术"双示范，争当姑苏教育"高质量发展"的坚守者、引领者与行动者。"教师中的'教师'""向我看，跟我干""做精准而有温度的专业服务""一位专业人员就是一面旗帜"等鲜明、积极、有为的专业形象赢得了广大教师的普遍尊敬与真诚认可。

（2）教师素养提升全员化

中心积极倡导"师德第一、苦练内功、着力教学、专业成长"的全员发展模式。"姑苏教师专业发展课程"推出各类"奠基课程"，夯实队伍底色；区域年度课程建设主题，系统设计、彰显品质，引领队伍实践；定期举办的基础竞赛、学养研修，夯实队伍功底；立足"校本"，盘活"共同体"，专业研修成为教师行走的有力方式；狠抓分管行政"关键少数"的专业领导力，有力提升队伍战斗力。

中心聚焦不同发展阶段教师应具备的核心素养与关键能力，分层分类开展新教师入职培训、青年教师助力培训、骨干教师提升培训、教师培训者团队研修等系列化培训，同时创生各类特色专项培训。如"教师专业发展关键能力课程"，强化学科专业关键素养；"教师专业成长阶梯课程"，以新教师三年岗位成长营课程、青年教师成长培育高级研修班课程、姑苏市级学科带头人后备人员高级研修班课程等项目为抓手，不断聚焦与提升姑苏教育人才后备梯队的培养；"衔接教育""教育测评""数据素养"等特色专项研修，多维度、立体化提高区域教师专业素养。

（3）骨干队伍培养梯队化

专注"育师""应育"迭代，是中心培养区域骨干教师的核心思路。组建区学科中心组，"树一个人带动一批人"，区课改活动成为骨干教师成长高光舞台，借力高校组建"区学科中心组高级研修班"，创设"区学科带头人高级研修班"，定制培养区高层次教育人才预备队，区学科中心组提档升级，推出《区教育人才专业培养服务方案》，全面启动"姑苏区教师发展示范基地校（园）提档升级建设项目"，落实省市"四有好教师"建设要求，创新姑苏落地……姑苏教育现拥有"四有"好教师省级重点培育团队2个、市级团队4个；省级教师发展基地校3个、市级基地校5个。近年来自主培养苏州市市级学科带头人207名，区级学科带头人676名，区教学能手、教坛新苗150名。苏州大市学科带头人的评审通过率居全市领先。近5年来，姑苏学科教师在江苏省优质课评比、基本功竞赛等中荣获一等奖及以上及江苏省最高层次学术论文评比特等奖荣誉的有近40人次。"全面质量观引领的小初衔接实践"项目，在苏州市教育科学研究院的引领下，经过10年系统、深入的实践研究，荣获2021年江苏省教学成果奖（基础教育类）特等奖。

（4）基层教师发展团队化

近年来，从区域教师发展中心，到各教育集团、教师发展共同体的"教师发展部"，再到学校、幼儿园的"教师发展职能部门"，区本、体本、校（园）本三级"教师发展中心"网络全面建构、打通与运行，共建共荣，实现着姑苏教师专业发展"最贴近地面的最优美飞行"。

(5) 校本研修推进特色化

中心立足于服务、引领的基本理念，依据"姑苏教师专业发展课程体系"有力指导校本建构，校本研修过程管理规范、考核严肃、定期展示。姑苏的校本研修特色鲜明、成效显著。

4. 丰厚：以"苏式"学校的实践研究为重点

2015年3月，姑苏整体申报江苏省教育科学"十二五"规划2015年度课题"基于叶圣陶教育思想的区域打造'苏式学校'的实践研究"。"苏式"学校成为姑苏教育高质量发展的文化符号与实践载体。

作为姑苏区苏式学校研究中心，中心以"苏式"学校的校园、课程课堂、教师、学生四个维度引领区域涵育"苏式"学校，切实把姑苏文化软实力，转变成姑苏教育核心竞争力。

(1) 完善顶层设计

中心颁布《姑苏区"苏式学校"建设行动方案》，协助制定、编写《姑苏区教育资源布局规划方案》《姑苏区教育传统文化发展建设指南》《姑苏区百年老校沿革》等，组建"百年老校发展促进会"。行政推动、区域联动、建章立制、政策支持、经费扶持等举措，使"苏式学校"建设工作不仅有蓝图，还有路线图；不仅有鲜明导向，还有具体落实举措。

(2) 突出项目抓手

中心以项目推动研究，"教是为了不教"教改实验学校项目、"叶圣陶教育思想"专项课题研究项目、"苏式"教育教学改革行动项目等形成强大的研究与实践共同体，引领全区教师积极参与基于叶圣陶教育思想的教育教学改革实践。

(3) 强化活动助推

中心着力通过活动推动研究。江苏省"苏式课堂与儿童成长"苏派教学专题论坛、江苏省"教海领航"小学教学研讨暨姑苏区"苏式课堂：质量提升的方法与路径"论坛、江苏省中小学"师陶杯"教科研论文颁奖暨综合学术活动、国家智慧教育示范区教育大数据主题研讨会、江苏省第三届STEM教育大会、长三角城市群教育科研论坛、江苏省区域基础教育课程教学改革展示活动……"苏式教育的姑苏表达"全省放样。紧紧围绕"打造古城教育高地"核心目标，中心在高端项目立项、高层次活动承办、高品质成果发布、高品位表达呈现、高含金量奖项争取、高效能行动推进等方面充分彰显着姑苏效应。近5年来，中心承办省、市高端专业学术活动100多次。

2022年起，中心以"区域推进'百年老校'文化创生的实践研究"为承继与创新抓手，按照保护区、姑苏区"一中心、两高地、一典范"的总体定位，回应建设古城教育高地核心动能。

（4）形成姑苏表达

多年的研究与实践，"苏式"学校建设的姑苏个性化表达框架已初步形成，表达内涵不断丰富：营造充满姑苏文化气息的"苏式"校园是培育"苏式"学校的必备条件，创生传承和发展地域文脉的"苏式"课堂是培育"苏式"学校的品牌基础，锻造具有吴地风格特色的"苏式"教师是培育"苏式"学校的关键举措，培养富有姑苏文化气质的"苏式"学子是培育"苏式"学校的根本目的。"苏式"学校已成为姑苏教育的靓丽名片，凸显育校育人的丰富价值。

5. 精准：以全面科学提升教学质量为目标

自2013年起，中心作为姑苏区教学质量监测中心，主动打破以选拔和甄别为唯一目的的监测困局，通过倡导一种科学意识、建立一套监测标准、创立一个数据平台、形成一群有效机制，改进与革新区域教育质量监测管理，营造区域优良教学生态。

（1）理念支撑建标准

中心高举"科学、和谐、可持续发展的教学质量观"的鲜明旗帜，历时3年，在苏州市率先推出《姑苏区小学生学科核心素养评价标准》和《姑苏区小学生学科质量监测标准》，全面推动姑苏教学生态、教师发展模态、学生成长状态的华丽转型。

（2）信息支撑建平台

中心研发"姑苏区学科质量监测数据平台"，创新建构学科图谱，实现学科质量监测的精准、全面诊断，引导学校和教师透过大规模数据群，精准分析每一个学生学科素养发展状况，实现对每一个学生的"精准施教"。

（3）机制支撑抓应用

中心高度重视质量监测机制的形成与完善，不断推动工作的规范化、专业化、科学化与实证化，实现依法监测、科学评价、素养为重、专业视角。2019年，与华中师范大学教育大数据应用技术国家工程实验室合作，不断拓展监测评价的视域与价值。

（4）案例支撑促推广

中心扎实开展全区性监测结果的校本化运用。近年来，在苏州市教育质量监测中心组织开展的全市义务教育学业质量监测结果运用优秀案例评选中，姑苏区累计获市级一等奖近20项，位于苏州市优质序列，实践经验作市级交流。"基于标准，区域推进学科质量监测管理的实践"荣获苏州市教育教学成果奖。"实施学养绿色达标项目及标准，区域推进质量监测管理的研究"成功立项为江苏省教育科学"十三五"规划课题。

（5）"教""学"支撑实课堂

中心引领全区聚焦课堂教学，落实增效提质，推进以学生为本的课堂教学改革，提出了"精准分析学情，夯实学习基础，注重习惯养成，激发兴趣动力，重视差异教学，夯实个别指导"的区域"教"与"学"基本原则，用"平凡的伟大"点燃教学、教研满满的正能量，助推区域教学质量不断提升。

6. 开放：以"教育云"的高效生长为核心

中心站位时代发展前沿，以构建和谐的教育信息化生态系统为总体建设目标，通过智慧"教育云"平台教育生态服务体系，架构起区域教育全人员、全业务、全过程、全生命周期信息化管理。

（1）基础环境铺设到位

中心采用新一代模块化核心机房及第三代区域教育城域网网络架构，以国家二级等高要求进行系统部署，保障数据、系统 7×24 小时不间断服务，实现千兆局域网、百兆出口带宽、互联网百兆到桌面。中心通过教育城域网与区域内所有学校互联互通，同时借助江苏省教育和科研计算机网（JCER-NET），实现省市网络及数据的互联互通。区域骨干链路网络及核心服务高效安全运行，并在此基础上规划建设基于虚拟化、分布式计算、分布式存储技术的区域性云教育资源池，提高姑苏智慧教育云计算、云存储和云安全能力，从而构建智慧教育云服务底层硬件环境。

（2）"教育云"初步成型

中心完成基础数据库及交换平台、云服务支撑平台、"人人通"空间、研训协同系统、学生质量监测平台、教育教学资源管理、智慧教育移动互联网应用等十四大内容建设任务，以"业务产生数据，数据驱动应用"为主旨，以"横向打通，纵向汇聚"为主要推进策略，实现人事、学生、教务和业务数据的互通互联，形成区域数据一张网，和谐的智慧教育生态系统初步形成。

(3) 各类应用高效生长

中心在"智慧姑苏"的整体框架上，出台教育信息化整体规划，顶层设计、超前谋划区域各类教育信息化项目及资源建设，"智慧教育"成为姑苏教育的闪亮名片。乘借信息化东风，中心通过云端互通、资源共享等功能，不断创生"人人皆学、处处能学、时时可学"的姑苏数字化教育教学环境。

(4) 云端助力学生成长

中心坚持"培养智慧人、启迪人智慧"的信息化育人目标，将科学、技术、工程和数学（以下称STEM）、人工智能等前沿新技术引入课堂，提升学生信息素养。如在新型冠状病毒感染疫情期间，中心以"苏州线上教育——姑苏区分中心平台"为学生线上学习主阵地，为全区学生提供丰富个性的线上课程，助力学生成长。

(5) 数据启迪教师智慧

中心始终将教师的技术应用能力放在首位，借助智慧教育云平台丰富的功能模块，开展形式多样的线上课程学习、视频直播，并提供丰富的教学资源，供教师自我成长；利用多平台数据汇聚，教师掌握教学、评价一手数据，实现"用数据说话"。多渠道、多方式的泛在教育教学应用和评价体系有效促进了区域教育质量、教育治理水平整体提升。

(6) 瞄准信息化2.0发展

中心全面落实"三全两高一大"基本方针，将教育云平台应用延伸至教师教学、学生成长、学校管理、区域数字化建设各个领域。在教育信息化2.0行动计划的引领下，融合发展，向注重创新引领、生态变革转变，积极探索"人人通"空间的应用场景，提高信息技术与教育教学的融合应用。目前已建成以促进现代化为核心价值取向的协同责任体系，特别是在供给方式、体制机制、思想观念实现了创新，形成了政府、教育部门和学校共建共享、服务共赢、开放共治的教育服务体系，启动姑苏教育信息化的2.0发展。

(7) 创新应用前沿探索

中心通过对增强现实（AR）/虚拟现实（VR）、人工智能、翻转课堂、STEM教学等前沿教育理念、教学技术的探索，与新加坡国立大学苏州研究院、华中师大工程实验室、江南大学等高等院校建立了合作关系，共同尝试将一系列新技术引入课堂，丰富课堂教学形式，打造契合姑苏师生的教育模式，以创新应用构建教育新框架。

（8）"大数据"再启萌芽

中心借助"大数据分析决策"，开启教育云内涵新研究，构建更为科学合理的学生学业素养、教师育人能力、资源应用效度、学校综合实力评价等崭新体系与模型，通过自动数据采集、回流、建模、分析，对区域教育进行更精准的分析与行动跟进决策，有力推动区域教育均衡与公平。

二、"'苏式'教师发展服务品牌"的阶段成果

1. 中心"苏式"特质初步彰显

在倾力涵育"'苏式'教师发展服务品牌"的进程中，中心的"苏式"特质不断凸显。中心实现着一群人摇动全区域的美丽联动。中心共同价值观逐渐形成，人人感受着精神世界的充实，充满着干事创业的激情，以"四位一体"在每一项工作、每一位专业人员的实现推动着姑苏教育的整体发展。

2. "苏式"课程成果硕果累累

随着"姑苏教师专业发展课程体系"不断完善，"中心一盘棋、课程一张网、发展全覆盖、服务在身边"的品牌特质彰显成效。近5年来，中心共承办100余次市级及以上课程，姑苏的"苏式"教育品牌在全省、全市日益产生影响。

3. 姑苏学生综合素养显著提升

近年来，姑苏教育生态不断完善与优化，姑苏教育着眼于学生的良好素养的养成和终身发展，为每一位学生的一生奠基。"苏式"学校洋溢着学生的欢声笑语，成就着学生的全面发展，"苏式"课堂以文化为基，以素养为重，成为"不教之教"的美好所在；"苏式"味道"吴地风华"成为姑苏学子特有的精神图腾。在粉墙黛瓦下、在吴侬软语里、在包容开放中，姑苏学子涵育素养、幸福成长。

姑苏学子相继在中心承办的江苏省区域基础教育课程教学改革展示活动、江苏省美育云端研赏活动、江苏省小学语文青年教师课堂教学观摩暨优课评选活动、华东四省区小学语文协作交流暨优课评选活动、江苏省小学数学"数的认识"专题教学研讨会、江苏省小学数学课堂教学改革成果交流研讨活动、"七彩语文杯"第四届五省区小学语文教育联盟优课交流评选活动等活动中，以极佳的学养素质获得了与会专家和教师的高度评价。依据连年苏州市义务教育质量监测结果反馈，姑苏区小学六年级学生学业监测数据持续向好。

如面临新型冠状病毒感染疫情严峻考验的2022届毕业生学业水平仍保持稳定区间，科学、语文继续保持全市领先优势。2019年10月江苏省基础教育质量监测中心发布《2018年苏州市姑苏区义务教育学生学业质量分析报告》，姑苏区在2018年江苏省义务教育学生学业质量监测中，区域学生学业质量水平均超全省、全市平均水平，区域学生在"高层次思维水平""品德行为素养""内部学习动机""学习自信心"等综合指标方面均有优势。2021年10月江苏省基础教育质量监测中心发布《2020年苏州市姑苏区义务教育学生学业质量分析报告》，姑苏区在2020年江苏省义务教育学生学业质量监测中，区域四年级学生学业质量水平均远超全省、苏南和全市平均水平，各项指标优势明显，较2018年省义务教育学生学业质量监测数据增值显著。

4. "'苏式'教师专业发展服务品牌"美誉频传

"'苏式'教师专业发展服务品牌"的涵育带给中心信念、力量、行动与荣光。中心自成立以来，在姑苏区教育体育和文化旅游委员会组织的年度考核中均获"优秀"等次。中心先后被评为姑苏区先锋基层党组织、苏州市教育科研先进集体、苏州市教育科研优秀团队、苏州市五一巾帼标兵岗、苏州市首个"教科研融合建设基地"、江苏省先进教育学会、"教海探航"先进集体、江苏省STEM实验区、江苏省中小学教师和校长培训工作先进单位、江苏省教科研工作先进集体，获苏州市五一劳动奖状……中心实践成果经省教育厅推荐作为"教师发展中心"序列唯一代表入选由教育部、北京师范大学等联合主办的第四届中国教育创新成果公益博览会。姑苏区文化教育委员会发文（姑苏文教委〔2018〕181号）《关于给予苏州市姑苏区教师发展中心表扬的通报》，给予了中心极大荣誉与鼓励。受江苏省教师培训中心、江苏教育行政干部培训中心邀请，中心参加第二届江苏教师发展论坛。目前，中心在研2项省级重点课题，"县级教师发展中心'新示范性'建设的实践研究"立项为江苏省教育科学"十四五"规划2021年度中小学教师发展专项重点课题，"区域推进'百年老校'文化创生的实践研究"立项为江苏省教育科学"十四五"规划2022年度重点课题。此外，中心工作经验在《江苏教育科研》《江苏教育》上推广，在第九届长三角基础教育课程与教学改革论坛、江苏省教育科学研究院举办的"县级教师发展中心研训员培训班"中做主题交流。中心每年均有集群式实践成果在大市以专栏刊发，不断发出姑苏教育的响亮声音。

三、"'苏式'教师发展服务品牌"的自我朝向

品牌,在姑苏教育人的理解中,就是"内涵"的一种表达,是属于这个事物的自己的表达。更为可贵的是,这种表达是不断发展的,是不断变革的。

"'苏式'教师发展服务品牌"一直在"新育"的路上。中心尝试着基于新时代、新需求、新可能的背景,对它进行一些新的表达。

新的定义追寻:姑苏区教师发展中心,要努力成为姑苏教育发展的综合服务实体;"'苏式'教师发展服务品牌",要努力成为姑苏教育内涵发展的"风向标、动力源、示范田"。

新的特质追求:基于新的定义追寻,中心的思考与行动要更加前瞻,支持区域教育内涵发展正确而长远的建构与落地;要更加专业,不仅是教育本身的专业,还需要统筹管理、组织协调、资源集成、内外通联;要更加综合,"中心人"素养的综合全面,既有专攻,又善融合;要更加科学,尊重规律,直击本质,有力决策……

新的行动追索:基于"新的特质"追求,中心将在新时代国策领会与落实、区域教育育人方式的转型与新构、教育教学优良生态的优化与捍卫、区域教师队伍"未来朝向"的规划与培育、区域课程建构与教学范式的深入与彰显、"苏式"学校姑苏品牌的培育与擦亮等领域,重点突破、重点作为。

更加丰富、更加灵动、更加完整、更加"苏式","'苏式'教师发展服务品牌"将永远在路上……

第三节 理性追寻

姑苏教育在加强县级教师发展中心建设、推进教育体制机制改革创新、构建现代教师教育培养体系、推进教师专业成长和教育改革发展上循着理性思考、迈着坚实步伐,"苏式"表达渐成体系,在省市影响深远。

课程化:区域教师教科研训一体化的路径探索①②

2012年,江苏省苏州市姑苏区建立了"四位一体"的姑苏区教师发展中心(以下简称"中心"),旨在实行教科研训一体化的教师培训与发展模式。但在其后的实际工作中,却存在科研、教研、培训"三足鼎立",部门之间合作不够的情况,难以形成资源整合优势。为整合区域资源,形成优势项目,激发教师主动参培的需求,我们试图以课程来统领"中心"教科研训一体化工作,形成课程体系。2017年11月,《"姑苏教师专业发展课程体系"框架建构方案》正式出台。

一、教科研训一体化课程概述

"姑苏教师专业发展课程体系"利用纵轴(教师职业生涯划分)与横轴(课程分类),形成一张可无限生成的具有姑苏特色的立体化、适切化、个性化的课程网络。我们根据国内外专家对教师职业生涯规划的理论研究,整合美国学者卡茨的教师专业发展四阶段理论,费斯勒的教师成熟发展循环论,北京钟祖荣、邵宝祥等专家的教师职业发展阶段理论,同时结合对姑苏区内教师职业生涯发展现状及培训需求的调研,将教师职业生涯划分为四个阶段,即适应期、积累期、成熟期、创造期,并以此作为"姑苏教师专业发展课程体系"框架的纵轴。同时,我们依据教育部《幼儿园教师专业标准(试行)》

---

① 王润清,惠兰. 课程化:区域教师教科研训一体化的路径探索 [J]. 江苏教育,2018(94):43-45.

② 江苏省教育科学"十三五"规划2016年度立项课题《"苏式文化"背景下的区域教科研训一体化推进策略与方法研究》(课题编号:J-c/2016/56)研究成果。

第一章 寻，启程的源

和《小学教师专业标准（试行）》，将姑苏区教师专业发展课程体系中的课程设计为四大类，分别为"师德及职业理解课程""个人综合素养提升课程""专业知识课程""专业能力课程"，此为横轴。

二、教科研训一体化课程推进的具体举措

1. 充分整合，形成教师专业发展课程建设框架。

"姑苏教师专业发展课程体系"框架出台后，"中心"要求结束各部门各自为战的研训模式，由教师培训部牵头，各部门分别发挥各自优势，将部门各项活动以课程形式纳入"姑苏教师专业发展课程体系"。为此，"中心"提出了课程开发"四位一体、彰显优势、平台支撑、协同并进"的关键词，要求区级教师发展专业课程由教师发展中心各部门承担建设，"中心"主任办公会议对课程建设进行全面指导，教师培训部负责对课程建设进行协调。同时提出了课程设计要求：

（1）课程定位明确，目标清晰，对实现教师专业发展起重要的支撑或促进作用，课程设置时间合理，内容恰当。

（2）课程内容体现现代教育思想，符合教育教学规律和学科要求；课程内容设计合理、科学、先进，重点、难点突出，能够及时有效地将学科发展前沿成果转化为教学内容，内容体系具有基础性、科学性、系统性、先进性、适应性和针对性，有助于学习者创新精神、创业意识和创新创业实践能力的培养。

（3）课程设计的各类实践教学活动能很好地结合专业理论知识，满足教师的研修需要，在培养学生发现问题、分析问题和解决问题的能力方面有显著成效。

（4）课程设计要依据教师专业标准，按"师德及职业理解课程""个人综合素养提升课程""专业知识课程""专业能力课程"分别设计，设计时要兼顾全区教师专业发展各阶段。

目前，"姑苏教师专业发展课程"依托"姑苏智慧教育云平台"全面启动，2018年3月实施至今已在平台开设课程近120个，总参培达15 881人次。

2. 网络推进，形成"区本—体本—校本—个本"的研培模式。

经过近5年的打造，姑苏区已形成"区本—体本—校本—个本"多级培训网络，各级培训各司其职，为全区教师提供适切的专业服务。"中心"以学校及教师发展共同体级培训作为教师培训的主阵地，多校联动，采用名师送培、专家巡讲等方式，送培到校、送培到共同体，有效地解决了教师工作与培训的矛盾，助推了区域培训特色的生成。

目前姑苏区在全区范围成立了12个小学教师发展共同体和5个学前教育教师发展共同体①，并制定了《姑苏区"教师发展共同体"行动指南》，从机制、路径、管理、评价等多个维度进一步简化与优化。同时秉承"规范与自主兼容"的原则，全面启动"教师发展共同体自主活动项目"申报工作，给基层教师专业成长提供了发展平台与肥沃土壤。近年来，各共同体分组横向交流研讨，强化共同体之间的学术研讨交流，扩大研究效益，有力地推动了区域教科研训一体化进程。5年来，"中心"专业人员各展所长，指导、引领全区"共同体"年均开展各类教科研训活动近200次，参与人次5 000以上，其中超十分之一的活动因品质高、质量好，被推荐在全区宣传、展示、推广，实现"最贴近地面的优美飞行"。一个完善的"区本—体本—校本—个本"的区域特色研培形式已形成。

3. 着眼发展，形成"一专多能"的专业服务团队。

姑苏区教师发展中心不断审视和调整自身发展理念与功能诠释，对专业人员组织关系和职能设定进行重新架构，促进每一位成员实现角色定位和工作方式全新转变，即不仅要进一步提升专业能力，努力向业务精湛的研究型、智慧型、专家型专业人员方向发展，更要主动迈向多元化发展，在科研、教研、培训及信息化各方面发挥自己的能力特长，促进自身综合素养再提升，从而真正放眼全局，从宏观角度全面推动区域教育改革发展。"中心"要求专业人员始终把服务放在首要位置，以参与者、合作者、研究者的身份走进学校和教师当中，投入研讨和活动当中，及时向学校和教师提供专业咨询、信息服务和技术支持，有力助推学校和区域教育稳步发展。

4. 立足建设，形成完善的区域教科研训一体化管理制度。

"姑苏教师专业发展课程体系"课题立项以来，课题组成员通过系列研究，在区域教科研训一体化推进过程中，强调顶层设计，推出了一系列管理制度，以保障区域教科研训一体化的顺利推进。截至2018年9月，姑苏区教师发展中心已推出以下管理制度②：《"姑苏教师专业发展课程体系"框架建

---

① 截至2022年，姑苏区全区范围内共成立10个小学教师发展共同体和8个学前教育教师发展共同体。

② 截至2023年3月，文中提到的管理制度均已正式建立并得到全面实施。

构方案（试行稿）》《"姑苏教师专业发展课程体系"课程管理与使用制度（征求意见稿）》《"姑苏教师专业发展课程体系"课程建设要求（征求意见稿)》《姑苏区"教师发展共同体"行动指南》《姑苏区"共同体自主教研活动"实施细则（修改稿）》……

三、教科研训一体化课程推进的几点反思

其一，"姑苏教师专业发展课程体系"框架的建立，实现了教科研训一体化的有机整合。教师发展中心在成立之初，仅是多部门合并成为一个部门，原有的工作状态并未产生整合性变化。"姑苏教师专业发展课程体系"框架的建立，将中心工作统整在整个课程体系中，课程的设计原则是以各部门优势项目为龙头，多部门协同合作推出，打破了各部门间的壁垒，使教科研训从表面的一体化成为真正的一体化。

其二，"教师发展共同体"的创设，完善了区域研培体系。各类基于"教师发展共同体"开发的课程，为区域教师的专业发展提供了更广阔的舞台，纯学科类、整合类课程多点开花，使活动丰富多彩，有效地推动了教科研训一体化进程。

其三，"中心"每一位成员在教科研训一体化进程中，不断实现角色定位和工作方式全新转变。成员们不仅着力进一步提升自我的专业能力，更是主动迈向多元化发展，在科研、教研、培训及信息化各方面发挥自己的能力特长，促进自身综合素养再提升。近年来，教师发展中心"热情、专业、及时"的服务形象，受到学校和教师的欢迎与好评。

全面质量观下的区域教科研文化塑形[①][②]

2019年，中共中央、国务院印发的《关于深化教育教学改革全面提高义务教育质量的意见》强调，要坚持以习近平新时代中国特色社会主义思想为指导，全面贯彻党的教育方针，落实立德树人根本任务，遵循教育规律，强化教师队伍基础作用，围绕凝聚人心、完善人格、开发人力、培育人才、造福人民的工作目标，发展素质教育，培养德智体美劳全面发展的社会主义建设者和接班人。全面提高义务教育质量这一总体意见，对教育事业的快速发展、教育观念的不断更新提出新的要求。教科研文化的塑形必须基于全面质

---

① 惠兰. 全面质量观下的区域教科研文化塑形［J］. 江苏教育，2022（34）：20—22.
② 江苏省教育科学"十四五"规划2021年度中小学教师发展专项重点课题"县级教师发展中心'新示范性'建设的实践研究"（J-b/2021/15）的阶段性研究成果。

量观进行考量，进而服务学校、服务教师、服务学生发展。在全面质量观的引领下，区域教科研文化建设将是个长期而持续的过程。

全面质量观下的区域教科研文化可以从两个层面来理解。其一，全面质量观下的区域教科研文化是一定地域范围内的教育工作者，以提升教育品质为指向，以适切的教育理论为依托，有目的、有计划、有组织地对教育问题进行系统解构与研究，探索适合推进区域教育质量全面提高的创造性认识活动方式。其二，全面质量观下的区域教科研文化是教育工作者在全面质量观下，以教育科学理论为依据，在教育教学活动、教育科研实践、教育教学的系统性反思过程中，提炼、磨合、积淀、创生而成的教科研共同道德规范、价值观，以及体现这种道德规范和价值观的有效行为方式、积极文化现象等。

当前，"以教科研为先导，教科研兴教、教科研兴校"的理念深入人心，并逐步成为区域教育工作者推进义务教育质量全面提高的教学实际行动。优良的教科研文化能有力提升全面质量观引领下的区域教育质量。然而需要指出的是，科研与教研相对分离的现象依然存在。教科研缺乏规范性、系统性与有效性，研究型教师成长缓慢，教科研文化涵养不足。长期以来，教研与科研分立而行，各行其是，显现出重复、交叉、多头而低效的问题。因而，必须找到一种整体改革的系统思维方式，从完善管理体系、融通体制机制、推进队伍建设等方面，实施整体运行的系统推进模式，形成全面质量观引领下的区域教科研文化样态。

一、以全面质量观驱动区域教科研文化的形成

推动全面质量观下区域教科研文化的形成，需要从教科研主体的价值认同、教育发展的全局性、区域教育的地方性等维度加以考量。

第一，注重区域教科研文化塑形的目标协同性。文化的形成体现为行为主体的价值认同，包括对自我的认同、对他人的认同、对自我与他人共生的认同。要促进区域教科研文化的形成，就需要引导全域内教育工作者共同深入理解、辨析传统"教研"和"科研"的价值与方向，协同追寻区域教育质量全面提高的终极目标，进而形成区域内系统的、深刻的、生动的、有创造性的教科研文化。

第二，注重区域教科研文化塑形的时空全局性。一方面，区域教科研文化需要渗透到教育教学活动的方方面面，形成于课程教学、教师研训、评价改革、素养发展、学生成长、家校共育等各个维度；另一方面，区域教科研

文化要以全面提高义务教育质量为目标，形成贯穿基础教育各学段的教科研体系，打造"上下贯通、有机衔接、相互协调、科学合理、质量保证"的衔接生态，服务学生的完整发展、终身发展。

第三，注重区域教科研文化的地方特色性。区域教科研文化塑形应基于区域内的教育核心资产、教育文化"富矿"。进入新发展时期，区域教科研工作需站在教育改革发展的新节点，聚焦并挖掘本地的文化资源，启动文化创生背景下课程建构与实施研究，形成多维度推进的整体态势，充分彰显"文化为核"的特质。

二、以管理体系的完善夯实区域教科研文化的基础

教科研的管理体系建设，是文化形成的基础和保障，也是文化形成的具身过程。站在文化的高度与全程视野完善管理体系，有利于夯实教科研文化的基础。

其一，管理体系建设的关键在于文化导向及评价方法的确立。以江苏省苏州市姑苏区为例，该区出台了《姑苏区教科研品质建设指南》《姑苏区教科研优秀成果申评导则》《姑苏区集团、学校教科研绩效考核实施细则》等文件，从管理制度层面确立教科研文化建设的方向和方法。

其二，管理体系建设要深挖群体的精神追求与行为共识。管理体系建设的重要价值之一在于把拥有共同追求的群体外延不断拓展、群体归属不断强化，将教科研的制度表达转化为人文行动。例如，《姑苏区教科研"一站式"服务手册》以"看得懂""做得到""用得妙"的教科研具体方式、方法、手段与途径等，全面为每一位普通教师参与教科研提供可能性，促进教师自觉采取教科研文化行动。

其三，管理体系建设要注重理想教科研文化的实践表达。区域创建教科研大数据平台有助于提升管理体系建设的可操作化水平，服务于民主、共享的文化样态，进而让各级各类教科研工作有序、自然地运行。基于大数据平台的教科研工作过程更加透明，跟进更加及时，汇集更加全面，决策更加精准。同时，跨越时空的教科研共同体建设，有利于协同攻关、优势互补、多向互动、达成联动、指向质效。

三、以体制机制的融通保障区域教科研文化的发展

教科研文化体现的是全面育人的价值导向，而价值需要在真、实的实践与研究行动中落地。全面质量观下，以体制机制的融通促进教科研文化塑形，

有利于增强区域教科研的生命力，并推进其不断发展。

第一，促进组织架构的优化。组织架构是文化的外显。区域教科研文化的塑形，需要在组织架构建设中以发展全面而完整的人为目标，进行"去中心化"重设，以扁平化的组织结构，实现教科研工作输出的多元性与丰富性。

第二，推动行为方式的转型。行为方式可以理解为教科研参与者在同一目标的文化诉求中达到同频共振，并且不断有新的个体自觉加入。在进行教科研工作的过程中，教科研参与者不仅追求教育教学现象所呈现出来的事理，更追求隐藏于教育教学现象背后的学理，深入探索全面质量观的行动密钥，以教科研行动和成果引领区域内的教师明确教科研"是什么""为什么"，从而自觉地、创造地思考"怎么做"。行为方式的转型，要求教科研参与者带着教科研的眼光与思考开展工作，善于发现有价值的研究问题，提出项目研究的方向；善于将这些问题放在科学研究的视域中去界定与架构，提出严谨研究的实施方案，指明科学且切实可行的研究策略；善于从现象解析、培训跟进、信息化辅助、探究凝练、辐射推进等角度进行系统解构与研究，获得推进区域教育"全面质量"发展的有效举措与落地实效。

第三，推进评价功能的落地。区域教科研文化塑形需聚焦评价，抓住区域教育综合改革"牛鼻子"，建立起以生为本的绿色评价体系，充分发挥教育评价的指挥棒作用，引导学校、教师确立科学的育人目标，确保教育正确的发展方向，从而落实立德树人根本任务，完成为党育人、为国育才的使命。

四、以合作共进的团队促进区域教科研文化的生长

区域教科研文化的持久生长，应该依赖有着理想信念、深邃思维、明确方向、扎实行动、奋斗不懈的教科研核心团队，注重把"享受合作共进的幸福感"作为队伍建设的创新举措。

一是成立区域名师工作室。每个工作室就是一个教科研共同体，区域教育行政部门给予工作室经费保障、政策扶持、平台搭建、辐射空间，助力每一位教师向研究型教师转变。

二是以教育集团为单位，成立教科研发展共同体，各共同体采取项目引领、任务驱动、协同攻关的方式，携手开展各类教科研工作。这样的教科研共同体整合了优质资源，促进了教师的交流和学习，教师的个体价值与群体价值都得以彰显。

三是倡导各校、各年级、各教研组、各教师合作开展教科研活动。团队组织以"问题为导向,基于微专题,组建微团队,聚力微研究",形成"工作即研究、研究即工作"的常态化教科研氛围。例如:研究学生的行为系统,探索"不教课堂"实践;进行评价研究,制作概念图,开发"问题卡",深化绿色评价。

"苏式课程"建设样态探析[①]
——基于基础教育集团化办学体制的考察

江苏省苏州市姑苏区历史文化悠久,教育底蕴深厚。姑苏教育人因地制宜,加强课程探索,对课程价值认识、构建实践策略、保障支持机制等进行再构与优化,形成"苏式课程"。"苏式课程"以遵循教育教学规律为前提,符合苏州特点、突显姑苏地域文化特征,是一种富有个性风格的课程形态与实施样态。与此同时,姑苏区内的基础教育集团发展样态趋于多元化,包括承载老城区深邃历史文化的教育集团,传承崇文重教精神的教育集团,饱含老苏州人情结的教育集团,以及保留地域文化经典元素、推动文脉延续或新生的教育集团。新时代,"苏式课程"建设为基础教育集团化办学的创新发展注入新的生长点,成为提升区域集团化办学"质性"之杠杆与加速区域教育优质均衡发展的有力抓手。

一、集团化办学背景下建设"苏式课程"的价值分析

当前,在推进基础教育均衡发展、逐步向优质发展转变的背景下,集团化办学的价值体系进一步得到巩固。基于这一背景,"苏式课程"建设在推动教育本质功能的实现、推动办学共同体主动发展、促进基础教育集团化办学可持续发展等方面呈现了更加突出的作用和价值。

其一,从教育本质功能视角看,建设"苏式课程"有利于促进学生生命成长、社会交往能力及核心素养培育。"苏式课程"的建设面向全体学生,基于区域内独有的姑苏文化纽带,形成校内与校外协同、线下与线上互补、集团内各校互通的课程体系,形成全时空育人体系。"苏式课程"建设在课程价值认识、专业规范实践、保障机制等方面所进行的再构与优化,实现了教学方式与育人模式的改革,丰富了学生自主探究的机会和场所。

其二,从历史发展视角看,建设"苏式课程"有利于促进基础教育集团

[①] 惠兰. "苏式课程"建设样态探析——基于基础教育集团化办学体制的考察[J]. 江苏教育,2021(87):24-27.

化的可持续发展。集团化办学背景下的"苏式课程"建设对教育本质与规律进行了一定探索，注重引导区域、学校、教师找到合适的定位。"苏式课程"建设以文化为核心，注重呼应苏州城市精神，强调在实践中生成并伴随着学生的成长而生长，即以学生为课程主体，融合国家、区域、校本教材，创设实践情境，让学生基于实践体验，获得实践收获。"苏式课程"建设以发展为目标，在课程设计上讲究兼容并蓄、博采众长，既凸显对优秀教育传统的继承和创造，又动态化吸纳先进经验和优秀的教育成果；在课程实践上注重集团各校各自开拓、发扬所长，并随着时代发展不断创新。"苏式课程"建设在以国家课程为主导的基础上，用地方资源加以深化呈现，让教育植根于办学实际，促进基础教育集团化可持续发展。

其三，从发展共同体视角看，建设"苏式课程"有利于促进文化凝聚力的提升，促使办学共同体寻求主动发展。一是课程内容的文化性。"苏式课程"根植于姑苏区独有的区域文化，集团化办学背景下的"苏式课程"内容具有"文化"的外显特征，是从区域顶层设计层面进行的系统性、关键性建构，能够处理好国家、地方、校本课程三者的关系，凸显"苏式"特征。二是课程实施的集团化。"苏式课程"建设启动"集团型实践"，升级集团化办学顶层设计，形成了"历史层叠""传承共鸣""情结纽带""文脉新生"等各种特质并存的多样态集团化构成格局。三是课程建设的实践性。"苏式课程"的建设推动学校优化内部治理结构，形成分布式、分权化、制衡型的学校治理实践模式。

二、集团化办学背景下建设"苏式课程"的现实难题表征

"苏式课程"建设从起步到推进，从雏形初具到自觉深入，经历了探索变革与实践思考的过程。当前，在进一步推进"苏式课程"的建设过程中，仍存在一定难题，主要表现在以下三个方面。

其一，"苏式课程"初步奠定了以叶圣陶教育思想为基石、融合苏州地域文化的课程建设框架，但理论认识不够深入全面，课程文化内涵不足。一方面，基础教育集团化办学注重学生生命成长，关注学生社会交往能力和核心素养的培养，并对教育主体、教育中介、教育环境、教育过程等诸多要素进行综合考量和运用，积极推动义务教育由均衡发展向优质发展转变。但当下由课程理念、课程目标、课程门类及内容、课程资源、课程实施策略、课程评价、课程管理等路径构成的完整课程构思需要落地，课程理念的转型迭代

第一章 寻，启程的源

需要落地，课程建设的认识还需深化。另一方面，"苏式课程"初步形成课程内容"文化"特质，但课程文化内涵不足。当前，集团化办学视域下的"苏式课程"内容虽初步具备"文化"的外显特征，但各样态集团所特有的课程文化尚未成型：有的课程在"外围兜转"，难以满足"特色打造"；有的课程设置与开发存在随意、跟风现象；有的课程内容和结构零散、无序，呈碎片化分布；还有的课程缺乏科学的评价机制，课程实施效果欠佳。总体而言，课程理论认识还有待深化，课程文化的意识还未牢固确立。

其二，"苏式课程"初步导向教学增效提质，但对"育人"功能的凸显尚不足。集团化背景下的"苏式课程"建设从源头起步，结合"传承与创新""共同发展与特色发展"等理念，整体思考与推进聚焦的应是"教育质量"的提升，立足各个学校，深度思考"教给学生什么"和"怎样教给学生"两大关键问题，构建课内与课外、学科课程与活动课程并行的教学模式。但现实中更多的导向仍局限在教学的增效提质，课程建设的目标尚未指向"育人"的终极目标，亟待做出进一步反思、改进和自觉完善。

其三，"苏式课程"初步启动课程建设的"集团实践"范式，但尚未形成系统。集团化办学视域下的"苏式课程"建设已启动"集团型实践"，然而，当前的集团实践多为雏形，或是成员校原课程的粗略叠加，或是集团课程体系的简单搭建。如何建设系统科学的集团课程，实现课程的集团化推进与校本化实施的同频共振，亟须姑苏教育人进一步加以探索。"苏式课程"建设亟待形成彰显"苏式"特色、服务"立德树人"根本任务、体现姑苏集团化多形态特点的课程文化及有效的实施范式。这种课程文化既应有区域的典型特点，更应具备各教育集团、学校文化的独特个性。

三、集团化办学背景下建设"苏式课程"的突围路径

集团化办学背景下，要实现"苏式课程"建设的长效发展，应注重理解并发掘课程本质、注重育人价值、明晰主体关系。

1. 理解课程本质，凝聚课程文化。

建设"苏式课程"，需要树立科学的课程意识，准确理解课程本质，凝练课程文化。要探明课程的本质，"就必须深入地探明课程内容的特性和文化的内核"。"苏式课程"建设要在理解课程本质的基础上，构建新的课程文化，因为课程文化不断为课程改革提供动力源，课程改革在创新、探索中丰富并提升课程文化的内涵。"苏式课程"建设过程中，课程改革的愿景必须与集

团、学校的文化相交融，课程建设与实施必须与集团、学校的特点相融合。"苏式课程"需要定位集团、学校课程发展的理念和目标，规划有助于实现这些理念和目标的课程门类，引领集团、学校教师参与集团、学校课程的开发，统筹开发和利用课程资源，切实提高各教育集团、学校课程建设的领导力与行动力。

2. 提升课程品质，注重聚焦育人。

建设"苏式课程"，应明确育人目标和价值，动态提升课程品质。课程育人应从意识上正本清源，确立以发展核心素养为目标的育人范式，聚焦"理念厘清"的奠基项目，把课程理念、课程目标、课程内容、课程实施、课程评价、课程管理等各方面的基本理论进行全面的梳理与学习，形成正确、完整的课程意识与思维。课程育人应从实践上身体力行，关注课程推进的过程项目，找到集团、学校改革与发展的核心支点和杠杆，从丰富课程供给、优化学习设计、创造课堂现象、创新技术路径等层面加以优化，重点推进"实践研修模块"，引入专家团队一对一视导，着力解决课程创构与实施中的"核心问题""关键问题"，全面建立过程性评价和结果性评价有机结合的评价体系。建设"苏式课程"，应从意识和思维、实施和践行两个方面出发，真正确立以"育人为本"的价值取向，践行"课程育人"的理念，从而切实有效地提升学生的核心素养。

3. 明晰关系作用，完善实施系统。

建设"苏式课程"，应从课程建设和实施、价值生成和功能实现、主体参与和优化提升等几个方面，逐步明晰主体关系作用，促进实施系统的完善。

在课程建设和实施层面上，"苏式课程"的建设应把出发点和归宿点真正落到集团发展、学校发展和学生发展上，将基于国家课程、地方课程、学校课程三者关系的准确定位进行整体系统思考与布局，真正解决"课程之间的关系比较混乱，缺乏逻辑和功能整合"等基础教育学校课程建设中存在的突出问题。"苏式课程"建设可采用区域、集团、学校三级研究和管理网络：区域进行总体研究与实施，推出具体的课程建设实施指向，如教学目标的准确制定、教学内容的合理选择、教学策略的有效运用等；集团是课程的主阵地，区域各集团依据自身的课程建设情况，各自认领和细化研究任务，通过实践得出研究成果，再推荐到区域层面，进行案例和经验分享；学校则在各集团的引领下进行课堂教学具体实践。

第一章 寻，启程的源

在价值生成和功能实现层面上，"苏式课程"的建设应在审视集团、学校课程目标定位的基础上，分析各种课程结构类型和具体科目的价值与功能，从中选择符合集团、学校课程目标的课程结构类型与具体科目，并形成结构体系；构建集团、学校层面的课程结构，对内部所有的课程进行统整，形成有机的整体结构；将课程统整在集团、学校的理念和目标之下，搭建出形态多样化、模块优选化的课程结构，从而使学生能够选择适合自己的课程。同时，多种课程之间的模块组合、功能互补，将有助于课程整体功能的充分发挥。

在主体参与和优化提升层面上，"苏式课程"建设需顺应各学科课程的特点，贴合学生能力水平程度和思维发展需求，凸显以人为本、顺学而教的科学理念，摒弃繁琐的讲解分析，从而推动区域课堂教学产生质的变化。教学设计需对全区学生整体观照，以集团为单位深入探索科学的评价指标，通过研究设置多主体的评价对象、多元化的评价细则、多层次的评价内容，指导教学实践，提升课程建设的品质，全面推动全区"苏式课程"教学质量的整体提升，促进学生核心素养的全面生长，实现学科育人的全面落地与落实。集团、学校要深入理解并研究如何进行学科课程与活动课程的优化设置、分科课程与综合课程的优化组合、显性课程与隐性课程的优化融合、必修课程与选修课程的优化搭配等；课程建设应形成一个开放包容、兼收并蓄的体系，逐步走向多主体协作建设的局面；还应注意课程研发本体应与家庭、社区、高校、企事业单位等进行科学互动，形成不同的主导力量，从而有效促进优质课程资源的共建共享。

集团化办学背景下的"苏式课程"建设有助于推进基础教育均衡发展，并向优质发展逐步转变。"苏式课程"建设应继续抓住内涵，夯实课程文化基础，注重育人功能，健全实施系统，进一步完善课程建设样态。

指向"能动"的区域教师培训实践探索①②
——以江苏省苏州市姑苏区为例

2018年1月,《中共中央、国务院关于全面深化新时代教师队伍建设改革的意见》系统阐述全面深化教师队伍建设的战略意义、指导思想、基本原则,对新时代教师队伍建设提出新要求、新任务,并指明工作目标、工作重点及落实路径,吹响了新时代教师队伍建设的号角。教师发展中心肩负着提升区域教师"综合素质、专业化水平和创新能力"的重任。"指向'能动'的区域教师培训"成为江苏省苏州市姑苏区"全面提高教师培养培训质量"的区域思考与行动。

一、指向"能动"的区域教师培训的现实价值

《教育部等五部门关于印发〈教师教育振兴行动计划（2018—2022年）〉的通知》指出:"教师教育是教育事业的工作母机,是提升教育质量的动力源泉。"承担"教师教育"主要任务的教师培训工作重要且关键。然而,区域教师培训工作存在着缺乏系统建构、缺乏积极实施、缺乏有力效度的典型问题。

（一）对教师培训的现实观照

一是忽略教师是核心的育人者。教师的使命职责是教书育人。"见术不见人"是教师培训的严重误区。技能、方法、手段等成为培训目标指向的高频词,而教师的育人价值认同与能力素养涵育有所缺失。二是忽略教师是真实的学习者。"教师培训"往往被理解为"教授、告知"等,而"培训"的本质应是"学习"。参与培训的教师都是"学习者"。学习者是在各种教育活动中从事学习活动的人,是教育活动的对象和主体。所以,站在教师培训正中央的应是"教师"。三是忽略教师是主动的建构者。教师培训更多充斥着"听我这样干,你就这样干"的论调。其实,学习的关键在于教师能够积极主动地建构。建构主义学习理论认为"学习者不是被动地接受外在信息,而是根据先前认知结构主动地和有选择性地知觉外在信息,建构当前事物的意义"。四是忽略教师是积极的实践者。教师培训长期存在"坐而论道"倾向,悬浮于真实的教育教学生活之上。而教师是在鲜活实践中成长起来的。"从实践中

---

① 惠兰.指向"能动"的区域教师培训实践探索——以江苏省苏州市姑苏区为例[J].江苏教育,2022(46):21-24.

② 江苏省教育科学"十四五"规划2021年度课题"县级教师发展中心'新示范性'建设的实践研究"(J-b/2021/15)的阶段性研究成果。

来、在培训中建构、为了更优实践"是教师培训的理想路径。

上述种种现象的出现，归根结底是因为在区域教师培训中，教师依然是被动的存在，缺失置于培训学习场中的"能动"主位。

（二）区域教师培训的目标追求

1. 基于教师教育根本任务的落实，实现从技能传导走向完整育师

教师教育工作的目标任务是"教师综合素质、专业化水平和创新能力的大幅提升"。作为区域教师培训，必须解决认识偏差与行动疏离，"培育人之人"，有效落实"立德树人"的根本任务。

2. 基于教师培训转型升级的需要，实现从被动悬空走向建构创造

教师培训中长期存在的割裂、单向、悬浮等弊病已经不能适应培养高素质教师队伍的时代要求。"指向'能动'的区域教师培训"就是要打破这些顽疾，实现教师培训的目标重构、系统重建、特质重育、路径重创，助力区域教育高质量发展。

二、指向"能动"的区域教师培训的内涵理解及特征分析

针对教师培训中的弊病，以能动学习理论为指导，实现区域师训工作的转型升级：把"德"置于最核心、将"人"放在正中央、用"事"贯通全过程、以"实"评价真效能。

（一）指向"能动"的区域教师培训的内涵

钟启泉认为，从某种意义上说，"能动学习"即"深层学习"。"能动学习"是学习者彰显"主体性""协同性"，能动地参与学习的教学方式的总称。邦维尔则归纳了"能动学习"的一般特征：从事超越了"听讲"的积极学习活动；着重于技能的培育胜于信息的传递；展开高阶思维；积极参与活动；关注自身的态度与价值观的探究；伴随认知过程的外化，即积极的行为改进。主体、协同、积极、外化……都对症区域教师培训中的顽疾。指向"能动"的区域教师培训是以参培教师为主体，以完整真实教育教学事件为课程，以任务为驱动，建构经验并进行积极实践改进，从而提升教师综合素质、专业化水平和创新能力，更好落实立德树人根本任务的区域教师培训新实践。

指向"能动"的区域教师培训是一种实践活动。实践的思维方式上体现"高"格局，始终紧扣"立德树人"。实践的运行策略上体现"宽"视野：参培教师是"真实学习者"，培训过程是"做事"的过程，即完整、真实教育教学事件中的卷入、建构与改进。实践的时空情境上体现"真"场域：真问

题、真情境、真关系、真反思、真获得、真回归。实践的运行载体上体现"大"任务：教学实际中的需求型任务、改革进程中的破冰型任务、区域教育提质中的关键型任务、先试先行的前瞻型任务等。实践的支持保障上体现"暖"系统：体制机制建设与培训推进优化、教师队伍发展互为促进。

（二）指向"能动"的区域教师培训的特征

1. 鲜明的主体性

学习者即参培教师，在教师培训中充分彰显"主体性"。这种主体性首先体现在教师自我角色的充分觉知，"教书育人""立德树人"是自我觉知的核心引擎。在"育人"觉知的驱动下，教师站在培训体系的正中央，积极、主动、鲜活地以"学习者"为行动觉知，并转化为主体行为，"要我培"转变为"我要培""我在培""我爱培"。

2. 真实的情境性

学习是一种情境性的活动，教师培训更是一种真实的情境性活动。培训体系特别是课程及实施系统的建构就是一个完整、真实的情境场域。培训的目标、途径、方式、效果等不再悬浮于空，而是组成了具体的境脉与情境，成为真实教育教学生活中的事件。

3. 积极的实践性

区域教师培训是"做事"，是在"做事"中学习，也是在学习中"更好地做事"。教师始终在做中学，做中思，做中悟，做中得，建构起教师综合素质、专业化水平和创新能力的更良好的结构、更丰富的意涵。

4. 多维的协同性

钟启泉认为从能动学习的目标可以引申出能动学习的实践所需要的三大要件，其中"协同性学习活动"十分关键。推及区域教师培训，伙伴互助、反思跟进成为其协同性特征的重要向度。培训课程体系的建构、培训内外通联的推进、培训促进区域教育生态优化等都彰显其协同性。

三、指向"能动"的区域教师培训的系统建设与实施策略

（一）系统建设

指向"能动"的区域教师培训是个系统工程。区域教育的正确朝向、教师培训的高位定标、培训体系的品质建构、实施运行的畅达落地、组织制度的坚实保障等是该系统的"关键要素"。这些关键要素的"协同"，建构起完整的系统。我们认为这个系统是一个生成、检视与优化区域教育生态的优良

循环。

"区域教育的正确朝向"是系统的定航标。姑苏区是全国首个也是目前唯一一个国家历史文化名城保护区，文化隽永，教育昌明。姑苏教育始终以"高质量"作为区域教育的鲜明朝向与追求：坚持立德树人，坚持"五育"并举，坚持面向全体，坚持面向未来。"面向未来"指向着我们培育的时代新人具有更突出的自由精神、独立人格与创新精神。

"培训体系的品质建构"是系统的指挥图，包含了清晰前瞻的区域教师培训总体目标及科学系统的培训课程整体架构。姑苏区以区域教师发展中心为"指挥图"描绘中枢，以"课程化"为"指挥图"描绘核心理念，在《姑苏区教师发展课程体系建构方案》观照下，紧紧围绕"加快建设高素质专业化创新型教师队伍"这一核心目标，以区域教师发展生涯规划为纵轴，以姑苏教师素养课程群为横轴，纵横共生，形成一张可无限生成的具有姑苏特色的立体化、适切化、个性化的区域教师培训课程图谱。"课程化"的体系建构营造了"学习者生态圈"。

（二）实施策略

1. "双向"创立策略

"姑苏教师素养课程"是我区教师培训的具体细胞组成。课程的创立是决定这个"细胞"是否具有"能动"活力的第一步。我们遵循"上位导向"与"本土需求"双向合一的创立理念。国家、省、市关于教师队伍建设的政策文件做到"深度研读、深入体会、深刻把握"，更为重要的是深度思考：上位导向的"本土化落地"乃至"本土化超前"。"本土化"的朝向决定了课程一定来源于区域的文化基因、来源于教育教学的鲜活土壤、来源于广大教师的真切需要、来源于实际问题的真实解决，"教师站立在培训体系的正中央"获得实现可能。

如"教师主动适应信息化、人工智能等新技术变革，积极有效开展教育教学"是师资建设的新方向。基于当下新冠肺炎疫情背景，"线上教学"成为普遍应对之需。而姑苏将"线上教育教学"定位为区域教育新常态，以真实环境为背景，从"理念、认识、转型、创构、融通"等多维度创立区域教师培训课程，受到广大姑苏教师热烈欢迎与主动响应。

2. 项目推进策略

"做中育"是我区教师培训最重要的实践样态，需要着力破解三个问题：

为什么"做",怎么"做",如何评价"育"。"项目推进"是有力载体。基于"双向"创立策略形成的培训需求成为"项目推进"的目标。"项目团队"即参培教师由"精准投放"与"自主申报"相结合组建。每个项目作为一个课程实体,都研制切实可行的实施方案,由课程目标、内容、资源、策略、评价、管理等组成。"策略"中特别突出任务驱动、伙伴协同、阶段反思、经验分享、行动优化等,即让每位参培教师都以"主动学习者与行动改进者"为角色定位在"做事"中完成培训。在评价培训成果时,我们始终秉持"长程性"与"实效性"原则。教育是慢的艺术,教师培训更应如此。我们追求项目行动中真正打动"人心"的部分:理念思路的转变厘清,关键能力的突飞猛进,自我发展的触发点燃,思维方式的提档升级,研究实践的聚焦深透等。通过培训,"让教师成为更好的自己、成就更好的教师"是我们的理想。"实效性"评价导向既指向"解决真问题"的微观维度,更观照"育人实效"的终极价值追求。

如针对姑苏区划内存在"小初学段"相对分离且从属不同行政管理的现象,基于"一体化育人"国家方向,在苏州市教育科学研究院的整体引领下,姑苏区近十年来持续推进"全面质量观引领的'小初衔接'区域实践"项目研修,从教育、教学、心理等三方面进行"小初衔接"的实践尝试。通过"减陡度,缓坡度"实现人的"持续发展",通过"因材施教"实现人的"适合发展",通过创设"平滑而顺畅的进阶通道"实现人的"自然发展"。通过教师培训的项目化行动,让姑苏学生在美好的校园生活中找到合适的位置,完善个体的发展。

3. 组织涵育策略

指向"能动"的区域教师培训涵育着一个个学习型组织,生成着可贵的学习文化与学习者精神。这些组织彰显着强烈的自律性、反思性与协同性。这些组织在培训中生成、成长。组织参培教师带着组织文化、组织精神走向培训以外的无垠天地。这些学习型组织的涵育,有效激励着姑苏每一位教师的发展热情,促进他们走向协同共生的整体发展。

我们的思考与实践,只是行进在"指向'能动'的区域教师培训"的"塑形"阶段。置身高速发展的时代,如何真正唤醒与支持每一位教师的"能动"发展,从而形成区域教师培养培训的独特的"能动"文化,助力学生素养发展、助推区域教育高质量发展,还有一段很长的路要走。

义务教育一体化：基于全面质量提升的区域创新实践①

根据国家课程规划设置，义务教育是作为一个整体安排的，让学生拥有正常而积极的童年、少年生活，享受完整的九年一体化的学校生活，是义务教育的题中之义。为此，从2015年9月开始，苏州市教育科学研究院与姑苏区教师发展中心联合研制了《关于实施义务教育一体化衔接教育试点工作的实施方案》（以下简称《方案》），启动了基于全面质量提升的义务教育一体化的区域实践。

经过五年的探索实践，基本形成了上下贯通、有机衔接、相互协调、科学合理、质量保证的义务教育一体化衔接的区域实践样态，区域整体教育质量明显提升。通过实践，我们深刻感悟到：立足区域实际，切实推进义务教育一体化工作，确实是提升区域全面教育质量的一条有效路径。

一、义务教育一体化需要解决的主要问题

从小学升入初中，对学生来说是人生中一件重要的事情。进入初中，学习的课程多了，课时长了，作业多了，对学生自主性学习的要求也提高了。面对新的环境和变化，很多学生很不适应。针对这种现状，义务教育一体化区域实践，需要重点解决以下三个方面的问题：

（一）区域内小初办学衔接不够

由于多种历史原因，原本完整的义务教育管理体系在苏州城区被分为市、区两级管理，小学阶段主要为区属管理，初中阶段为市属管理，从而形成了区域内小初的办学体制不同、管理主体不同的格局。这样的格局造成了两者各自为政，小学只研究小学的教学样式，初中只按照初中的模式教学，彼此鲜有交流。最终小学不清楚初中的教学样态应该是怎样的，初中也对小学升上来的学生有诸多不满，长此以往，小初学段之间形成了巨大的鸿沟。实行"小初一体化"，可以最大限度地促使两个学段融合、衔接。

（二）过渡期学生学习不适应

小、初两个学段无论是学习内容、学习方法，还是学习节奏、学习难度都存在不小的差异。比如小学教学重感悟、多意会、呵护灵动的表达，初中教学重逻辑、讲严谨、强调缜密的思考。小学教师重指导，喜欢手把手地教；

---

① 丁杰，惠兰. 义务教育一体化：基于全面质量提升的区域创新实践[J]. 江苏教育研究，2021（101）：41-44.

初中教师重自主，认为学习应该是学生自己的事情。进入初中后，教师面对面给学生讲解的次数少了，学习节奏加快了，被教师否定的次数多了，学习中出现错误的概率更是大大提升了，很多学生因此学习信心不足，感觉不适应初中学习。因此，实行"小初一体化"，可以缩短学生发展的过渡期。

（三）初中学生学业负担过重

初中学段历来是整个基础教育的"短板"：学习时间只有短短三年，考查科目相比小学成倍增长，作业难度和容量更有几何级上升的趋势，学生之间、学校之间的差距也在快速拉开。实行"小初一体化"，可有效解决初中阶段时间紧、课程多、负担重、质量低的问题，减轻学生的学业负担，从整体上提升区域的教育质量，实行优质均衡。

二、义务教育一体化顶层架构的策略

义务教育一体化的区域实践，需要顶层架构。经过实践探索与理论研究，我们认为，坚守"全面质量"、追求"贯通融合"、凸显"紧密联动"，是实现义务教育一体化的有效策略。

（一）坚守"全面质量"

《国家中长期教育改革和发展规划纲要（2010—2020年）》的文件中，"质量"一词出现了51次，足以说明国家对基础教育质量的高度重视。文件中所说的质量体现了一种全面的质量观。实行"义务教育一体化"，必须坚守"全面质量"。

我们认为，"全面质量"不仅要传授知识技能，还要关注人文素质、品德修养、心理健康、兴趣特长、审美创造等，"全面质量"呼唤教育必须要构成一个服务完整的"人"的综合体系，支持"每一个"人的发展。

坚守"全面质量"观，需要关注三个方面：一是坚持"五育"并举，全面发展素质教育，不能唯分数论；二是公平地对待每一位学生，促进全体学生的发展和促进每一位学生的全面发展；三是充分利用各种教育资源，通过提供灵活、多样、个性化的内容和服务，缩小教育的地区差异，促进区域教育均衡、优质发展。学校既不能过分关注学生个性特长培养，也不能只注重对学生社会化的促进与引领，必须兼顾这两个功能。

实行"义务教育一体化"，坚守"全面质量"观，能够让学生从6~15岁，在同一个体制里学习、生活，这样更容易培养良好的习惯品行，形成进阶的知识能力提升，实现素养的贯通性涵育，培养"完整的人"。

（二）追求"贯通融合"

我们认为，九年一体化的教育本质是连贯的，"一体化"能在完整、系统地把握学生身心发展特点的基础上，实现小学、初中的有机衔接，促进不同学段学生的学习，培养学生的综合性素养和社会生活能力。基于学段衔接不畅这个现实，依据学生核心素养发展体系，根据小学六年级和初中一年级学生应达到的发展程度要求，我们明确了"小初一体化"的贯通融合培养目标：第一，培养学生良好的行为习惯；第二，培养学生积极向上的人格心理；第三，培养学生"主动学习"的策略方法；第四，奠基未来社会需求的综合素质。

从个人与社会的关系角度看，学生将来必须能够融入社会，才能彰显自己的个性特长，人的社会化是其个性特长培养和发挥的基础。追求"贯通融合"，我们的理解是学段间实现有效贯通，学科间通过大主题实现横向融合，学科内利用大单元达到纵向融合。追求"贯通融合"，需要不断探索"市区通联"体制创新，不断强化"科教融合"效能提升，力争在教学研究、教师发展、课程整合等方面实现小初学段融合贯通，全面提升融合教学质量，全面提升学科育人能力，促进苏州教育高质量发展，切实提升区域教育公共服务能力。

（三）凸显"紧密联动"

面对姑苏区没有区属初中而市属小学甚少这一独特现象，基于区属小学与市属初中体制不同这一现实状况，为了更好达成融会贯通目标，实行"义务教育一体化"，还需凸显"紧密联动"，真正在"动"字上做文章。我们以"全面融合、上下贯通"为愿景，积极采取"区域联动""校际互动""小初教师齐动"等做法，建立"教科研融合建设基地"，构建"学养绿色达标评价体系"，组建"衔接教育联盟校"，弥补小学与初中在管理机制上存在的断层，在紧密联动中逐步探索形成适用于学生"过渡期"的教育，为指向全面质量与全方位育人创立新机制，迈向区域教学质量整体提升进而达到优质均衡的理想状态。

三、推进义务教育一体化的有效路径

义务教育一体化不是简单意义上的"拼接"，而应是全面系统的"衔接"，我们通过"课程一体化"设置、"教学一体化"安排、"评价一体化"导向、"研训一体化"实施进行有序推进。

(一) 通过课程一体化设置推进教学内容的有效衔接

根据《方案》,我们经过全方位调研,在遵循学生成长发展特点和教育教学规律的基础上,结合小初的不同特点,推出"小初衔接桥梁系列课程"(以下简称"桥梁课程")。"桥梁课程"分为学科类、教学类、学法类、心理类、支持系统类等多个模块。学科类桥梁课程在全学科中进行推进,主要聚焦小初学科关键能力的"一体化"建构。如"语文衔接课程"将小初教学目标与内容进行序列化安排,实现小学六年级与初中一年级学生语文知识与能力的有机衔接与贯通。"英语衔接课程"融入英语分级读物,重在培养学生整体阅读能力,同时兼顾语言输出素养,提高学生综合语用能力。学科类"桥梁课程"主要解决"教什么"的问题,教学类"桥梁课程"则聚焦"怎么教"的问题,两者融通,从而形成"教学"纬度的有效衔接。

"桥梁课程"采用线下线上混合的方式双线并进。创新研发的"苏·慧"与"苏·慧+"系列线上课程群给予了每位学生全学科、全时空、全自主的进阶学习资源。"课前导学""直播教学""学后答疑""学生评价"等模块让学生走一走,跳一跳,实现最优发展。"桥梁课程"以基于国家课程的"融合化"实施为主,区本化"小初衔接课程"在区本课程时间推进,"衔接教育联盟校"还不断进行极具个性的校本化实践。

(二) 通过教学一体化安排推进教学方式的有效衔接

为解决小学、初中在教学方式上的差异明显问题,我们组建了以市、区两级主要学科的教研员及骨干教师为主体的学科教学改革研究小组,形成了覆盖全学科的《小初"衔接学科"教学建议》(以下简称《建议》),明确了小初衔接的教学内容选择、教学方法选用、教学资源开发、作业设计要求及教学评价建议等问题,为小学、初中教师教学方式、方法等有机统一提供了参照。我们依据《建议》,精选部分教学案例,汇编了《义务教育一体化教学设计及课例分析》,为区域内小学与初中教师提供教学参照的样板,深受教师欢迎。

我们研制的学科"衔接教学"实施建议在联盟校中已经是常态化运用。无论是小学,还是初中,教师的日常课堂教学都能按照《建议》中的"一体化"要求进行,互相借鉴,直至完全融合、上下贯通。

(三) 通过评价一体化导向推进小初学段教学质量的有效衔接

为坚持指向全面质量观和全方面育人的评价导向,我们构建了《小初衔接学生学养绿色达标评价体系》（以下简称《评价体系》），将小学和初中的学业评价过程打通。贯穿九年的《评价体系》对小学和初中学段的评估标准研发、评估工具开发、评估数据分析、学科监测模型构建以及评估结果的运用，都明确了具体要求，并给出精准指导。

经过多年实践和反复打磨，姑苏区小学六年级的学业监测方式和初中一年级的学业监测方式基本实现全面接轨，构建了一致的指标体系，形成了源自一脉、逐层递进的内容维度释义和能力水平界定。清晰的评估标准切实帮助教师合理分解教学任务并在课堂上有效落实。每年全市初一年级开展学业质量监测的结果，也会形成详尽的分析报告，及时反馈到小学，为改进与完善小学教学提供实证依据，使质量监测成为教师改进教学衔接、优化学科育人的风向标，极大地提升了区域教学质量整体水平。

我们依据《评价体系》，坚持质量评价的全面性、多元性，每年对区域内的学生进行全方位的评价，包括学业评价、素养评价、品行评价、习惯评价等，形成《学生阶段学养绿色达标评价报告》，有效地促进了整体教学质量地提升。

(四) 通过研训一体化实施推进专业发展的有效衔接

为充分发挥教师研训的集聚效应，探索"市区通联"的机制创新，苏州市教育科学研究院与姑苏区教师发展中心联合建立了"教科研融合建设基地"，并研制了《苏州市教育科学研究院"教科研融合建设基地"实施方案》。确立了"教科研融合服务教育决策项目""学科核心素养落地'苏式课堂'示范项目""高层次骨干教师'孵化'项目""学生阶段学养绿色达标升级项目""衔接课程建设项目""基层调研纵深化服务项目"六大项目，并明确了每个项目实施的工作要点，较好地促进了教师专业成长的梯度性发展。

苏州市教育科学研究院用更高视域，审视整个教育发展进程，主导宏观决策研究和顶层培训。各县、市、区以学科专业人员为主体，成立研训工作小组，着力于各层级学科衔接教学内容的制定和研训架构。各区域定期开展教科研训一体化活动。以姑苏区为核心研训基地，每年开展大市范围的衔接教学展示研讨，用活动推出一批精品课例和有较高"衔接教学"专业实践经验的骨干人才。每年组织初一学生开展学业质量监测，有效评估学生发展状态，指导后期研训工作开展。牵线若干中小学组成"衔接课程建设联盟校群"，深化校际合作研训，定期互访共学，强化共识。苏州市教育科学研究院定期深入调研基层衔接课程联盟校，客观评估衔接各项举措，提出改进意见，总结成功做法，发掘优秀人才。

按照《苏州市教育科学研究院"教科研融合建设基地"实施方案》的精神要求，姑苏区的小学、初中教师研训做到了真正意义上的一体化，基本达到了"九年一贯"的发展目标。五年来共开展小学、初中教师一体化研训活动近百次，有力地促进了小初教师的共同发展。

基于问题深化改革，苏州市教育科学研究院与苏州姑苏区教师发展中心尝试打破区域壁垒，探索"小初一体化衔接教育"区域实践，通过区域内小学与初中的课程、教学、评价以及研训"四个一体化"的推进，为整体提升苏州全面教育质量探索了一条新路。

"小初衔接"的现实困境与区域突破路径[①]

一、"小初衔接"的意义探寻

（一）重要性

1. 教育使命

2019年6月23日，《中共中央、国务院关于深化教育教学改革全面提高义务教育质量的意见》特别强调：以学生发展质量为基本价值追求和主要目标，聚焦学生终身发展、全面发展和主动发展，全面提高义务教育质量。从某种意义上说，这意味着教育者要从"人"的整体性发展设计学生的发展之路。

《教育部关于全面深化课程改革落实立德树人根本任务的意见》（教基二〔2014〕4号）明确指出，"基本建成高校、中小学各学段上下贯通、有机衔接、相互协调、科学合理的课程教材结构体系"；同时，该文件在"修订课程方案和课程标准"中，要求"增强整体性，强化各学段、相关学科纵向有效衔接和横向协调配合"。"有效衔接、一体化"，是国家政策文件"高频词"，充分体现了"义务教育一体化发展"的国家意志，做好"小初衔接"工作应是教育者的使命担当。

2. 时代要求

有专家撰文明确观点，"回归课程标准"也是解读"小初衔接"的一种

---

① 惠兰，李琴．"小初衔接"的现实困境与区域突破路径［J］．上海教育科研，2022（02）：76－81．

思路。文章认为,"衔接是一个历久弥新的话题"。小初衔接更是人们关注和研究的焦点。尤其是课程改革中课程标准、教材选用等的变化,对当前的小初衔接提出了新的挑战。同时,新时代奔涌的新技术打破了学习场域和学习机会的限制,打破了班级与课标的限制,学习无处不在、无时不有成为可能。学习跨跃了学段与学科的界别,跨出了学校围墙,学习变得越来具有协作性和互联性,变得更加个性化、高效化,终身学习的技术条件日臻完善。事实上,"小初衔接",是智能技术赋能与应用的必然结果。

3. 现实需要

北京、上海、湖北等省市很早便推行"5+4"模式改革,其初衷是为了探索小升初的更有效衔接。据笔者调查发现,样本区域内不少小学已利用新技术为学生构建起个人"数字化学习档案袋",包括与学习相关的活动、成就、挑战及反思。6年间一以贯之的宝贵记录为小初衔接做好了实践准备。可惜的是,这些"宝贝"档案随着学生小学毕业,就躺在数据库里,失去了价值,这些"终身发展"可见的学习证据,沉默在学生档案里。小学和初中二元分治模式,客观上限制了小学和初中两个学段间的联系沟通。近年来,笔者做了多轮访谈,对象包括中小学校长、家长、学生。"小初衔接不畅"已成为大家的"痛点"。鉴于此,立足小学高年级,从国家教育部颁布的《九年义务教育全日制小学、初级中学课程计划》对九年制义务教育的连贯性和完整性要求出发,探索实现小初无缝衔接的高效途径成为迫在眉睫的教育课题。

(二) 必要性

"小初衔接"的目标是"促进人的全面发展",对此阐释、解读的教育理论和资料,可谓卷帙浩繁。篇幅所限,择其一二,作为例证。

1. 教育视角

裴斯泰洛齐称教育"意味着完整的人的发展",杜威认为"教育即生长",尽管视角不同,观点各异,但在"教育的原点是育人,教育的根本要旨就是为了促进人的发展"方面达成共识。要实现"完整的人"的发展,必会强调不同发展阶段的不同特征表现,这也是教育的阶段性意义所在。故,有的专家认为,"衔接教育是一个不该出现的概念",但现实情况是过渡期的学生确实存在因成长规律的固有差异而导致的诸多不适应问题,需要依据教育学理论在实践层面做一些"减陡度,缓坡度"的探索,小初一体化发展是必要的。

2. 教学视角

我国著名的思想家、教育家孔子认为，人的"学力"有差异。孔子曰："生而知之者，上也；学而知之者，次也；困而学之，又其次也；困而不学，民斯为下矣。"换言之，孔子认为，人在智力上有"上智""中人"和"下愚"之别。他还认为，"惟上智和下愚不移"，"中人以上，可以语上也；中人以下，不可以语上也"。据此，他创造性地提出了著名的"因材施教"思想。"小初衔接"正是源于"因材施教"思想，又对其进行了时代的阐释与实践。当然，"小初衔接"更体现了布卢姆的掌握学习理论。他认为，"世界上任何一个能够学会的东西，几乎所有的人都能学会……只要向他们提供了适当的前期和当时的学习条件"，而小初衔接教育正是实现尽快适应初中学习生活并从"差异出发达到消除差异"这一理论构想的有效实践。

3. 心理视角

心理学研究表明，目前儿童生理成熟度相对于20世纪80年代提前了两年左右，而且心理发展的成熟度明显增强，抽象思维得到了较好发展，但处于过渡期的学生具有如下明显特征：一是生理发育加速，出现人生的又一个高值点；二是思维进入形式运算阶段，信息加工能力明显增强；三是具有更为明确的自我意识，社会性情感有了更好发展。所以，提升小初过渡期的适应能力，可以有效缓解孩子身心剧变产生的矛盾，降低小初学习过渡期"坡度"，帮助学生轻松跨越小初衔接难关，实现最优化发展。"小初衔接"教育是由心理学理论作为支撑和基础的。

近现代学校如幼儿园、基础教育阶段的小学、中学等学段，更是在皮亚杰的认知发展理论、埃里克森的心理发展阶段理论等心理学理论研究成果基础上确立起来的，根据儿童年龄的变化与心理特点、认知能力发展的关联性而生成适合性的教育，并且相互联系而构成完整的教育系统。为此，进行小初衔接教育实践是在尊重并顺应学段划分的基础上，让学生在衔接过渡期有一个"平滑而顺畅的进阶通道"，以此缓解由于各种变化而带来的心理焦虑感。

二、"小初衔接"的困境和审思

2016年9月，笔者对江苏省苏州市姑苏区（以下简称样本区域）5所初中300名初一教师进行了问卷调查。结果显示，初中教师普遍认为学生进入初中时在很多方面都没有准备好，需要"补课"：有60%的数学教师认为学生读不懂复杂的数学应用题；56%的语文教师认为学生不会分析阅读材料；55%的班主任教师认为学生缺乏良好的生活和学习习惯；69%的历史教师认为学生不会提问，不会独立思考；75%的政治教师认为学生不会运用学到的知识解决问题。

这一研究得到的意外结果在于，初中教师普遍认为学生缺乏的是能力，而不是某一学科的知识。由此可见，"小初衔接"是一项必要的、但还没有引起足够重视的挑战性工作。"小初衔接"的研究价值和实践意义是基于人的全面发展，它是真正从"人"的因素去考量教育。这是一种新的价值秩序：人的发展优于知识技能的获得。

"儿童在某一阶段的发展变化总是在前一阶段积累的基础上发生，后一阶段的发展总是以前一阶段的发展为基础。先前的发展为以后的发展打下基础，是以后发展的前提；后一阶段既包含前一阶段的因素又萌发着下一阶段的新质。""衔接"就是稳定现有发展成果，寻求进一步触发质变的联结要素，发掘使学生学习能力与感悟世界的能力最终实现阶段性提升的通达方式；"衔接"更是九年制义务教育内在的本质要求，是对目前学制教育过程的补充。实践中，小初衔接存在着诸多现实困境。

(一)"小""初"学生缺乏过渡支持

调研时笔者考察了样本区域3所小学的五、六年级教学状况，听了36节课。在这36节课中，只有12节课聚焦培养学生可持续学习能力。以往初中教师反映有些新生很会考试，但不知道如何提问，只记住教师给的正确答案等问题，本轮考察让笔者真正理解了这些问题，并得出两点结论。

第一，学生缺乏学习支持。在学习内容上，初中学科门类多，学科内容趋向专门化，常识性知识比小学明显偏少，规律性、逻辑性知识学习明显增多。在学习方法上，中学生的学习方法更具有自觉性、独立性和主动性。在学习结果上，初中生要面临升学规划的选择，学习更具有严肃性、目的性和竞争性。上述种种，势必造成小学生升入初中后学习上的不适应。

第二，学生缺乏心理支持。"小初衔接"阶段恰是学生身心发展剧变的"准青春期"，即半幼稚和半成熟时期，需要特殊引导。小初衔接不顺利，过渡期就可能变成"危机期"。其心理受挫、学业受挫、个体发展受挫，学习的趣味感和意义感荡然无存，可能出现不同程度的厌学、困学情态。

成就动机理论指出："成就动机是在人的成就需要的基础上产生的，它是激励个体乐于从事自己认为重要的或有价值的工作,并力图获得成功的一种内在驱动力。"学生如果在学习过程中不断遭受挫折,"自我实现需求"无法获得满足,自然会影响其学习的动力。最终使其在面对任务的时候成为一名"避免失败者",在学习中往往选择易于完成的任务,而不愿意去选择具有挑战性的任务。

所以,为了学生成长,"小""初"教师要有意识地在学习内容上互相靠近,在心理发展上给予相应指导。此外,学校、教师与家长要协力配合,帮助学生顺利完成"小升初"的过渡。

(二)"小""初"教师缺乏行动自觉

问卷只是"表格式"的理性思考,要了解学校的实际教育教学状况,还需深入了解教室内的情况。笔者组织了5所学校的50名教师,对样本区域多所学校展开为期3天的"学习之旅"。在此期间,观察了不同学科、不同学段的课堂教学和作业设计,与更多教师交流。"学习之旅"有以下二点结论。

第一,教师缺乏"小初"衔接方面的理论自觉。囿于"小""初"课标和教材缺乏"一致性、连贯性"系统规划,教师培训更多停留在个案研究和经验总结等方面,造成"小""初"一线教师普遍缺乏九年教育一致、整体和可持续发展的教育教学观。教师日常教学计划缺乏"小初"连贯一致的标准和评价方式,难以为学生提供螺旋式递进、高阶进级的学习图景。

第二,教师缺乏"小初"衔接方面的实践自觉。教师普遍缺乏参与"小初"衔接类教科研培训活动的动力,且很少在实践中推行,更遑论在实践中完善,"小初"衔接工作难以从认知层面转向实践层面。

(三)"小""初"学校缺乏实践互通

在对样本所在区域行政区划内的小学和初中校的考察中发现,各学校都有"教师交流"项目,但普遍缺乏"小初衔接"意识和行为。加强合作、促进教学是教育工作者取得进步的方法,但实际情况不容乐观。

第一,学校缺乏搭建"小""初"教师间互动互学工作平台的动力机制。在目前的学制教育中,虽然"小""初"存在交集,但这种交流内容更多体现在行政管理等宏观层面,真正涉及到具体工作的不多、不深,有待进一步提升。

第二,学校局限于学段思考、学段实践的自我价值认同。小学、初中学校没站在"人"的发展角度上来"一贯"思考,出现各自为阵、各管一段的断层发展样态。不能在教学内容、教育评价等方面进行一体化统筹设计,不能为学生提供循序渐进、持续稳定的学习训练。

综上所述,必须找到一条路径突破现有办学体制之间的梗阻,实现"小""初"的通联管理,缩短小学生发展的过渡期,为培育"全面发展"的人奠定能力基础与心理基础。

三、"小初衔接"的区域突破路径

从2013年起,样本区域与江苏省苏州市教育科学研究院携手破题,瞄准小初学段衔接不畅这一现实痛点,汇聚"教""学""研"三股力量,以课程为本,以"研、训、教"为台,实现战略性突破与创新。

(一)以"桥梁课程"楔入,强化"教"的科学精神

"桥梁课程",顾名思义,是具有指导性的过渡性实践课程。它以样本区域行政区划内12所初中、20所小学的"小初衔接点"的实践智慧打底,遵循"点实验,线强化,面推广"实验路径。立足六年级"事实知识记诵"内容,培植七年级"知识分析与应用"能力及"衔接学习心理"调适。"桥梁课程"不仅仅是学术构建,更是"小初衔接"本身的突破性实践。

具体说,"桥梁课程"涵盖了学科类、教学类、学法类、心理类、支持系统类多个模块,是具有实践操作性的指导性过渡课程。"小初衔接桥梁课程"以高站位把握"小初"教材体系的内在联系,梳理结构与内容,找到小初之间各学科知识、能力的衔接点、断层点,为"教"的科学过渡铺设平缓坡道。

恰当处理学科知识与课程内容的关系意味着既要尊重学科知识的内在逻辑体系要求,又要尊重儿童心理发展的内在要求,实现学科逻辑与儿童心理逻辑的统一。例如,在语文"桥梁课程"中,基于语文学科的内在逻辑和学生的心理发展特点,从学生已得的起点出发,探寻新的切入点,将小学六年级和初中一年级语文知识与能力的交叉点放在新的课程内容里。同样,在设计劳动"桥梁课程"时,以"爱劳动"为育人核心价值,从养成劳动习惯(小学)入手,探寻培养劳动习惯与培训劳动技能、探讨劳动价值(初中)的融合点,有梯度、有层次地铺建劳动品质提升课程。

概括地说,"桥梁课程"的设计,是从学生的"已知"(舒适区)出发,设计学生愿意学习和能力上可以接受的新内容(发展区),逐步带领学生爬坡上行,最终完成对"未知"(挑战区)的探索,实现有意义的学习(图1-1)。

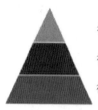

图1-1 "桥梁课程"衔接区示意图

奥苏贝尔指出,有意义的学习必须具备多个条件,其中就包括学习者要有一个有意义学习的心向。所谓有意义学习的心向,是指学习者能积极主动地在新知识与已有适当观念之间建立联系的倾向性。如图1-1所示,小学高年级阶段的学习内容要与初中阶段的知识结构形成连接,使学生能够在已有知识经验的基础上进行更深入的学习与理解。因此,起"衔接"作用的教师应该在立足小学高年级教法、学情的基础上,眺望初一的教学要求与模式,思考"教什么""怎么教"以及"教到什么程度"这三个问题,从而架设桥梁,打通小学高年级与初一的学习断层。

(二)以"苏·慧课程"为核心,优化"学"的教育生态

"苏·慧课程"是"小初衔接"全方位变革的实践补证和阐释,也是苏州市线上教育课程的优质样本。它以"泛在学习理念"为理论支撑,将无缝学习放在多种可能与多种方向、多种方法与多种途径的自主选择上,完成"学"的全时空覆盖。

"泛在学习"又名无缝学习、普适学习、无处不在的学习等,是马克·维瑟提出的"泛在计算"的概念衍生。它指无时无刻的沟通,无处不在的学习。它的目标是创造让学生随时随地、利用任何终端进行学习的教育环境,实现更有效的学生中心教育。"这种追求是人类社会发展的历史必然,在今天看来,泛在学习与人人皆学、时时能学、处处可学的学习型社会的价值理念一致。"在当前全民教育,终身学习的倡导下,泛在学习有其重要的实践意义。

具体来说,样本区域的"苏·慧课程"秉承苏州市线上教育课程理念,在充分考虑各年级学生学情的基础上,以国家教材为底本,以知识的迁移为手段,通过"导学稿""在线直播""课后评估""课程答疑""我要评价"等模块的综合运用,聚焦学科核心素养,关注学生必备品格,发展学科关键能力。"苏·慧课程"的设置与实施,拓展了学生的学习场域,使学习从线下延伸至线上,从课堂拓展至云端,学习生态发生正向改变。

"苏·慧+课程"则由各学校依据教学实际,发掘学生自主研学的需求点

和增长点，进行自主研发，经专业审核后在全区域共享的优秀资源。因此，"苏·慧+课程"是脱胎于"苏·慧课程"的校本化在线课程，它既具有线上课程的共性框架，又具有其所在学校的个性实践特色。"苏·慧+课程"的推出，使样本区的线上课程体现出更清晰的层次性、更强的针对性以及更丰富的选择性。

样本区域的两大线上课程，与苏州市线上教育课程既有整体结构上的一致性，又具有区本、校本的独特性；既能满足区域学生的普遍性要求，又能针对不同层次的学生提供相对应的学习资源，为学生的个性化学习提供丰富的资源。另外，线上课程的构建，更促进了学生学习方法的转型升级。样本区域的线上课程实现了学习场域的自我拓展，学习时间的自我控制，学习内容的自我选择和学习层级的自我调节，使每一位参与的学生都能自主选择、自主学习和自主管理。

（三）以"研、训、教一体化"方式，推进"研"的区域联培

"研、训、教"，即教育科研、教师培训、教学转化。"教育科研"是引导，是对教学实践和教师培训经验的提升、提炼，形成科学的方法、规律；"教师培训"是有效研究和有效教学实践的保障；"教学转化"是对教师培训、教研经验的转化。一体化模型构建成为直接促使"小""初"教师的意识与行为发生改变的实践动因，其模型如图1-2所示。

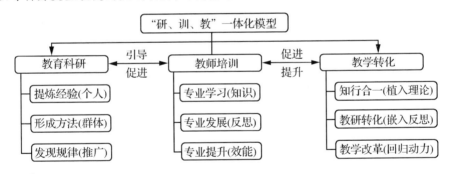

图1-2 "研、训、教"一体化模型

事实表明，"小初衔接"联动实践已成为提升教师专业发展重要路径之一。通过教师参与问题解决的过程来获得经验，促进教师由"个体被动"转向"个体主动"的专业发展，由"个体主动"转向"群体主动"的专业发展，取得以训促研、以研带教、研训教结合的效果，从而整体提升学校乃至区域教育教学质量。

1. 校际联合研培活动

联合团体制定切实可行的联合研培计划。纵向层面由主学科逐步辐射到其他学科，横向层面则视情况形成多学科的项目式“研＋培”交互教研活动。各级各类活动每月开展1次，由至少1名“小初衔接”项目组核心成员直接负责并全程参与。为使教研活动具有更大覆盖面，教研结果更具科学性与推广价值，每次活动地点必须按序轮换，团体内所有学校都要敞开大门，原则上确保每校每学期能开展1次活动。

2. 骨干深度浸润教研

联合团体积极探索更为紧密、更进一层的教研方式，如精选优秀骨干进行不少于一个月的短期互派，深度参与对方日常教学，浸润式体验教学差异，思考改进举措，开展阶段性诊断汇报，为促进“小初”融合提供决策依据。对创新工作开展应考虑周全，兼顾各方利益，尤其要保障相关学生和教师的应得权益，获得正面影响。

为让“小初衔接”教研能够真实有效开展，分别制定了联合教研计划表、课堂观察分析表与联合教研记录表（图1-3），从制度入手确保联合教研稳定开展。

1. 联合教研计划表

XXX联合数研计制				
团体组成		协调小组成员		职务
中学				
小学				
主要安排				
月份	主题	形式	地点	负责人

2. 课堂观察分析表

时间		地点		听课人	
执教者		课题			
课堂观察记录及分析					
教学流程			存在问题		评价反思

3. 联合教研记录表

XXX取合教研配录表			
时间		地点	
负责人		记录人	
参与者	(如人数较多可注明人数,后附签到表)		
活动主题			
简要过程			
研讨纪要			

图1-3 “小初衔接”教研相关表格

通过“小初联合教研”活动，从体制和机制层面不断强化两个学段间的相互沟通，在形式和行动层面持续增进两个学段的紧密联系，逐步探索并形成适用于学生“过渡期”的教育教学方式，以此促进“小初”优势互补、共同发展。

9年的实践证明，基于育人价值和时代意义的“小初衔接”路径的构建与探索，有助于适应合作、开放、共享的教育趋势，有助于学生终身发展、全面发展和主动发展的育人实践，有助于9年义务教育的战略性规划，以支持、帮助教育工作者做好相应的准备。同时，它亦反映了教育者对青少年学生成长关怀的高度自觉。

9年来，基于"小初衔接"的区域实践已形成了可用、可评的系列成果。但仍有许多问题需要细化、实化，同时实践中还在不断生成新的问题，有待改进。如"小初衔接"的机制体制等探索性成果如何服务决策层面，更好"固化"；小初衔接"桥梁课程"资源建设与使用如何不断优化，如何更科学、合理、有效安排；小初衔接的研究成果如何在更广泛区域进行推广辐射等问题，都值得进一步去探索。

"苏式学校" 之姑苏表达[①②]

一、问题的提出

2013年，姑苏老城三区合并成为姑苏区，作为具有深厚文化底蕴的核心城区，在新的历史时期如何坚持"教育优先发展"的战略不动摇，如何在教育现代化道路上持续发展，需要切实可行的推进抓手和实施规划。区域内现有44所学校，其中17所是百年老校，还有若干新建学校以及扩并学校[③]。这三类形态的学校是姑苏区所特有的，也是区域推进"苏式学校"建设的基础形态。在全部成为苏州市现代化学校后，这三类姑苏区特有形态的学校该如何实现内涵发展、特色发展，需要发展的路径和标杆的示范。学校发展关键在于教师的发展，教师如何加快职业成长，需要精神内核引领和科学教育思想体系的滋养。"叶圣陶先生是从苏州小学讲台走出去的伟大教育家，是中国现代教育文化领域的一代宗师，理应是苏州市广大教育工作者的精神导师和行为楷模。"缘自"苏派"研究的引领，承接"苏式"教育品牌的命题，深受叶圣陶思想的感召，源于姑苏区教育发展的需求，"建设一批具有吴地风格特色的优质学校"成为姑苏教育的美好愿景与理想追寻。

二、核心概念阐释

（一）"叶圣陶教育思想是我国著名教育家叶圣陶在20世纪我国社会变迁和教育改革，尤其是基础教育改革过程中形成的一种具有中国特色的现代教

---

① 惠兰，郑凤仪."苏式学校"之姑苏表达［J］.江苏教育，2017（50）：67 – 70.
② 江苏省教育科学"十二五"规划2015年度重点自筹课题"基于叶圣陶教育思想的区域打造'苏式学校'的实践研究"（编号：B-b/2015/02/116）的阶段成果。
③ 截至2022年，姑苏区共有65所学校（含49所小学、16所初中），其中20所是百年老校。

育思想，它具有普遍意义、当代价值和民族风格。叶圣陶教育思想内涵丰富，包括教育改革思想、以人为本思想、教为不教思想、养成习惯思想和创新教育思想等。"叶圣陶教育思想，不仅是苏州的，也是中国的，更是世界的。叶圣陶教育思想直抵教育本质。继承和弘扬叶圣陶教育思想，是一种文化的继承，教育文化的继承。

（二）"姑苏表达"表达了对叶圣陶教育思想的理解、叶圣陶教育思想深刻含义和价值的阐释。实质上是姑苏教育文化的行动，是文化传承、文化理解、文化追求和文化愿景。

（三）"苏式学校"指基于叶圣陶教育思想滋养，从姑苏教育内涵发展的价值追求出发，以姑苏区现有的"百年老校""新建学校""扩并学校"三种类型的学校为基础形态，以"苏式校园"的营造、"苏式课堂"的创生、"苏式教师"的锻造、"苏式学子"的培育四个维度为表达方式，以符合姑苏文化内涵的"苏式学校"研究与实践为切入点，为学校自身特色实际定位，走适合各"苏式学校"自身规律的内涵发展之路。

（四）推进区域教育行政部门通过对政策、制度、人事、财务、优质资源等的综合平衡和掌控，实现各种教育要素的优化组合和合理分配。从学校发展、师生发展的角度，考量本区域教育的发展方向和行动策略，整合各方面力量，基于学校的内驱动力，助力建设与涵育一批"优质学校"，以此作为标杆引领全区协同发展。

三、理解与表达

（一）叶圣陶教育思想的姑苏理解

"叶圣陶教育思想最主要最本质的特点，就是不追求教科书式的抽象、静态的理论体系构建，而是始终走在时代的前列，植根中国社会变革和教育改革实践，与广大师生的教育与学习生活息息相关，不断地提出、探索和回答教育改革特别是基础教育改革现实中的重大问题。"叶圣陶教育思想与苏州教育、与姑苏教育始终血脉相连、融为一体。对叶圣陶教育思想的系统梳理、全员学习、深入感悟内化运用，姑苏教育人深刻地感悟到：叶圣陶教育思想是帮助我们认识、解决苏式学校建设中"传承与创新""共同发展与特色发展"等诸多难点问题的宝库。以叶圣陶教育思想精髓有效指导"苏式学校"建设研究实践，姑苏区找准了契合点。

（二）基于叶圣陶教育思想的"苏式学校"之姑苏表达

叶圣陶教育思想是"苏式学校"建设的精神内核，营造充满姑苏文化气息的"苏式校园"是打造"苏式学校"的必备条件，创生传承和发展地域文脉的"苏式课堂"是打造"苏式学校"的品牌基础，锻造具有吴地风格特色的"苏式教师"是打造"苏式学校"的关键举措，培育富有姑苏文化气质的"苏式学子"是打造"苏式学校"的根本目的。叶圣陶教育思想滋养下"苏式学校"建设"三经四纬"的姑苏个性化表达框架已初步形成，内涵不断得到丰富、完善。

1. "苏式校园"的姑苏表达。

走进姑苏区的任何一所学校，都会感受到富有生命活力的苏式文化，都能感觉到叶圣陶思想的现代脉动。苏州市山塘中心小学是一所百年老校，是一所浸润在千年古街的"最具苏州味的小学校"。学校对陕西会馆遗址进行了保护性修缮，使传统文脉得以延续，"七里山塘"的文化气息在校园扑面而来，渗透到学生的校园生活中。苏州市金阊实验小学，作为一所异地重建的学校，新建校园时把"乐文化"进行移植与发展。"苦中作乐、知足常乐、助人为乐"的老"三乐"没有丢；"健康快乐、寓学于乐、乐此不疲"的新"三乐"又蓬勃再生。苏州市沧浪新城第二实验小学是一所新建学校。该校因地制宜，从沧浪"水"的特性中提炼学校的校训和"三风"，用水元素进行校园建设、校园文化建构……

就学校个体而言，姑苏校园文化是百花齐放；而就核心指向而言，姑苏校园文化都不约而同沐浴着叶圣陶思想的滋养，都朝向姑苏文脉的源头，都散发着苏式文化的芬芳，体现叶圣陶"着眼于学生的成长""教育为人生"的教育本质观。

2. "苏式课堂"的姑苏表达。

（1）基本定位：遵循规律与富有个性

"苏式课堂"姓"苏"，师生的教学活动又都是在苏州、在姑苏这一特定的文化环境中进行的，那么课堂教学特色就必然应既符合地域的文化特征，散发本土文化的气息，又具有教师的个性风格化的课堂教学特色。而这一切都是以遵循客观的教育教学规律为前提的。

（2）诠释内涵：课改视角与特色风格

课程改革的核心是课堂教学。"苏式课堂教学"必须以课程改革的思想去认识其应承载的内涵和承担的任务。简言之，就是"三种角度、三个本位"：从教学论的角度看，要体现"学生本位"；从教育学的角度看，要体现"能力本位"；从教育哲学的角度看，要体现"过程本位"。

目前尚不能为"苏式课堂"下一个完整的定义，也无法轻而易举给予一种精准的描述。然而，姑苏区在丰富多彩、各具特色的教学实践中萌生和提炼了"苏式课堂"的内涵关键词：邃密、易简、"共生"。邃密以丰实累积，易简以注重感悟，"共生"以催生智慧。"苏式课堂"根植于悠久的姑苏历史文化，着眼于学生个体的生命成长，以"教是为了达到不需要教"等叶圣陶教育本质为指引，致力于课程改革的研究、课堂教学风格的锻铸，营造一种"百花齐放"的"共生"，催促着五彩斑斓、生生不息的美好课堂生态。

（3）教育目标：基于"立德树人"

"苏式课堂"的目标基于"立德树人"。正如叶圣陶所说"知识学问无止境，品德修养无止境""教育工作者的全部工作就是为人师表"。"苏式课堂"倡导姑苏教师们"为人师表"，用自己的楷模行为去唤醒、熏陶学生。

（4）三种途径：挖掘、培育、践行

首先是追根溯源式的挖掘，挖掘姑苏教育文化的宝贵财富，挖掘叶圣陶教育思想的精神实质和现代价值；第二是承前启后式的培育，弘扬符合现代姑苏教育要求的课堂教学核心价值观；第三是目标愿景式的践行，"苏式课堂"在实践和行动之中前行。

在扎根课堂、切实探索解决教学的实际问题的方式和途径过程中，姑苏区各学校选择适合自身的视角开展深入研究。苏州市敬文实验小学重构"苏式课堂教学"的内在秩序，以课堂结构的变革为起点，关注学科间的通联，尊重学生的认知规律，改变以往窄而深的学科视角，追求宽而融的系统思维，以素养的发展为终极追求，居高临下进行教学结构与秩序的重建；苏州市彩香实验小学重在探求教师如何引领学生学会思考，在"以学定教学案导学"的课堂教学模式中，有效引导学生自主发现问题，探究问题，解决问题；苏州市勤惜实验小学秉承"勤""惜"的本义，挖掘和拓展并丰富其内涵与外延，让"勤"成为一种习惯，让"惜"成为一种态度，两者相辅相成，智慧融合，让"苏式"文化的形与神在课堂中被传承、体悟、发展。更有一些学校进而构建课内与课外、学科课程与活动课程融合的教学模式，开发和实施作为"苏式课堂"主张的校本课程。如苏州市平江实验学校以追求"大成"

为育人目标,以百年校训"德润文光"为核心理念,全面构建"苏式"校本课程体系,探索校本课程和国家课程之间的整合、融通、替代,多维制订目标,多类设置课程,多样实施策略,多层培育师资,多元民主评价,多种展示活动。推进"对话"课堂教学,以"素质"为目标,以"学生"为主体,以"对话"为策略,以"能力"为核心,以"任务驱动"为途径,实现了"苏式"校本课程"价值思考—实践设计—智慧行动"的螺旋式发展。大儒实验小学的《新论语》《昆缘》,平直实验小学的绢宫扇、虎头鞋,学士中心小学的"吴门艺韵"等校本特色课程的创生,打通了课堂教学、社团实践和校园文化建设中传承和创新吴文化的主渠道,形成了"苏式课堂"特有的姑苏表达。

"苏式课堂"一直存在着,需要驻足、回望、梳理,从而凝练、反思和前行;"姑苏表达"也并非是概念化的生硬的词眼与段落,而是经验、智慧与行动的融聚。姑苏表达的"苏式课堂",是属于姑苏教育人自己的句子。

3."苏式教师"的姑苏表达。

姑苏区将叶圣陶作为全区广大教育工作者的精神导师和行为楷模,提出了"像叶圣陶那样做老师"的倡议。"像叶圣陶那样做老师",苏式教师的德品学养有哪些主要表征和具体呈现?学校如何引领教师"以教育成就自己",用"教育为人生"的境界规划职业发展?这两个话题成了各校校长、教师关注的焦点,成了"姑苏区基于叶圣陶教育思想'苏式学校'建设"校长微论坛、"姑苏区苏式教师专业发展高级研修"项目、"姑苏区叶圣陶教育思想高级研修班"等平台深入研讨的热点。"像叶圣陶那样做老师"就应"做一个有教育情怀'睿智'的老师""做一个'处处用心'的教师""做一个'从容、有容、精致'的教师""做一个'水一样'的教师"……这样的理解与追求在姑苏区广大教师中逐渐得到认同,成了大家的共识和努力目标。苏州市沧浪实验小学用"三个引导"涵养教师德品特质:引导教师精神自觉、引导教师认知自悟、引导教师思想自省。苏州市东大街小学[①]以"萤火虫读书会"为抓手,努力营造"苏式教师"完整、优雅的幸福共同体……这样的特色管理经验在区域内不断得到推广。

叶圣陶认为,"教育事业原是教师做的,教师不能只等旁人来'觉我',

---

① 现苏州市昇平实验小学校。

要靠自己觉悟。'自觉'和'外铄',在旁人看来似乎没有区别。在实际精神上却大异其趣……若是从自觉得来的,便灵心澈悟,即知即行。"正如教师们所感悟的那样:叶圣陶的教育思想富有现代属性,贴姑苏土壤、接教师地气,只要深入学习、深刻思想、深度探索,就会收获灵感、收获惊喜。凭借"苏式学校"为教师提供的成长沃土,涵育具有"经世致用、慎思笃行、悠远博雅"学养的"苏式教师"正成为姑苏教育人不懈的追求。

4. "苏式学子"的姑苏表达。

"苏式校园""苏式课堂""苏式教师"……教育的出发与归宿都只指向一处,那就是儿童——我们的学生。遵循叶圣陶"教育为人生"的教育思想,姑苏教育人自觉担负起解决教育教学现实难题、切实提高教育质量、促进学生整体素质发展和提高的重任,努力培育富有书香文化气质、智慧灵动的莘莘"苏式学子"。

叶圣陶提出"学校教育应当使受教育者一辈子受用"的教育本质观,反映了学校教育的真谛,就是要着眼于学生的良好养成和终身发展,为学生的一生奠基。苏州市桃坞小学[①]研制了木刻绘本"桃娃礼仪"课程,将好习惯分解为具体的行为要求。沧浪新城第三实验小学推出和使用"四悦"体验卡,使学生评价多元、多样、个性,尊重差异,以生为本。苏州市新庄小学的长绳演绎该校学子"鱼贯而入,走路行进"的最美姿态。

"苏式味道""吴地风华"也是姑苏学子特有的精神图腾。全区打造了一批有"苏味"、叫得响的民俗文化社团,如"桃坞木刻儿童工作室""儒娃小昆班""吴门少儿书画社""民俗节庆传习社""水乡娃民间工艺坊"等,成了"苏式学校"里素质教育的一道独特风景线。"姑苏学子"在粉墙黛瓦下、在吴侬软语里,在包容开放中涵育素养、幸福成长。我们坚信:姑苏教育涵育的生命拥有独特的样貌与卓群的气质。

四、认识与愿景

叶圣陶教育思想是不会过时的,是恒久流传的,需要我们重新去揣摩"发现"、真正理解。"叶圣陶无意构建自己的理论体系,但是,他丰富、广阔和深刻的教育智慧,事实上支撑起了一座朴素严谨又不失恢宏气度的教育思想大厦。"叶老教育思想是一面引领姑苏教育改革的旗帜,以叶老教育思想的

---

① 苏州市桃坞中心小学校。

现代价值指导新时代背景下"苏式学校"的建设研究实践,给学校的校长、广大的教师,给姑苏教育人以无限思考的时空。我们所理解的"苏式学校"是基于叶圣陶教育思想的滋养,是具有吴地风格、"苏式味道"的学校,是姑苏的一个个特定的、有特色的、有个性的学校。

目前,苏州市入选全国首批城市设计试点城市,城市的规划设计强调苏式元素、尊重古城肌理,说明国家对"苏州味道"的保护。姑苏区、保护区文化教育委员会①的成立,必然将文化与教育紧紧裹挟,融融而生!叶圣陶教育思想是姑苏区"苏式学校"建设的指导思想,叶圣陶教育思想观照下的"苏式学校"建设路径必将更加清晰,叶圣陶教育思想滋养下的姑苏表达也将愈发嘹亮。

浅论"苏式课堂教学"②

作为全国首批24个历史文化名城之一的苏州,素有崇文重教的优秀文化传统,是名副其实的人文荟萃之地,拥有古时"状元之乡"、当今"院士之乡"的美誉。苏州教育底蕴深厚,"苏式教学""苏式课堂"在江苏大地独树一帜,且精彩纷呈、和而不同。近年来,苏州市教育局提出"苏式教学"与"苏式课堂",既是带领全市中小学教师和全省同仁们协同打造"苏派教学"特色的重大举措,也是弘扬苏州"崇文"城市精神,着力培育"苏式"教育品牌的浓墨重彩一笔。正如苏州市教育科学研究院《关于推进中小学"苏式教学"与"苏式课堂"实践与研究的工作意见》中所指出的:"'苏式教学'是教育教学一般规律在苏州的独特表现,是基于苏州教育传统和实践的基础上提出的,对于苏州教育教学改革和发展发挥着重要的引领作用。"

为了总结姑苏区既有的课堂教学经验,找出存在的问题与不足,通过弘扬优秀课堂教学经验,在全区逐渐形成具有苏州特色的"苏式课堂教学"风格,并将此辐射与传承,去推动课堂教学改革,提高教学质量,把推进"苏式教学"与"苏式课堂"落到实处,笔者认为必须引领全区教师正确认识和领会"苏式课堂教学"的定位、内涵、目标和途径,由此才能真正促使我区做好"苏式教学"与"苏式课堂"的实践和研究工作。

---

① 现保护区、姑苏区教育体育和文化旅游委员会。
② 惠兰. 浅论"苏式课堂教学"[J]. 七科语文(教师论坛),2016(2):19-21.

一、遵循规律与富有个性的"苏式课堂教学"基本定位

事物都有其自身的发展规律,教育也是如此。无论我们采用何种方式,体现怎样的风格,都必须遵循人自身的认知规律。

学生是认知的主体,教师则是施教的主体。课堂教学是由一个个教师去组织实施的,因此它又必然与教师个体的专业水准、经验水平、爱好特长、学养底蕴、个性修养、价值认同等因素密切相关,因而也必然会呈现个性化的特点。既然"苏式课堂教学"姓的是"苏",师生的教学活动又都是在苏州这一特定的文化环境中进行的,那么这一课堂教学特色就应既符合苏州地域文化特征,具有苏州本土文化的气息,又具有教师的个性风格化的课堂教学特色。

基于这样的思考,笔者将"苏式课堂教学"的基本定位理解为:以遵循教育教学规律为前提,符合苏州地域文化特征的一种富有个性风格化的课堂特色追求。

二、课改视角与特色风格是"苏式课堂教学"的内涵

1. 基于课改的"苏式课堂教学"。

课程改革的核心是课堂教学。"苏式教学"必须以课程改革的思想去认识其应该承载的内涵。简言之,就是"三种角度、三个本位"。

第一,"苏式课堂教学"要体现"学生本位"。

本次课程改革的时代性特征,集中体现在倡导以学生发展需要为本的教育思想。叶圣陶先生是从苏州小学讲台走出去的伟大教育家,是中国现代教育文化领域的一代宗师,理应是苏州市广大教育工作者的精神导师和行为楷模。他认为:学生决非"空瓶子",等着"揭开瓶盖,把各种知识、各项道德条目装进去";"学生是主体",是"有生机的种子,本身具有萌发生长的机能,只要给予适宜的培育和护理,就能自然而然地长成佳谷、美蔬、好树、好花"。贯彻生本思想看起来是个老问题,可至今仍解决得并不怎么好,很多课堂上,教师讲得滔滔不绝,学生只能被动接收,学生的思维没有被真正激活,这样的课堂本质上就是一个僵死的填鸭式教学。

大凡先进的教学方法,无不是以充分调动学生思维为目标的。我们苏州的几位著名语文特级教师风格各异,但在这一点上恰是颇有共识。例如:薛法根的"教得轻松,教得简约,学得轻松,学得扎实"的语文课堂,能让学生自始至终处于精神振奋的状态,师生对话情意融合,浑然一体;薄俊生的

语文课堂"是一种疏密有致的布局艺术,欲擒故纵的导引艺术,不露痕迹的渗透艺术":有时大胆泼墨,有时轻轻一勾,有时错落撩拨,有时稍加点缀……学生诗意徜徉,智慧拔节;管建刚则以"文心"培育兴趣为特色,演绎了"写意式"智慧课堂风格。就教学手段而言,他们都是为了充分调动学生的积极性,让学生主动学习,主动思考,主动发展,这就是"学生本位"产生的教学效果。

第二,"苏式课堂教学"要体现"能力本位",强调"着眼于培养学生终身学习的愿望和能力"。

关于这一点,其实《老子》中早就说:"授人以鱼,不如授之以渔,授人以鱼只救一时之急,授人以渔则可解一生之需。"用现代教育论去理解这段话,就是"培养学生具有解决问题的能力将使他们受益终生"。对于这一点,"苏式课堂教学"的先驱叶老也说过:"受教育者自有发掘探讨的能力,这种能力只待培养,只待启发,教育事业并非旁的,就只是做那培养和启发的工作。"反观我们今天的许多课堂教学,也许有些教师不经意间已把这一教学思想给忘记了、丢失了。以作文教学为例,今天的许多学生写的记叙文往往编造作假,散文成了煽情游戏,议论文肤浅且缺乏逻辑。数学计算教学亦然,教师过多地强调了学生运算知识的掌握和运算技能的训练,而忽视发展其运用计算知识解决实际问题以及算理思维的初步建构。其实,这些都是与"苏式课堂教学"格格不入的。"苏式课堂教学"就应该继承前人"能力本位"的思想财富,并去不断发扬光大。

第三,"苏式课堂教学"要体现"过程本位"。

要改变课程过于注重知识传授的倾向,强调形成积极主动的学习态度,使获得基础知识与基本技能的过程,同时成为学会学习和形成正确价值观的过程。学生的学习有的需要通过他们自己探索去认识、理解和掌握,有的需要借助教师或同伴的帮助,凭借他们自己原有的学习经验、生活经验去内化建构,这都需要以正确的学习方法和切身的体验为支撑,而掌握方法和获得体验都只有在学习的过程中才能真正习得。因此笔者认为,"苏式课堂教学"不仅应该注重学生"双基"的获得,更应注重让学生亲历学习的过程,这才是教学所要追求的根本目的。

2. 基于风格的"苏式课堂教学"。

风格是什么?有人说就是个性特征,有人说就是拒绝雷同,也有人说风格其实就是文化,"苏式课堂教学"就是一种具有苏州教育特色的学校文化追求……这些不同的说法都有其一定的道理。笔者认为"苏式课堂教学"的风格形成及内涵尽可以在丰富多彩、各具特色的教学实践中去提炼产生。然而,笔者认为以下三点是不可忽视的。

第一,邃密以丰实累积。

几千年来,缜密细致、深邃严谨不仅是吴地学者文人的治学态度与风格,即使那些从事刺绣、织锦、玉雕、盆景和叠石成山、建轩造园等的苏州民间工匠艺师也是一样的尽心竭力、精益求精,这种精细执著的优秀传统甚至成为了苏州一种特有的市井文化。而倡导邃密的课堂教学风格必然会让在姑苏文化熏陶下的苏州教师更注重夯实基础,注重抓点滴积累,注重帮助学生养成一丝不苟的认真习惯。南宋词人陆游写有一副劝勉联:"书到用时方恨少,事非经过不知难。"就是从"知"和"行"两个方面告诫世人要勤学好读、勇于实践。笔者认为,这样才能帮助我们为形成自己的风格累积经验、丰实基础,舍此,"苏式课堂教学"只能是纸上谈兵了。

第二,易简以注重感悟。

唐代著名的思想家、教育家韩愈曾说:"师者,所以传道授业解惑也。"这里的"道"既可指为人之道,又可指事物变化之规律。无论做人求知,中国人都讲究一个"道"字。是让学生被动地去"知道、得道",还是引导他们去主动"闻道、问道、悟道",这是教师"传道"的不同境界。"闻道、问道、悟道"则是倡导学生乐疑好问、主动探究。从苏州走出去的科学大家、诺贝尔物理学奖获得者李政道博士,对教学中的"问道"尤其重视,他认为:"学习怎样提出问题和思考问题,应在学习答案的前面。"所以,教师如果能平易简约、深入浅出地不断激发起学生提问的兴趣,那么,这样的课堂本质上就是在引导学生去构筑"闻道、问道、悟道"的阶梯。"闻道""问道",往往会形成某种量的积累,而"悟道"则是借助这种积累,通过独立思考达到领悟甚至发现的境地,是量变以后的一种质变。聪慧机敏、灵动睿智是苏州地域文化的别称,今天的苏州精神大力倡导"睿智",而"悟道"又是"睿智"的前提。笔者认为,注重感悟的"苏式课堂教学"本质上是与苏州城市精神一脉相承的。

第三,"共生"以催生智慧。

当今世界是一个多元文化共存的世界,无论是园区的"圆融"文化,还是苏州"崇文睿智、开放包容、争先创优、和谐致远"的城市精神,都倡导要以海纳百川的宽阔胸怀去吸收中外各种文化的精华。虽然根植于姑苏这块文化沃土上的"苏式课堂教学"具有丰厚的文化积淀,但是它不应该仅仅满足于继承传统,也不应只是一枝独秀的孤芳自赏、固步自封,恰恰应该好好研究、学习近代世界各种流派的教育理论和思想,自觉地融入时代发展的大潮之中,并扬长避短,彰显自身蓬勃发展的生命活力。笔者认为,"苏式课堂教学"应该让每个致力于打造自己教学风格的教师,能够自由地以最适合自己的方式去探索和创造,因此它应该营造一种百花齐放、百家争鸣、百舸争流的"共生"氛围,去促发不同教育思想、教学理念或教学风格的智慧共生,这样的"苏式课堂教学"才能五彩斑斓、生生不息。

三、基于"立德树人"的"苏式课堂教学"教育目标

校训既是学校文化的集中体现,是一校之魂,又是教诲学校里每一个成员怎么去做人、做事、做学问的基本品格和道德情操的标杆。苏州的许多百年老校都各有脍炙人口的校训,如我们姑苏区平江实验学校的"德润文光",沧浪实验小学的"质朴致远",善耕实验小学的"一生向善,百年勤耕",大儒蒌葭中心小学[①]的"儒雅博纳",草桥实验小学的"宣礼、尚德、发悟、肃志"……它们给学校留下了宝贵的文化遗产和精神财富,不仅给在校的教师和学子们以激励和劝勉,也让即使已离开学校多年的人还时刻铭记在心。近年来,苏州教育局提出了要以"立德树人"为导向培育"苏式"教育品牌,这就不仅为苏州教师树立起了"苏式"教育的文化标杆,也为"苏式课堂教学"明确了其必须实现的共同教育目标。教育大事,育人为本;育人为本、立德为先。笔者认为,"苏式课堂教学"必须倡导正确处理"立德树人"和学科本位之间的关系,倡导从事课堂教学的一线教师,要以自己良好的素养和形象,用自己的楷模行为去感召、熏陶学生。

四、以文化视野去认识形成"苏式课堂教学"的三种途径

第一,是追根溯源式的挖掘。这是因为苏州教育发达,人杰地灵,有数不清的历史文化名人和宝贵的资源财富。第二,是承前启后式的培育。传承精华也要剔除糟粕,更要弘扬符合现代苏州教育要求的课堂教学核心价值观。第三,是目标愿景式的践行。苏州教育局将"苏式课堂教学"列为义务教育

---

① 现大儒实验小学。

的改革项目，这本身就是一种导向，一种引领。一切改革都要在实践和行动之中前行。

我们有理由相信，根植于悠久的苏州历史文化，着眼于富有现代苏州教育特色的课堂价值追求，又有广大一线教师的创造性智慧与奋力探索，致力于"苏式课堂教学"的研究及其风格的锻铸，一定能为"立德树人"教育目标的实现作出应有的贡献。

浅论苏式课堂中学生核心素养的发展[①]

面对未来的基础教育，"现在世界整个教育界关注的焦点之一就是'学生核心素养'"。如"联合国教科文组织、欧洲联盟、经济合作与发展组织等以素养为核心，推进未来课程建设，便是很好的理论重构的范例。其中，经济合作与发展组织广邀学者自1997年开始至2005年进行了为期近九年的'素养的界定与选择'专题研究，引起了世界各国和地区的广泛关注"之后，相继有美国的"21世纪技能"、芬兰的"7种综合能力"等面世，美国全国州长协会和州首席教育官理事会共同发布了《共同核心州立标准》（Common Core State Standards，简称CCSS）。显然，核心素养的模型已逐渐渗透到了各国教育改革的诸多领域之中。虽然由于政治体制、文化背景等的差异，不同国家或组织所提出的核心素养内涵有所不同，但对于我们进行素质教育的再认识和再实践无疑颇有启示。

党的十八大和十八届三中全会之后，为了落实立德树人的要求，以充分发挥课程在人才培养中的核心作用，进一步提升综合育人水平，更好地促进各级各类学校学生全面发展、健康成长，2014年3月教育部印发了《教育部关于全面深化课程改革落实立德树人根本任务的意见》（以下简称《意见》）。在《意见》中，教育部提出了"核心素养"这一概念。同时，《意见》中提出："要根据学生的成长规律和社会对人才的需求，把对学生德智体美全面发展总体要求和社会主义核心价值观的有关内容具体化、细化，深入回答'培养什么人、怎样培养人'的问题。"正如华东师范大学教授钟启泉所述："在新一轮基础教育课程改革中，迎接课堂转型的挑战，难以绕过'核心素养'这一重要问题。因为学校教育是面向未来的事业，国民核心素养的培育是至高无上的课题，核心素养指导、引领着中小学课程教学改革实践。没有核心

[①] 惠兰，包迎艳. 浅论苏式课堂中学生核心素养的发展[J]. 江苏教育，2016（57）：19-21.

素养，改革就缺了灵魂。"

一、对"学生核心素养"含义的认识及其内涵结构的理解

什么是"核心素养"？教育部核心素养课题组负责人、北京师范大学教授林崇德认为："核心素养是学生在接受相应学段的教育过程中，逐步形成的适应个人终身发展和社会发展需要的必备品格和关键能力。"这样的素养应该"是'可教、可学'的，是经由后天学习获得的，它可以通过有意的人为教育加以规划、设计与培养，是经由课程教学引导学习者长期习得的"。这就可将国家"立德树人"的教育目标具体化、细化到学校教育可实施操作的层面上了。

应以怎样的结构体系呈现中国国情的"学生核心素养模型"呢？2016年9月13日，由教育部委托北京师范大学，联合国内高校近百位专家成立课题组，历时三年完成的研究成果《中国学生发展核心素养》总体框架（以下简称"框架"）在北京发布。在这一"框架"中，中国学生发展核心素养以科学性、时代性和民族性为基本原则，以培养"全面发展的人"为核心，分为文化基础、自主发展、社会参与三个方面，综合表现为人文底蕴、科学精神、学会学习、健康生活、责任担当、实践创新六大素养，具体细化为国家认同等十八个基本要点。这一结构模型让我们认识到"核心素养"突出强调了个人修养、社会关爱、家国情怀，体现了"促进人的全面发展和适应社会需要作为衡量人才培养水平的根本标准"这一要求，它体现了促进学生全面发展的精神，但并不是以往德智体美意义上的同义反复，它可以与现行课程内容相结合，且是可以由学生通过接受教育而形成和发展的。

二、基于"学生核心素养"发展的苏式课堂教学新内涵

近年来，苏州市教育局提出了将"苏式教学"作为促进苏州教育改革与发展的新理念，作为实现"学有优教"教育内涵发展的重要指针。而打造"苏式课堂"是着力培育"苏式"教育品牌的浓墨重彩一笔。

苏式课堂教学是以遵循教育教学规律为前提，符合苏州地域文化特征和教学传统的一种风格化课堂的特色追求，其最终的归宿还是在培养全面发展和适应社会需要的人才上。以苏州市姑苏区为例，近年来集中研究、努力探索苏式课堂教学的定位、内涵、目标和途径，以此带动学科教学和区域教育质量的再提升。姑苏区提出：从教学论的角度看，苏式课堂教学要体现"学生本位"；从教育学的角度看，苏式课堂教学要体现"能力本位"；从教育哲

学的角度看，苏式课堂教学要体现"过程本位"。三种角度、三个本位均致力于学生的学习和发展，符合"学生核心素养"发展框架的概念内涵，这也坚定了苏州教育人对"苏式课堂教学"研究的深度推进。同时，"学生核心素养"的提出，也引领苏州教育从人的终身发展角度出发，赋予苏式课堂教学新的内涵：苏式课堂教学必须体现"立德树人"的"素养本位"。

三、苏式课堂教学中培养"学生核心素养"的必要抓手

《中国学生发展核心素养》"框架"的建立就是要架起宏观教育目标与教育实践中培养学生必备品格和关键能力的桥梁。笔者认为有效培养"学生发展核心素养"的苏式课堂教学的必要抓手应该有以下几点：

1. 着力课程资源开发，铺实学生核心素养发展沃土。

学生核心素养并不是先天秉承的，需要通过接受教育和勤奋学习才能逐步获得发展。《中国学生发展核心素养》"框架"不仅为学生指明了发展的方向，使学生能朝着国家与社会的期望去不断努力，同时也为教师教学明确了目标，并提供了"应该教会学生什么样的能力"的依据。笔者认为，在苏式课堂教学理念与研究的基础上，科学、合理、充分地开发相应的课程资源，以铺实学生核心素养发展的沃土，是促进"学生核心素养"发展的必备前提。课程的品质和结构直接影响着学生的素养质量和结构，而要落实学生核心素养的发展，则必须以课程资源的开发为依托。所以，对课程资源的开发与利用应指向学生核心素养发展的最需要区，这也是对国家基础课程的一种补充和延伸。苏州是一座有着二千五百多年历史的文化名城，湖山毓秀，人杰地灵，英才辈出，蜚声中外，历史人文资源十分丰厚。这些都是培养学生核心素养可以利用的苏式课堂课程资源。目前，基础教育课程改革不仅是课程内容的变更，更是一场课程的育人观和前瞻性视野的变革，处于课程改革前沿的就是课程的构建以及所需课程资源科学、合理的开发和利用。学生的核心素养是整个学校课程的灵魂，也是统整学校课程规划和建设的结构性要素。学生需要具备的核心素养内涵深广，而目前的课程设置模式单一，缺乏灵活性；课程结构配比不尽合理，且内容偏难、偏深，教学要求偏高；重认知轻实践；学科课程之间相互独立，缺乏横向渗透。站在区域教育层面的宏观把控，契合地域的文化传承，就应立足本土教育的现状，寻求更多样、更"合身"的拓展性课程资源，为学生人文底蕴、科学精神、审美情趣的发展奠定基础。

2. 倡导课堂文化表达，进行学生核心素养悉心涵育。

既然核心素养"是经由课程教学引导学习者长期习得的"，那么课程实施就应是对学生进行核心素养涵育的根本途径，而学科教学就成了培养学生素养的重要载体。

2014年2月24日，习近平总书记在中共中央政治局第十三次集体学习时强调：培育和弘扬社会主义核心价值观必须立足中华优秀传统文化。牢固的核心价值观，都有其固有的根本。抛弃传统、丢掉根本，就等于割断了自己的精神命脉。博大精深的中华优秀传统文化是我们在世界文化激荡中站稳脚跟的根基。① 笔者认为，教学应该凸显一种文化的自觉和倡导，或者说它本身就应该成为一种文化，显示出文化的特质，充分发挥文化的育人功能。课堂文化是一种动态意义上的亚文化，更能体现课程的文化特征和品质。苏式课堂教学就应根植于苏州传统的文化根基，追根溯源、传承发展，从不同的学科提出彰显苏州特色的学科表达。正如"从容、大气、清简、厚实"的苏式语文课堂，"循思维之序、适教学之度、探情智之意"的苏式数学课堂，"促进多元文化融合"的苏式英语课堂……苏式课堂不断深入探索学科教与学的规律，根据学科课程的特点、学生学习发展的需求，探究准确设定教学目标，研制合宜的教学内容，提高学科教学的专业性、趣味性与实效性，促使学生能够在达到各学科国家课程标准规定的学习和发展要求的同时，切实提升学习和思维的品质。因此，苏式课堂已不是单纯地教授知识技能的课堂，也不是单纯地培养兴趣、态度的课堂，而更是重视培育学生运用知识技能解决实际问题所必需的思考力、判断力和表达力的课堂，这应该就是苏式课堂的不同学科亚文化的共同文化诉求。

3. 着眼学习品质锤炼，夯实学生核心素养发展根基。

核心素养的主体是学生，有效培养"学生发展核心素养"之苏式课堂教学的必要抓手之一必须聚焦学生。核心素养强调"必备品格"，由此笔者认为，苏式课堂教学必须注重锤炼学生良好的学习品质，从而有效推进学生核心素养的发展。

学习品质包括学习态度、学习习惯、学习能力等因素，它直接影响学生学习的效率和成效。从苏州小学讲台走出去的伟大教育家叶圣陶先生认为：

---

① 中华人民共和国中央人民政府. 中共中央政治局进行第十三次集体学习 习近平主持 [R/OL]. (2014 - 02 - 25)[2016 - 05 - 12]. http://www.gov.cn/ldhd/2014 - 02/25/content_2621669.htm.

"让受教育者'疑难能自决，是非能自辨，斗争能自奋，高精能自探'，成为一个能'自得'的人。""咱们当教师的人要引导他们，使他们能够自己学，自己学一辈子，学到老。"叶老的话指出了良好的学习品质对于学生的发展具有终身受益的重要意义。而倡导"缜密细致、深邃严谨"教学风格的苏式课堂中，教师在注重夯实基础和抓点滴积累的同时，就必须注重帮助学生养成一丝不苟的勤奋态度和认真习惯，倡导勤勉，静学，审思；平和，持久，深远，使学生在清简中步入安静，于安静中迈向厚实。叶圣陶先生在《立志自学》中曾写道："学习是自己的事，自己要学习，在任何环境里都能够自学，都能够学到切实有用的知识。"叶老的教育观与当今中国学生发展核心素养中关于"学会学习"的素养要求异曲同工、不谋而合。在倡导"易简以注重感悟"教学风格的苏式课堂中，教学有智，预设与生成圆融，教师有匠心而少匠气，教学智慧自然而不着痕迹；课堂有容，兴趣与个性共生，给学生留有充分的自主探索空间，有自由的思维延展空间；以使学生能在学习意识形成、学习方式方法选择、学生进程评估调控等方面不断发展，逐步朝向"具有个性化学习能力的成熟的学习个体"行进。这一切都离不开锤炼学生良好学习品质这一根基。

坚持"生本"教育理念、着眼于学生核心素养发展的苏式课堂研究虽任重而道远，但确是探寻教育真谛、追寻教育本源的必由之路。

区域推进学科质量监测管理的实践思考①

长期以来，学科监测的目标为选拔和甄别，内容局限在知识层面，功利化的监测目标忽视了学生"全面发展"，模糊化的监测内容羁绊了课改脚步，单一化的监测结果忽视了学生个体差异。苏州市姑苏区教师发展中心为打破这种监测困局，开展了大量创新工作，力求通过倡导一种科学意识、建立一套质量标准、创立一个数据平台、形成一系列有效监测及结果应用机制，取得了一定的实践成效。

一、理念支撑建标准

学科教学质量如何监测，评价什么，不仅涉及课堂教学的改进，更对教师专业发展和学生成长起着导向作用。中心通过建构学科核心素养及学科质

---

① 李琴，惠兰. 区域推进学科质量监测管理的实践思考[J]. 中小学信息技术教育，2019(9)：34-36.

量标准,提出有针对性的改进意见,促使学生学力发展最优化、教师教学实施最优化、学校教学生态最优化。

1. 以理念指引标准研制

为切实履行《教育部关于全面深化课程改革,落实立德树人根本任务的意见》中提出的"把核心素养和学业质量标准落实到各学科教学中去"的要求,广泛宣传"教育是为了人的全面发展""学科质量标准必须符合学生成长规律和社会对人才的需求,必须明确学生应具备的必备品格和关键能力"等核心理念,将学科质量评价从过度注重学科知识成绩转向关注学生素养的全面发展,从过度追求功利转向教育对人的发展的价值追求。

2. 以标准推动教学转型

历时3年,逐步推出了《姑苏区小学生学科核心素养评价标准》和《姑苏区小学生学科质量监测标准》。各学科核心素养标准建构着力于"学科核心素养具体描述""学科核心素养具体内容"和"学科核心素养评价标准"三方面的研制,各学科质量监测标准侧重于从"内容维度"和"能力维度"两大领域着手研制。

以语文学科为例,《姑苏区小学语文学科质量监测标准》从两大维度入手,对监测的内容领域和能力维度要求进行具体的分析与设计,共设计了三个"一级指标"(内容维度),分别是"语文积累""阅读"和"习作",下设若干"二级指标"(能力维度),以此测评学生的能力水平。"语文积累"侧重考查学生语言材料的积累和运用水平;"阅读"打破以往阅读测试必考"课内阅读"的惯例,重点考查学生获取与检索、整合与解释、反思与评价的阅读能力;"习作"着重考查学生搜集材料、构思表达的能力,同时考查学生书写的情况。

基于标准的学科质量监测逐渐成为区域教学生态健康的风向标,成为教育决策引导服务的指示牌,成为基层学校跟进教师发展、跟进教改步伐的有力扶助,成为教师主动改进教学行为、更好服务学生成长的重要依据。

二、信息支撑建平台

基于标准的监测,必须有强大的智能设备支撑。借助互联网、大数据、云计算等先进技术手段解读学科教学,真实反馈学生各类发展指标,深度挖掘学科监测结果价值,促进教与学方式变革已经成为现实。

1. 用数据实现定性定量分析

姑苏区学科质量监测数据平台将原本单一的统计评价模式转变为多元、多维度的，面向学生、教师、学校、管理者等，提供更为智能化、深层次诊断、甄别的分析工具，并形成分析报告。平台提供不同权限的监测数据开放功能，辅助各个管理层级基于质量监测结果数据分析，发现问题、跟进改进，充分发挥监测数据运用的效度，为教育决策提供各个层级的、科学合理的依据。平台能够聚焦每一位学生的微观表现，记录监测过程当中产生的各种数据，通过可视化数据的多样态呈现，让使用者能够以科学、审慎的态度对每一个数据进行整理、研究与分析，对每一个现象进行思考、审视与追溯，对每一个行为进行反思、跟进与实现。

2. 用数据探索多元个性评价

通过平台，中心可以实现学科质量监测的多维度诊断，既能通过各类数据的分布和各级指数的统计来辨析监测工具的科学性、合理性，提升监测工具的研制能力，也能通过细化指标分析，对获得数据进行整理、汇总、概括，借助各种表格、图形的形象展现，使定性与定量的分析更加丰富、全面、系统和准确。借助平台数据的不断积累，还可以逐步实现对区域质量监测数据动态、持续地跟踪分析，对学生进行不同时期动态的多维度跟踪评价，逐步实现对学生个性与发展性评价。

3. 用数据推动教师精准施教

通过平台，学校和教师能够透过大规模的数据群，着力进行数据"链接"与"比照"，精准分析每位学生的学科素养发展状况，切实找到学科教学和学生学习的薄弱环节，发现问题、跟进改进，开展针对性提优补差，实现对每位学生的"精准施教"，充分发挥监测结果运用的效果，让监测的落脚点真正回归学校、教师和学生，形成一个覆盖全区、主体多元、评价方式多样、评价手段具体、操作性强，具有"姑苏"特色和"姑苏"效能的学科质量监测评价体系，实现以质量监测促进学生成长、教师发展和改进教学实践的评价功能。

三、机制支撑抓应用

1. 质量监测机制

我们高度重视学科质量监测机制的建设工作，力求通过监测来促进管理，营造明亮、健康的区域教学生态。对监测的程序、方法、途径等反复论证，确保机制全面公开透明。14个环节规范化、专业化、科学化、实证化，环环相扣、融为一体。创新推出姑苏区常态专项监测实施项目，严格按照学科监测指标体系进行监测工具研发，内容直指学生学科核心素养发展。工具下发学校后，以区教师发展共同体为单位完成项目实施，中心及时汇总监测结果，分析并撰写专项分析报告，同时根据需要进行针对性反馈和跟进性调研。

2．校本应用机制

每轮监测过后，学校都会进行基于实证的大数据分析专题培训以及基于数据平台监测结果的校本应用研究培训。精心组织关于工具与《姑苏区小学生学科核心素养评价标准》之间有效关联度的反思性研讨；组织监测与评价专题分析会；组织监测中典型案例跟踪研究与信息发布会……基层学校和教师在各类活动中逐步感受、接受、喜欢上学科质量监测应用培训，因为这个监测不再是"一张随意的试卷"、不再是"考的都不是要教的"，这个评价也不再是"分数排排队"、不再是"领导的杀手锏"，而是学校与教师完成职业使命、成就学生成长的同行者与助推器。

3．项目式跟进机制

依据监测结果，中心不断开展大数据背景下的跟进式教学管理改革项目的实践研究，在优化与验证中，以阶段性方式螺旋式逐级推进，不断推动区域学科教学质量与教学管理水平的提升。形成区、校两级学科教学质量预警机制，对发展缓慢的学校、班级给予针对性扶持，帮助学校查找关键问题，促进薄弱学校学科教学质量的逐步提升。精心编纂学科质量监测报告，全面公布监测标准、监测工具及双向细目表，还有更为详尽的监测数据分析以及区、校学生在各个学科监测维度上的具体发展情况，以大数据为凭证，深刻剖析学生在各科学习过程中存在的问题，倡导教师要反思教学行为。

四、案例支撑促推广

1．校级运用全面开花

每年都会举行全区性的监测结果校本化运用案例评选，各校各学科都踊跃参与，提交大量案例申报。精挑细选参评案例，重点推送有创新举措，凸显大数据应用，带有独创性和前瞻性的优秀案例进行颁奖，并邀请部分代表作经验分享，有效促进学科教学质量提升。

2．区级引领学科发展

在区级层面，中心专业人员更是站位全区的学科建设发展情况，立足监测结果数据指向的知识维度、能力水平认真分析，立足区域学科教学实际，梳理不足，精选课题，深入思考，设计全区性的质量监测结果运用案例，切实引领全区学科教学的发展方向。

  我们进一步的思考是：目前姑苏区进行的只是教育评价中"质量监测与评价"中的结果性评价尝试，如何有效实现过程性评价与背景因素评价的结合？如何采用先进技术进行综合分析？如何推进基于证据的教育决策和教学研究？……很多问题还摆在眼前。展望未来，建立基于过程的教学质量综合评价体系，营造有利于学生健康成长的良好教育生态，姑苏教育永远在路上。

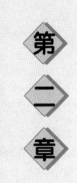

第二章

探，涵育的路

第二章 探，涵育的路

第一节 教师专业发展制度建设的姑苏探索

教育的发展关键在教师的发展。区域的教育制度文化对转变教师专业发展教育理念、规范教师专业发展教学行为、激励教师专业发展教育信念意义重大。

源于对优良教育传统的尊重，更基于姑苏教育发展的崭新格局，中心主动担当，以"承继与变革兼顾"为原则，扎实推进区域教师专业发展顶层设计与制度建设，为姑苏教师的专业成长和姑苏教育的优质、均衡、持续发展助力。

一、融合为先，完善中心内部管理制度

中心由原平江、沧浪、金阊三个老城区的教研室、教科室、教师进修学校、电教中心等多个独立法人单位合并而成。"合并"并非简单相加，而是盘点、重组、融聚。成立初期，中心即从内部管理制度建设入手，努力促成教育科研、教学研究、教师培训、教育信息化"四位一体"有机融合，为提速姑苏教师专业发展夯实基础。

中心出台《姑苏区教师发展中心发展规划》，全面明晰中心建设与发展美好愿景；研制《中心工作制度》，从日常行为规范、安全卫生管理、各类办公会议、后勤保障管理等方面全面细化中心内部工作规范；先后制定《中心党风廉政建设制度》《中心民主管理制度》《中心领导班子作风效能建设工作制度》《中心领导班子成员学习制度》等，中心内部制度体系不断完善，"依法管理"的工作模式初步形成。

在各项制度的严格实施过程中，中心每一位专业人员的责任意识、协同意识不断增强。每一次重大工作的开展，绝不是某一个部门、某几位同志的孤军奋战，而是团队智慧的集聚而行。对于教师发展中的突出问题，中心的每一位同志都带着科研的眼光与思考开展着工作，善于契合实践、发现有价

值的问题、提出研究的方向。全中心各部门的同志都会主动成为问题研究的区域指挥者与实践者，从教学研究、培训跟进、信息化突破等角度全面推进、螺旋深入。区域教师发展工作不再是"锦上添花"，而是基于"真问题"的"真研究"，是一群人摇动全区域的美丽联动。

内部管理制度体系的建立，促进了中心"四位一体"的有机融合。在此过程中，中心共同价值观也逐渐形成：每一位专业人员都能秉持"教育的本质是服务，中心的价值是'专业服务'"的核心价值取向，以"无限智慧，无限生成"为核心服务理念，以"教改指挥所""质量检测站""人才孵化器""信息资源库""成果推广部""决策参谋处""教育智囊库""素质推进器"为标志服务定位，以"课程无处不在、学习无处不在、发展无处不在"为美好服务愿景，有力推进"'苏式'教师发展服务"特色品牌的培育与锻铸，朝向"为区域教师提供全面、适切、个性、自由、有效的职业发展服务，提高教师实施素质教育的能力和水平，全面提升姑苏教育内涵发展水平"的目标追求前行。这种共同价值观的浸润，使中心每一位人员都能感受到精神世界的充实，使他们从被动接受每一项教师发展工作自觉转化为主动参与，从而激励自己以更高标准、更多专注、更大努力来反思实践成绩、明晰发展思路，为区域教师发展工作迈向品质化集聚了源源不断的内驱力。

二、服务为本，构建区域教师管理制度体系

教育是一项专业性很强的公共服务事业，教育行政部门要转变职能，由管治走向服务、指导与激励。

姑苏区把"人"字大写于制度之中，强化服务性，坚持激励性、系统性、可操作性原则，重点建立了《姑苏区教育科研工作制度》《姑苏区小学教师教学常规指导意见》《姑苏区各学科课堂教学、备课、作业评价表》《姑苏区校本培训管理细则》《姑苏区教师区县级培训学时管理细则》《姑苏区教育信息化建设与管理规范》等，使各学校、幼儿园教师发展的各项工作有章可循，有法可依。

教师的管理体系建设，是教师专业发展的基础和保障，制度建设也需要不断地完善以形成体系。中心协调相关职能部门，把握姑苏教育实情，统整出台课程规范，全力构建课程管理体系；统整出台教学规范，全力构建教学管理体系；统整出台教育科研规范，全力构建教育科研管理体系；统整出台

教育信息化规范，全力构建教育信息化管理体系；统整出台专业服务规范，全力构建区域教育发展绿色体系……克服单一制度推进背离现实、缺乏实效的弊端，有效提升各学校、幼儿园教师发展的效率。

以教育科研管理体系为例来看，《姑苏区教育科研工作制度》作为统领文件，从组织机构、课题的申报、课题的日常管理、课题的结题、科研成果的交流与推广等方面，对各方面科研工作要求做了明细阐述。各学校、幼儿园依据要求，都制定出了符合本校实际的科研工作制度。制度的严格实施，促使"中心教育科研部—各教师科研发展共同体—各学校（幼儿园）教科研分管部门"各层面科研工作程序更为规范，有效提升了各级科研人员的学习力和执行力。

后继陆续发布的《姑苏区课题研究网络化管理办法》对全区所有市级及市级以上立项课题实施全覆盖网络化管理提出细化要求，以过程性管理提升教师参与课题研究的实效；《姑苏区规范达标课题、区域精品课题培育对象管理办法》明晰了姑苏区规范达标课题、区域精品课题的建设标准，为更多精品课题在区域内的涌现夯实了基础；《姑苏区"区域教育科研类荐选"实施细则》则从区域"教育科研先进集体、先进个人评选""教育科研论文竞赛、荐选""教育科研课题申报、课题成果荐选""教育科研研讨、展示课荐选""上级临时需荐选参加教师""上级临时定向类评选、推荐"等方面定出了明确的实施细则，保障了科研评优荐选的制度化和公平性，切实保护了各基层教师通过教育科研提升发展的积极性。

为了提升服务效度，中心还跟进编印了《姑苏区教育科研"一站式"服务手册》，以"教科研理论知多少""教科研常识常常问""教科研艺术这样做""教科研案例看过来"等看得懂、做得到、用得妙的教科研具体方式、方法、手段与途径等策略，为更多一线老师亲近教育科研、掌握开展教育科研工作的基本路径提供了贴心服务，全面铺陈起每一位普通教师投入教科研的可能与可为，连缀起每一位普通教师与教科研，从而转化成区域每一位普通教师自觉的教科研文化行动。

三、创新为核，优化区域教师发展制度

教育是一项没有终点的公共服务事业，新问题、新情况会不断出现，需要不断地研究。面对姑苏教育不断变化的新局面、新热点，中心与时俱进，

注重制度的不断创新，切实保障区域教师的有效发展。

2016 年，中心创造性地提出了"姑苏教师专业发展课程体系"建设，全面系统架构区域不同发展阶段教师专业发展课程体系，《"姑苏教师专业发展课程体系"课程管理与使用制度》应运而生。该制度从课程设置、课程安排、课程组织管理多方面系统阐释，引领基层各学校、幼儿园有效形成教师培训方式、培训内容、评价机制的创新，促成"教师专业发展与综合改革需求相适应、教师培训与课改要求相适应、教师研训与教师个人成长发展相适应"建设目标的有效达成。

2019 年来，姑苏区全面推进集团化办学改革。中心全面呼应姑苏教育集团化办学走向，及时推出《姑苏区教师发展共同体"教科研训"工作行动指南》。该指南从增强"一体化"发展意识、形成"一体化"管理体系、丰富"一体化"建设内涵、坚持"一体化"发展方向、探索"一体化"科学评价等方面具化阐述，推进教师发展共同体"教科研训""一体化"建构与实施，推动各共同体融合发展，营造资源共享、品牌共建、发展共赢的良好态势，不断推动姑苏教育高质量发展。

2022 年，教育部印发义务教育课程方案和课程标准（2022 年版）。在深入、系统学习的基础上，中心研制了《新课标背景下姑苏区各学科备课要求及样例》，涵盖小学阶段全部 11 个学科，为教师明晰解读新学科课程标准，并从准确深入钻研教材、全面了解学生实际、认真制订学期教学计划、整体拟定单元教学方案、精心设计课时教案等方面对如何在备课中体现新课标做出了细化指导，还贴心地附上了备课样例和模板。新课程标准在学科教学中的渗透得到了有效指导、落实，教师发展的困惑得到了及时疏解与解决。

自成立以来，中心立足区情，自主研制，推出涵盖"多位一体"职能的各级各类规章制度、指南建议等 23 套/项。赋有姑苏特色与实践效果的导向性、本土性、发展性方略得到了广泛认可，姑苏教师专业发展得到了有力助推！

典型案例一

《姑苏区教师发展中心"四位一体"管理服务口袋书》

为进一步优化集团化办学背景下姑苏教师专业发展服务系统,着力提升区本、集团(教师发展共同体)、校(园)的"教科研训"一体化管理体系建构与实施,中心于2021年修订发布《姑苏区教师发展中心"四位一体"管理服务口袋书》(以下简称《口袋书》)。《口袋书》以"打通专业服务最后一公里"为起点与归宿,就"教科研训"中的"普""要""难"等问题进行梳理、回应与解读,以生动的形式、亲切的表达、准确的阐释、不断的迭代努力为集团、学校、幼儿园、老师们提供更加专业与适切的服务,助力姑苏教育高质量发展。

《口袋书》人物设定

苏苏——姑苏教育一名普通的一线教师,热爱学生,热爱教学,热爱学习,热情开朗。

慧慧——姑苏教育一名行政管理者,责任心强,踏实勤勉,善于思考。

蓝蓝——姑苏区教师发展中心一名专任教师,专业扎实,热忱真挚,深受老师们的信任与喜爱。

《口袋书》内容划分

1. 行动指南若干问
2. 教育科研知多少
3. 教学研究新理念
4. 教师培训慧管理
5. 教育信息我能行
6. 学前教育看过来

《行动指南若干问》(例选)

慧慧:蓝蓝老师,我刚踏上新的行政管理岗位,对管理工作还比较缺乏经验,很多问题还要请您多多指教呢。对于教师发展共同体"教科研训"一体化架构我还比较模糊,您能给我讲讲吗?

蓝蓝:慧慧,祝贺你踏上了管理岗位,要做好管理工作,确实要梳理清楚教师发展共同体"教科研训"一体化架构。共同体层面我们要设立教育科研、教学研究、教师培训、教育科研4位条线负责人和各学科联系人。"共同体条线负责人"总体统筹各成员校条线负责人。"共同体各学科联系人"总体统筹各成员校各学科联系人。这样，区教师发展中心、教师发展共同体、各成员校组成"教科研训"管理网络，上下通联，横向共振。

慧慧：蓝蓝老师，教师发展共同体"教科研训"的课程安排上有什么要求呢？

蓝蓝：各教师发展共同体要围绕区域"教科研训"目标与要求，基于"一体化"推进，自主策划与实施"教科研训"课程。各"共同体"教育科研、教师培训、教育信息化年度各条线自主课程不少于3次，教学研究（监测学科）年度各学科自主课程不少于4次，其他学科年度各学科自主课程不少于2次。我们倡导与鼓励各"共同体"在此之外按照流程申报与开展更丰富的自主课程，我们中心在指导服务、学时认定、证书开具等方面都会给予大力支持哦。

慧慧：蓝蓝老师，我觉得"教科研训"一体化建构就是将教育科研、教学研究、教师培训与教育信息化进行"功能整合""管理整合"，您说我的理解对吗？

蓝蓝：你的理解仅仅击中了"教科研训"一体化的其中一个内核。"教科研训"一体化还倡导教学质量提升、备课制度、监测实践、学科建设、名优教师、典型经验、优质资源等进行"分享整合"，各学科进行"学科整合"，共同体与共同体进行"交流整合"，共同体与区外教育进行"开放整合"……我们想通过教师发展共同体"教科研训""一体化"建构与实施，推动各共同体融合发展，营造资源共享、品牌共建、发展共赢的良好态势，不断推动姑苏教育高质量发展。

《教育科研知多少》（例选）

苏苏：蓝蓝，你能告诉我教育科研课题申报的类型有哪些吗？

蓝蓝：没问题！首先，教育科研课题可按照立项级别分，也可按照课题审批部门来分哦。科研课题申报按立项申报级别主要有国家级课题、省级课题、市级课题和区级课题这几大类，当然立项级别越高说明科研课题的研究价值也更高哦，相应的申请难度也有所增加。另外要注意这些课题都指所承担的主课题，不是申请立项之后的研究子课题哦。

如果按照课题的审批部门来分，主要又分为以下几类：

第二章 探，涵育的路

1. 各级教育科学研究院审批立项的教育科学规划课题。
2. 江苏省中小学教学研究室审批立项的教学研究课题。
3. 姑苏区教师发展中心审批立项的专项研究课题。

根据审批部门的不同，其申请流程、申报材料要求存在不同，申请难度也存在一定的差异哦。

慧慧：做一个好的课题研究真不容易啊，蓝蓝，你可以告诉我如何做好课题研究的过程管理吗？

蓝蓝：没问题，在做课题研究前第一步要做好课题开题工作，省、市级课题以及区级课题都务必要在立项后三个月之内完成哦。工作流程是这样的：首先，提前2—4周上报区教师发展中心教科部，确定独立开题还是参与他校联合开题，商定拟开题时间；接着需要委托中心教科部聘请专家或自行聘请（含中心教科部指定专家1—2人）进行课题开题论证，讨论指导课题研究的研究思路和研究方法等；最后提前2—4周将课题开题报告上报区教师发展中心教科部，这样基本上就完成课题开题工作啦。

紧接着就要按课题研究方案，定期开展课题专题研究活动，一定要在研究过程中做好过程资料积累哦。

在课题进行研究的过程中一定要做好课题的信息管理。如果有变更课题负责人、变换课题名称及研究方向、课题完成时间延期一年及以上的情况，课题研究承担者（负责人）须在课题中期前向中心教科部提交课题信息变更申请，由中心教科部提交省、市课题管理机构，需要注意的是课题中期过后不予受理信息变更了哦。

另外，在课题相应结题时间前就要做好课题结题的准备工作啦。省、市级课题的结题申请均须上报中心教科部，工作流程与开题大致相同哟。

苏苏：蓝蓝，现在的期刊越来越多了，但是什么才是学术期刊呢？

蓝蓝：苏苏，期刊是由依法设立的期刊出版单位出版的刊物统称。期刊出版单位出版期刊，必须经中华人民共和国新闻出版总署批准，持有国内统一连续出版物号，领取《期刊出版许可证》，像我们常见的《人民画报》《读者文稿》等都是一般期刊。

学术期刊是期刊中的一类，它是一种经过同行评审的期刊，具有"国内统一刊号（CN）"和"国际标准刊号（ISSN）"公开出版发行的期刊，学术期刊展示了研究领域的成果，并起到了公示的作用，它的内容主要以原创研究、综述文章、书评等形式的文章为主。国家新闻出版广电总局组织有关专家严格审定，分别在 2014 年和 2017 年一共确定了两批中国认定的学术期刊名单，共 6 468 种，学术期刊按主管单位的不同，可以分为省级、国家级、科技核心期刊（统计源期刊）、中文核心期刊（北大中文核心）、CSSCI、CSCD、双核心期刊等。学术期刊中的核心期刊，是指在某一学科领域（或若干领域）中最能反映该学科的学术水平，信息量大，利用率高，受到普遍重视的权威性期刊，如《教育研究》《北大教育评论》等。当然核心期刊与非核心期刊不是固定不变的，非核心期刊经过努力，可以跻身于核心期刊之列；核心期刊如故步自封，也会被淘汰。具体的期刊名称及所属类别您可以在国家新闻出版署的官网（http://www.nppa.gov.cn）查到相关信息哦。

慧慧： 蓝蓝，在进行"十四五"课题申报的时候，如何才能把握可行性原则呢？

蓝蓝： 慧慧，选题的可行性原则，是指只有具备一定主客观条件的教育科研选题才有预期成功的可能。所以我们在申报课题前必须充分考虑主客观条件，分析课题在实际研究过程中的切实可行性，只有课题具有可行性才有申报的价值和意义，课题研究也能在立项之后顺利开展下去。那么从主观方面看，我们应分析自己的专业特长、知识基础、兴趣爱好、科研能力和经验、时间精力等；从客观方面看，应分析是否有必要的参考资料、经费、设备、时间，是否能得到领导的支持和各方面的配合等。如果想要申请的课题在主客观两方面的条件都能与课题需求基本契合，那就属于可行性较高的选题啦。

对于一线教师来说，选择课题应从实际出发，充分考虑自己的力量与研究课题的大小难易是否相称。总的来说，小学、幼儿园教师选题宜小不宜大、宜易不宜难。课题大了，涉及的范围广、因素多、周期长；难度大了，由于涉及的变量复杂，对研究者的主客观要求高，如果研究者力所不能及，会半途而废。小的课题，涉及范围小、变量少，对研究者的主客观条件要求相对低一些，容易出成果。而且由于课题目标集中，能较深入地解决一两个理论和实践问题，其价值也可能是很大的，所以选题一定要谨慎思考，选择一个可行性最高的课题更容易下手进行研究哦。

慧慧： 蓝蓝，最近我们都在做"十四五"课题的规划，"十四五"课题有哪些选题热点呢？

蓝蓝： 慧慧，我们可以从大数据中寻找答案噢。快来看看这些关键词，这些可都是科研机构从中国知网导出的,来自教育部主办基础教育类期刊、北大核心基础教育类期刊、人大复印报刊资料重要转载来源期刊(基础教育类综合期刊)等33本刊物。你现在看到的这些是2020年发表于上述期刊12 383篇文章中的关键词。我们通过书目分析系统软件进行统计,可以提取出42 282个关键词。是不是多得眼花缭乱?不用急哈。我们选取排名前十的高频关键词作为2020年研究点,怎么样哈?排名前十的高频关键词是在线教学、五育并举、项目式学习、道德与法治、深度学习、疫情防控、劳动教育、教育评价、高质量教育体系、人格教育。关注这些热词,我们"十四五"课题选题是不是有方向啦?

举几个例子说说吧。比如:

在线教学:慧慧,2020年春那段在线教学的经历大家一定记忆犹新吧。那场突如其来的新冠肺炎疫情打乱了开学的步伐,教育部倡导"停课不停学",在线教学也随即成为"在弦之箭"。没过多久,咱们姑苏教育人就掀起了在线教学的研究热潮。大到在线教学的理论审思和模式探索,小到在线教学的教学设计和具体实施,还有在线教学期间的家校共育问题都引起了热议。告诉你哦,相关学者展望了后疫情时代教育教学的发展,认为线上和线下相融合是信息时代教育信息化作为教育系统性变革的内生变量,将支撑引领着教育现代化发展,推动教育的理念更新、模式变革和体系重构。所以,线上教学这一块我们可以好好琢磨噢。

项目式学习:项目式学习(PBL)也是近年来的研究热点噢。项目式学习是一种以学生为中心的教学方法,它为学生提供一些关键素材以构建一个环境,学生以团队的形式通过在此环境里解决一个开放式问题的经历来学习。它与STEAM教育理念倡导的重实践、跨学科如出一辙。过去一年,在基础教育研究领域,学者们主要探讨了项目式学习的设计与实施、效果与评价等,并呈现了一个个鲜活的项目式学习活动案例。

劳动教育:德、智、体、美、劳全面发展我们都耳熟能详,劳动教育也是研究热点哦。2020年3月,中共中央、国务院于颁发了《关于全面加强新时代大中小学劳动教育的意见》,更将劳动教育推向了政策新高度。基础教育研究领域可积极关注劳动教育,在其价值和意义、原则和路径、现状和问题,以及劳动教育的实施及其在德、智、体、美其他"四育"中的渗透等方面进行深入探索。劳动教育是中国特色社会主义教育体系的重要内容,是"十四五"课题不错的选项哦。

《教学研究新理念》（例选）

苏苏：我是一名新教师，刚刚踏上工作岗位，老教师一直教导我课堂要有效，那有效教学的课堂长什么样呢？

蓝蓝：老教师说得很对，我们要"向课堂40分钟要效益"，有效的教学要关注教与学的关系，教师应引导学生积极、主动地参与学习，引导学习者产生积极的情感体验，使教师与学生、学生与学生保持有效互动，教师要为学生主体建构提供学习资料、时间以及空间上的保障，使学习者形成对知识的真正理解。

苏苏：我工作刚刚第三个年头，经常积极参加各类听课活动，可是听完课讨论时，我听听这位评课老师说得有理，听听那位觉得也对，对于如何来判断一节课是不是好课总是拿不定主意。

蓝蓝：你主动参与听课和研讨，学思结合，产生困惑，这是一个好现象。正如"什么样的知识最有价值"一样，对于好课的评价标准是仁者见仁，智者见智，但任何评价本质上都是价值判断的过程。我们在课堂教学评价上，不仅要重视认知领域目标的达成，还要重视课堂教学对学习者核心素养达成的效果；不仅要重视对教学结果的评价，还要重视对教学过程生成性和多元性的评价。说通俗点，就是看看老师"教了什么""怎么教的"，学生"学了什么""怎么学的"。

苏苏：作为一线教师，"少教多学"这个观念一直以来都记在心里，可是平时教学中很多次遇到学生对知识点"只要不讲就不会""只要不反复讲就忘记"，面面俱到、防微杜渐，渐渐成了常态，想问问怎样才更高效？

蓝蓝：小学生处于学习的起步阶段，学习习惯需要养成，学习方法需要指导，老师恰当的引导教育是必须的，正如"师者，传道授业解惑也"。让学生充分自主的"学""习"实践，我们老师可以做什么呢？可以研制有效的学习单，借助学习单设计有意义的结构化活动，让学生在实践中建构能力，提升学力。我们老师需要做的是采用不同的教学法充分调动学生的积极性，留有空隙地帮助学生解决问题。

苏苏：我喜欢研究教学，深深知道教学主阵地在课堂，我尝试过热热闹闹的课堂，也尝试过静悄悄的课堂，但课后发现部分学生依然不懂不会，我的课堂该怎样调整？

蓝蓝："学而不思则罔"，勇于尝试、积极思考是非常好的。"热热闹闹的课堂"要看热闹在哪里。是课堂喧嚣华丽，学生一会儿忙着表演，一会儿忙着实验，或是老师的提问学生都能回答，一问一答顺畅自如，抑或是学生思维的打开，相互的讨论，观点的碰撞。"静悄悄的课堂"也是同样，是课堂悄无声息，学生听不懂不会交流，或是学生对课堂没有兴趣，思维处于停滞状态，不愿意交流，抑或是看似静默，但思想飞扬。"万物静默如谜"，老师要做的是研究课堂背后，学生在课堂是否获得的内在的成长。"让学习真正发生"，课堂需要老师"我的课堂我做主"。

苏苏：现在提倡"尊重学生"，提倡"多元表达"，老师在课堂上还能不能说"不"呢？

蓝蓝：这其实有关教学评价，教学评价是课堂教学的重要组成部分，它决定着课堂教学的走向，影响着教学效果的好坏。有的老师认为"传统的教育批评、否定学生，学生缺乏自信心"，所以一味给予表扬。事实上，过多外在鼓励不利于培养学生内在、持久的学习兴趣，反而会引起学生反感，扼杀学生学习热情。赞要有"度"，对正确回答给予积极肯定，特别要激励学生思维求异和创新，鼓励学生发表不同的见解，激励学生向权威挑战。同时不能忽视对错误认识的矫正，否则会形成模糊概念，客观上造成知识误区和学科陷阱。评价应建立在"客观"基础上，作为教学的组织者和引领者，教师有责任因势利导，拨正和疏通学生的思维通道。

《教师培训慧管理》（例选）

慧慧：蓝蓝，制订校本（园本）培训计划有哪些要点需要注意啊？

蓝蓝：慧慧，有几个要点，你在制订校本（园本）培训计划的时候一定要注意啊！首先，校本（园本）培训计划是按自然年度制订的；其次，学校（幼儿园）要结合教育发展的新形势，围绕市教科院、区教师发展中心的工作重点，立足本校（园）实际，确定指导思想和培训目标，进而拟定具体的培训课程内容；最后，还要注意的是，按照区课程框架的要求，课程栏目分为"师德及职业理解""个人综合素养提升""专业知识""专业能力"四大项，涵盖时代精神、法律法规、师德师风、文学艺术、社交礼仪、学生认知、学科知识、教育科研、教学研究、教育管理等共19个子栏目，你在制订培训计划的时候，一定要注意课程内容的丰富与课程体系的完整啊。

慧慧：蓝蓝，怎样合理安排校（园）本培训内容？

蓝蓝：慧慧，教师培训具体课程内容要按照上半年和下半年分期进行安排拟定。为了提高培训的适宜性和实效性，在进行半年度培训课程设计的时候，你需要重点关注两个问题：（1）广泛征集本校（园）教师工作中的实际问题和困惑，了解教师们的学习需求，从而更好地激发教师主动探究学习的热情；（2）关注培训内容的全面性。

慧慧：蓝蓝，年度校（园）本培训学时如何分配？

蓝蓝：慧慧，按照省文件要求，每一自然年度的校（园）本培训安排不少于50学时的课程，学校（幼儿园）可以根据实际需求分解为上、下两个半年，校（园）本年度总学时原则上不得超过区县级学时。

慧慧：蓝蓝，校（园）本培训计划、安排表以及教师校本培训学时上传省平台的具体时间是什么？

蓝蓝：慧慧，每自然年度的校（园）本培训计划在当年的3月份上传省平台，上半年度的培训内容安排同时上传。下半年的培训内容安排在9月完成上传。每年的6月与12月学校（幼儿园）分别上传教师获得的该半年度校本培训学时。

慧慧：蓝蓝，如何帮助教师报名市、省以及国家级各类培训项目？

蓝蓝：慧慧，你需要登录江苏教师教育管理系统网站（https://www.jste.net.cn/cmsplus/index.html），输入学校管理员学时管理的帐号和密码，点击"江苏省中小学教师（校长）培训学时认定和管理系统"，点击"项目报名申请"即可进行相关报名。你需要注意的是，省市级的培训项目，需要等待上级培训部门分配名额后方可进行报名，如页面中已显示分配到你们学校名额的数量，就请勾选培训项目、培训教师姓名，然后点击"报名"即可，之后可以在"培训项目报名查看"中查看是否报名成功。

《教育信息我能行》（例选）

苏苏：慧慧，经过一个暑假，我把"智慧教育云平台"的登录密码给忘记了，怎么办啊？

慧慧：你呀，就是一个马大哈。苏苏，你可以求助咱们云平台管理员妹妹进行重置。不过，管理员妹妹的操作也不简单，你看，她要以管理员账号登录云平台（云平台网址：http://yun.gusued.cn），再进入"管理中心"，点击"系统管理"，选择"账户管理"，找到并选中苏苏你的账号，点击"重置密码"按钮，将你的密码重新设置（图2-1）。

所以，苏苏，云平台管理员妹妹那么忙，你也要养成密码管理的好习惯哦，将自己的密码改成"数字＋字母＋符号"的强密码，并且定期修改，能有效保证密码安全呦。

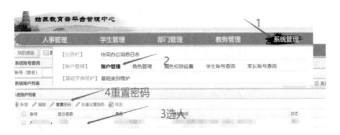

图2-1　密码重置操作示意图

苏苏、慧慧：蓝蓝，要防范刚才说的那些网站发布风险，我们平时在自媒体和网站上发布信息时，有没有什么需要注意的呢？

蓝蓝：苏苏、慧慧你们很有安全防范意识，给你们点赞！目前针对我区常用的自媒体、网站，内容发布需要注意以下几方面：

首先，要注意账号安全管理。最高管理员采用AB双人管理模式，定期检查所有可发布内容的账号对应的使用人员及登录安全性、密码强度等，保证账户密码不泄露。

其次，要注意发布内容安全。在发布文字内容时，可以采用记事本粘贴过滤的方式，去除不必要的暗链接。如果确实需要添加链接的，可以使用发布站点提供的链接设置功能。

最后，要确保三级审核机制。按"发布人—中层分管—校长（园长）"三级审核，确保内容不涉及个人敏感信息、涉密信息、违反国家现行法律法规等的相关内容。

坚持做好以上三点，就可以大大降低信息发布引起的安全问题啦。

慧慧：蓝蓝，如果学校发生了网络安全事件，我应该按照怎样的流程进行快速处置呢？

蓝蓝：一旦发生网络安全事件，快速处置是关键。下面我来给你梳理一下具体流程：根据我区发布的《姑苏区教育系统网络与信息安全管理办法》规定，第一，要及时上报。首先，要确保学校（幼儿园）主要领导、分管领导和相关人员知晓具体情况；其次，要及时上报区教育信息化建设领导小组，涉及重大安全事故问题的，须报告公安机关。第二，凡涉及站点或系统安全性问题的，第一时间关停站点，涉及内容问题的要第一时间撤回发布内容，待系统或内容检查审核安全后方可再次开启或发布。第三，及时撰写问题反馈并提交相关部门进行上报处理。第四，做好相关问题的安全培训与定期检查工作，避免类似事件再次发生。

《学前教育看过来》（例选）

苏苏： 在教师专业能力相对薄弱、反思意识和反思能力不够的幼儿园，如何基于"真问题"，通过"沉浸式"教研活动，持久、深入地解决实际存在的问题呢？

蓝蓝： 教师的发展与幼儿的发展有着直接的联系，幼儿园在开展教研活动之前首先要了解教师的"最近发展区"在哪里，在此基础上制定学期的两个到三个发展目标，每一个目标分解成相应的几个子目标和分步措施去达成，帮助教师获得扎实成效。基于教师问题意识薄弱，可以立足"指出问题—分析问题—自我诊断"确保教研活动开展的真实性；基于教师专业能力不足，可以通过"年级组长引领—点对点、手把手提升—全园经验分享"等形式促进教研的高效性；基于教师教育理念急需改善，可以尝试"园本培训先行—教育实践紧跟—问题困惑探讨—再次教育实践—总结提升支持"的形式保障教研成效的持久性。除了一开始制定的教研目标框架外，也要关注老师的实际需求，灵活渗透"生成式"教研活动，解决一些基础、细节或者突发的实际问题。

苏苏： 我们都知道，幼儿的成长离不开环境，我们也很重视环境的打造，知道环境的主体是幼儿。但是，在实际操作中我们也发现班级环境花花绿绿，没有什么空白，适合幼儿角度的环境需不需要限制一定高度呢？环境与儿童的互动性怎样体现，怎样去支持幼儿的游戏行为呢？

蓝蓝： 首先，到处都是花花绿绿的班级布置，其实是对幼儿园环境内涵的误解，幼儿园环境创设更应注重适当的"留白"，利用墙面、空间、区角等的智慧留白可以激发幼儿的参与意识，留给他们展示自我、想象再创作的机会，这不仅体现了环境创设的互动性，更体现出教师重视幼儿在教育中的主体地位。其次，基于儿童视角的幼儿园应把环境降到和幼儿视线相平的位置，做到尽量往下移，以此来拉近环境与幼儿的空间距离，让幼儿既能看到，又能触摸到，这也是衡量教师儿童观的一项标准。幼儿园环境是课程创生的来源，也是课程实施的载体和结果。在环境创设过程中，儿童不是旁观者，而是积极的参与者，幼儿园环境要遵循儿童认知特点，回应儿童多层次需要，

第二章 探，涵育的路

满足儿童审美偏好，促进儿童社会交往。教师应减少单纯利用儿童作品进行环境布置的倾向，要积极邀请幼儿参与环境的建设过程，以开放的、有挑战的、互动性的环境激发幼儿探索欲望，使环境支持幼儿获得各种感性经验，适宜地满足儿童发展的需要，留下孩子们的成长足迹。

苏苏：幼儿园的活动需要我们老师多作观察和记录，所以我们老师常用手机拍摄幼儿的活动，但是园部又要求日常带班不能使用手机，那么我该如何做呢？

蓝蓝：首先，观察是幼儿教师的基本功，是教师指导的前提，观察不是随便看看，观察能力是幼儿教师的专业能力之一；其次，观察后的记录有很多方式，有文字描述、表格记录、图形记录等，摄影记录由于其客观性的优点被运用得越来越广泛，但是观察不只是技术，没有足够的专业知识准备，在教育场景里可能无法准确识别有价值的信息。所以，在运用手机摄像、摄影功能进行记录的方式不应被泛化，也不应该是唯一的方式。至于带班不能用手机，应该是幼儿园在管理上的一个常规要求，是规范教师正常组织一日活动的基本举措，相信每个幼儿园都会有具体的细则和正确的解读，老师们不能误读，不能将手机用作教育以外的其他用途。在工作中教师应严格规范自己的行为，为发挥教育的功能而捕捉有价值的信息。

苏苏：幼儿园推进课程游戏化以来，"一日生活皆课程"的理念虽然一直挂在嘴边，但作为一线教师，对自身生成课程的能力非常不自信，往往在生成活动和预设活动之间无法取舍，是按照教学计划选择正常的预设活动还是关注孩子的兴趣选择生成活动呢？两者必须择其一吗？

蓝蓝：活动的预设和生成并不是割裂的两部分，二者相互补充，相互推进，共同促进幼儿的发展。预设活动是基于教师对教材蓝本参考或以往组织活动的经验基础上而设计的活动，一般能针对该年龄段幼儿的发展目标，给予幼儿更丰富、更完整的经验，但不乏教师主观过强。而生成活动则是基于幼儿兴趣和需要，幼儿与教师一起探究的活动。从"教师与幼儿"到"幼儿与教师"的转变，生成活动更能调动幼儿的主观能动性，更能体现幼儿的主体地位。所以说，预设活动和生成活动是相辅相成的，不需要纠结和相互舍弃的。

苏苏：幼儿园在进行班级微课程选题时会考虑到很多因素，首先要考虑的就是幼儿是否感兴趣。但是幼儿的兴趣点千差万别，我应该如何进行甄选？

蓝蓝：生活即教育，在幼儿的生活中时时刻刻都有他们感兴趣的需求点，教师需要做个有心人，仔细观察、仔细捕捉。看看生活中有哪些是孩子经常触摸到又玩得乐此不疲的东西，可以是幼儿发现的西瓜虫、蚯蚓，也可以是幼儿喜欢的陀螺、糖果……孩子生活中的一切都可以作为班本课程的选题，但注意不能泛泛选择，面面俱到，而需要在教师发现的基础上辨别与删选。可从以下多方面进行考虑：这些幼儿感兴趣的点是不是班级孩子的共同需求？是否具有代表性？是否符合该阶段幼儿的年龄特点？是否能促进幼儿经验的获得和提升？是否有利于幼儿全面发展和幼儿园课程的整体性和综合性？将这些因素综合考虑，就能生成一次追随儿童的、有价值的微课程。

典型案例二

《姑苏区教师发展中心学科基地校管理细则》

为进一步丰富中心对全区教育教学的指导和服务功能，协助各校（园）高举科研旗帜，推进学科建设，加强课堂研究，完善校本研修，整合现代技术，服务教师成长，服务校（园）发展，服务"苏式"学校，进一步推动"四位一体"专业人员强化实干、顺应需求、工作前移，真正服务于一线、研究于一线、发展于一线，全面促进全区教学的优质均衡发展，中心制定《姑苏区教师发展中心学科基地校管理细则》（以下简称《管理细则》）。

《管理细则》的具体设想：

（一）学科基地校（园）的意义

中心"四位一体"专业人员原则上每半月一次深入基地校（园）（建设期至少一年），深度参与校（园）的课题研究、教学研究、校本教研、教师培养、信息化推进等各项内容，在提升学校学科建设的同时，总结学科建设和发展经验，凝练"苏式"课堂教学内涵与表达，及时推广运用，全面推进全区学校教学的优质均衡发展。

（二）学科基地校（园）的产生方式

学科基地校（园）的确定采取"自主申请，统筹安排"的原则，各校（园）可依据各学科建设发展情况，兼顾"'优势学科'推进、'发展学科'提升"的原则，在自愿的基础上提出一个主学科和两个综合类学科的基地校建设申请；幼儿园（培智）不分领域、学科，整体申请。中心将在协调各校

（园）学科建设发展需求、中心"四位一体"专业人员服务可能的基础上进行统筹安排。

（三）"四位一体"专业人员的主要职责

1. 依据基地校（园）学科建设情况，认真研究制订学科基地校（园）建设计划，与校（园）签订责任书。

2. 全面扎实参与基地校（园）的学科教学常规管理，通过听课评课、检查指导等有效方式，帮助学校教师切实做好备课、上课、辅导、作业、批改、测试等各项常规教学内容，保质保量将每个环节落到实处。

3. 深度参与基地校（园）的校本教研活动，与教师共同商讨教研主题，制定活动流程，组织或参与对话互动，帮助校（园）完善校本教研制度，提高教师教研能力，提升校本教研实效。

4. 精心指导基地校（园）学科教师，全面了解教师的教育教学情况，指导制定切实可行的发展目标，力求一定时间内帮助教师在原有基础上提高基本素养、教学水平、教学质量。

5. 认真做好各项记录，每次入驻基地校（园）后，及时记载指导情况，反思和总结。

6. 充分发挥示范作用，一学期至少上好一次面向基地校（园）所在共同体的观摩课、示范课（或指导教师示范执教），通过课堂展示直观引领学校学科研究方向，推广学科建设经验。

7. 教育科研、教师培训、教育信息化"四位一体"专业人员可在学科建设服务基础上，提供基地校（园）相关对口服务。

8. 强化服务意识，根据需求，为基地校（园）提供其他相关服务。

（四）学科基地校（园）建设的反馈评价

学科基地校（园）可以根据需要，随时向教师发展中心反馈"四位一体"专业人员的工作情况，客观、公正地评价"四位一体"专业人员的工作效益，实事求是地提出发展性需求，对中心基地校（园）建设工作等提出意见与建议。每学期结束前发送中心《学科基地校（园）建设情况反馈表》。

姑苏区学科基地校（园）建设工作责任书

根据《姑苏区教师发展中心学科基地校（园）建设方案》，为进一步落实教师发展中心"四位一体"专业人员深入校（园），高举科研旗帜，推进学科建设，加强课堂研究，完善校本研修，整合现代技术，服务教师成长，服务校（园）发展，服务"苏式"学校，进一步发挥中心对全区教育教学指导和服务的作用，确保学科基地校（园）建设工作质量，特制定本责任书。

一、切实加强组织领导

1. 认真研究制订学科基地校（园）建设工作计划。

2. 教师发展中心主任统筹负责学科基地校（园）建设。中心各部门主任具体负责落实学科基地校（园）建设。

二、认真履行职责任务

1. "四位一体"专业人员要以德育人、甘愿奉献、顺应需求、悉心指导、保质保量。

2. "四位一体"专业人员要通过听课、观察、交流、讨论等途径，了解所在基地校（园）及教师的学科建设情况，制定切实可行的推进落实方案。

3. "四位一体"专业人员要坚持按计划定期深入基地校（园），采用科学、适切的方式方法及时了解基地校（园）教师的学科教学情况，通过真诚的帮助和指导，力求所指导教师的基本素养、科研水平、教学水平、信息化能力、校本培训引领力、教学质量在原有基础上有所提高，基地校（园）在学科整体建设上有所提高。

4. "四位一体"专业人员要尽可能为基地校（园）教师创造条件，提供机会，鼓励他们大胆实践，敢于创新，一展身手。

5. "四位一体"专业人员要在每次指导后，及时记载相关工作情况，总结反思。学期结束前填写《"四位一体"专业人员学科基地校（园）建设工作记录表》。

6. 基地校（园）应真实反映学校学科建设的基本情况，并与中心"四位一体"专业人员共同商议提升自身学科建设的发展策略。基地校（园）应积极营造研讨氛围，给予充分的时间和空间保证，确保每次活动的有效性。

7. 基地校（园）教师要积极制定个人发展规划，实事求是剖析个人基础，确定自己的成长目标。结合"四位一体"专业人员的指导及自己的思考，及时完成相关任务，主动发展。

8. 每学期结束前，基地校（园）要发送中心《学科基地校（园）建设情况反馈表》。

本责任书一式二份，签字双方各执一份。

"四位一体"专业人员（签名）　　　　学科分管行政（签名）
教师发展中心（盖章）　　　　　　　学科基地校（盖章）

签订日期：　　　　年　　月　　日

典型案例三

《姑苏区"百年老校"文化创生背景下课程建构与实施指南》

为了有效落实市委《苏州历史文化名城保护提升总体方案》中"要全面提高教育水平，实施百年老校传承发展系列工程"精神，扎实推进区域重点项目——"百年老校"文化创生建设，有效开展江苏省教育科学"十四五"规划2022年度重点课题《区域推进"百年老校"文化创生的实践研究》，不断丰富"苏式"教师发展服务品牌内涵，中心于2022年研制了《姑苏区"百年老校"文化创生背景下课程建构与实施指南》（以下简称《指南》）。

建设目标：

基于姑苏区"百年老校"文化传承与发展现状，找准"百年老校"文化创生背景下学校或集团课程建构的切入点，基于新课程标准精神整体落实，各学校（或集团）校（体）本课程群或某专题课程进行体系化构建和精品化培育，提高姑苏课程开发、实施与管理水平，探寻高品质课程促区域"百年老校"文化创生之路。

课程原则：

1. 育人为核。课程面向全体学生，着眼于人的全面发展，描绘时代新人画像，从有理想、有本领、有担当三个方面系统构建"五育"并举的目标体系，落实立德树人根本任务。基于独有的"百年老校"文化，建构校内与校外协同、线下与线上互补、课程与课程互通的完整体系，形成全时空育人体系。

2. 素养导向。课程应以核心素养为统领，坚守教育本质与规律，找准合适定位。以文化为核心，高度指向课程在实践中生成并伴随学生的成长而生长。学生为课程主体，素养为课程目标，用课程涵育学生必备品格、文化气质与关键能力。

3. 系统设计。课程应以主题、项目或活动组织课程内容，设计应体现结构化、系统性，从课程理念、课程目标、课程门类及内容、课程资源、课程实施策略、课程评价、课程管理等建构及落地完整课程。厘清课程发展的理念和目标，引领更多教师广泛参与课程建设，统筹开发和利用课程资源，切实提高学校课程建设的领导力与行动力。

4. 实践为程。课程应强化学科实践和跨学科实践，特别关注课程建设的"跨学科""开放性""真实性"等导向，从丰富课程供给、优化学习方式、创造课程现象、创新技术路径等层面加以优化，让学生基于任务实践获得丰富体验，收获真实成长。

5. 范式创生。深入学习及落实新课程标准精神，处理好各级各类课程关系。从课程实践中凝练、表达、辐射、应用典型经验及有效方法，特别是学习方式、评价方式、管理方式等转型的成功做法，形成推动学校育人方式转型的重要力量，推进学校教育教学质量的整体提升。

实施建议：

（一）区域领构

区域建构"百年老校"文化创生背景下"教师专业发展课程"群，聚焦课程建设关键"师力"，助力各学校课程建设。

（二）申报对象

姑苏区各"百年老校"至少申报一项课程建设；欢迎教育集团、非"百年老校"（可选择与"百年老校"携手共建）自主申报。项目主持人建议为单位（或集团）相关负责人。

（三）规范管理

1. 申报单位须从组织建设、制度建设、学习评定和统筹协调等方面着手，加强课程的建构、开发、实施、评价和管理。建立起相应的指导、管理小组，负责校内外指导力量的组织协调和设备利用、过程落实、实施检查等工作的统筹安排，以保证课程的有效实施。

2. 学校须结合本校实际情况，制定实施课程规划。采取行之有效的措施，制定必要的规章制度，如课程建设档案制度、校内施舍设备使用制度、课程实施情况评价制度、教师指导经验交流制度等，并建立家长和社区有效参与的机制，使课程的实施和管理走向规范化的轨道。

3. 学校要因地制宜、因时制宜，充分开发利用各种教育资源，包括校内资源、社区资源和学生家庭中的教育资源。学校内部资源包括具有不同知识背景、特长、爱好的教师和职工，包括图书馆、专用场室、校园等设施、设备和场地，也包括反映学校文化的各种有形、无形的资源。要特别注意发展校外指导教师队伍，构建起课程指导的人才资源库。

（四）精品培育

区域对审批立项的课程实行部门对口式管理跟进和指导，择优开展精品化培育，以年度为单位举办课程建设区域推进会，及时总结、推广课程建设取得的阶段性成果。

第二节 "教师专业发展课程"的姑苏建构

2022年4月,教育部等八部门联合印发《新时代基础教育强师计划》,全面深化新时代教师队伍建设改革,加强高水平教师教育体系建设,培养造就高素质专业化创新型中小学教师队伍,着力构建优质、均衡的基本公共教育服务体系,推动教育高质量发展,为加快实现基础教育现代化提供强有力的师资保障。

高质量教师是高质量教育发展的中坚力量,近年来国家、省、市发布的各类教育政策及区域推进高质量教育体系建设的现状等,都在思想政治素质、师德师风水平和教育教学能力等维度对一线教师提出了新要求。这需要一线教师不断借助外在知识,精进教学认知,提升教育智慧。但是教师在工作场域外习得的关于实践的知识,不易被教师的自我实践验证,并不能很好地支持他们的教育教学。加上工作环境的特殊性,教师需要经历不同的教育情境,在试错与顿悟中才能获得发展,但这样会造成专业成长的沉没成本过大。因此,系统的专业支持是教师专业发展走向自觉发展的必要条件。

姑苏教育以"姑苏教师专业发展课程"创新建设项目为统领,从教师培养的供给侧发力,推进师资建设结构性改革,强顶层设计,抓关键环节,建支撑平台,活评估方式,以体制改革与机制创新为突破口,站位"课程"高度、视角、标准、实施、评价等,纵贯教师职业生涯各个阶段,横通教师专业提升整体素养,实现了教师专业能力发展的全方位架构和系统化提升。

一、"姑苏教师专业发展课程"的缘起与定位

教育和社会经济发展的关系存在明显的正相关,具体来说,就是社会经济的发展是以教育为基础,教育水平的提高,又能促进社会经济的进一步发展。由此可见,教育对社会经济发展的影响是长期的、潜在的和综合性的。"教育兴则国家兴,教育强则国家强。"党的十八大以来,习近平总书记在不

同场合多次强调发展教育的重要意义,"两个一百年"奋斗目标的实现、中华民族伟大复兴中国梦的实现,归根到底靠人才、靠教育。

1. 快速发展的社会需要教育事业转型升级

2012 年,处在转型升级关键时期的苏州,为进一步增强综合竞争力和可持续发展能力,从区域发展总体战略出发,将原平江、沧浪、金阊三城区优化合一,融聚成立姑苏区。随着年轻而又古老的姑苏区的诞生,姑苏的教育事业也必然需要转型升级。

三个区域教育的智慧融合,需要科学的规划来引领发展,需要持续的投入来保障发展,需要创新的思维来推动发展。为此,姑苏区必须坚持"教育优先发展"战略不动摇,智慧调整各类布局,全面融合优质资源,做大做强教育品牌。姑苏教育人唯有革故鼎新、破难解困,持续推进教育综合改革推陈出新,才能推动姑苏教育稳步迈进优质、均衡的快车道。

2. 高质量的教育需要用高质量的教师支撑

对任何一个区域而言,寻求基础教育的高质量、可持续发展的核心要素,就是教师的专业化发展。2014 年,姑苏区成立了"苏式学校研究中心",谋划构建"苏式"学校发展路径。"苏式"学校成为姑苏教育在新时期提出内涵发展的新标杆和新抓手。

"苏式"学校的内涵特质应该具有姑苏地域特色,"苏式"校园的文化特征应该具有吴地文化的韵致,"苏式"课堂的教学主张应该具有传统和现代的汇聚融合,"苏式"学子的表征表达应该既能体现地域文化,又能适应国家化发展,而这一切的美好愿景,都需要厚学敏行的"苏式"教师来创造。姑苏教师的德品学养,是打造"苏式"学校的主要动力。建设一批能为每一个学生提供公平、优质、适切教育的,能培养具有历史文化积淀的新姑苏市民的,能促进姑苏地域文化建设的"苏式"学校,关键在教师。

3. 优秀的教育文化需要在传承中持续放大

教师的专业发展既受到政府、社区、家长、社会组织等教育持份者对教育、教师要求的影响,也受到区域教育文化、教育实践场域各因素的影响。个体教师专业发展的过程就是其适应区域教育微生态、积极开展教育教学变革、参与区域教育文化建构并形成科学、有效实践品质的过程。

学为人师,行为世范。姑苏拥有深厚的教育底蕴,老一辈教师中不乏教给学生知识、教给学生做人道理,让学生受益无穷的优秀教师楷模。叶圣陶先生就是从苏州小学讲台走出去的伟大教育家，是中国现代教育文化领域的一代宗师，理应成为苏州市广大教育工作者的精神导师和行为楷模。一位楷模，如同一面旗帜，只有号召姑苏教师"像叶圣陶那样做老师"，努力以"教育为人生"的境界规划好职业发展，让叶圣陶先生"温、良、恭、俭、让"的美德陶养姑苏教师，才能更好地塑造出厚德载物、心怀宽广、修德泽人的姑苏"苏式"教师形象。姑苏教师要有教是为了不教的追求，要有善于引导学生学习的智慧，唯有在优秀的教育文化中深沉地浸润、深入地学习、深刻地思考、深度地探索，才能厚积而薄发，才能厚学而敏行，才能渊博而雅正。

二、"姑苏教师专业发展课程"的架构与研发

教师专业发展强调教师个体的专业知识、专业技能、专业情怀、专业自主、专业价值观、专业发展意识等方面由低到高的提升，不同的阶段有不同的需求，不同的层次有不同的目标，这就需要系统的培养与持续的培训，让每一个教师充分经历由不成熟到相对成熟的发展历程。因此，只有统整设计、按需设培、积极定制、立体化多纬度开发各类培训课程，才能真正满足学校职岗需求、满足教师专业能力发展需求，促进区域教师素养提升。教师专业发展还必须贯穿于教师整个职业生涯，打通终身学习的道路，如此才能让教师始终保持发展的活力，收获职业成长的幸福。

1. 专业的课程必须形成一个专业的体系

当前，实行教科研训一体化，是很多地区普遍采用的教师研训模式。但在实际工作中，始终存在科研、教研、培训"三足鼎立"的情况，各部门之间合作不够，缺少资源的整合，有时各自为政，力量分散，难以形成拳头。教师培训往往成了"要我提高"的被动式培训，缺少主动发展的引领，这给教师的可持续发展带来了严峻的挑战。

2012年三区合并后，姑苏教育针对教科研训一体研训模式中存在的不足，整合了区域资源，建立了"四位一体"的姑苏区教师发展中心，通过打造优势项目，激发教师主动参培的需求。2016年下半年，中心策划启动"姑苏教师专业发展课程体系"框架建设，力求以课程统领中心教科研训一体化工作，形成课程体系。经过数年实践和论证，最终形成《"姑苏教师专业发展课程体系"框架建构方案（试行稿）》，课程成为引领姑苏教师成长的核心平台，有

力推动姑苏教师的专业发展。

"姑苏教师专业发展课程体系"利用纵轴（教师职业生涯划分）与横轴（课程分类），形成一张可无限生成的具有姑苏特色的立体化、适切化、个性化的课程网络。

纵轴：根据国内外专家对教师职业生涯规划的理论研究，整合美国学者卡茨的教师专业发展四阶段理论，费斯勒的教师成熟发展循环论，北京钟祖荣、邵宝祥等专家的教师职业发展阶段理论，同时结合姑苏区内教师职业生涯发展现状及培训需求的调研，将教师职业生涯划分为四个阶段：适应期、积累期、成熟期、创造期，并以此作为"姑苏教师专业发展课程体系"框架的纵轴。

横轴：依据教育部《幼儿园教师专业标准（试行）》和《小学教师专业标准（试行）》，姑苏教师专业发展课程体系课程设计为四大类，分别为"师德及职业理解课程""个人综合素养提升课程""专业知识课程""专业能力课程"。四大类课程为课程的一级目录，根据相应的课程目标又进一步细化，依次衍生出二级目录：师德及职业理解课程——时代精神、法律法规、师德师风、职业标准、职业理解；个人综合素养提升课程——社交礼仪、文学艺术、心理指导、吴地文化、科学创新、综合素养；专业知识课程——教育通识、学生认知、学科知识；专业能力——教育科研、教学研究、学科融合、教育管理、综合能力。以此作为"姑苏教师专业发展课程体系"框架的横轴。

区域内每一位教师依据对自身的了解，利用横轴与纵轴的准确定位，均可在这张课程网中找到与自己匹配的课程群，然后从中自由选择自己感兴趣的课程进行研修，从而逐步满足学校职岗需求，满足教师学科素养发展需求，满足教师幸福成长需求，满足未来教育需求，为广大姑苏教师与学生的成长发展奠基。

2. 专业的操作必定拥有整套专业的规范

教师专业发展课程的研发是一件极为严肃的事情，既要考虑自身的实际条件，也要对区域教师发展的现状和未来进行全面考量；既要遵循区域的教育传统，适应当地的教育文化，又要树立开放的姿态，在多元主体间相互沟通、交流、辩论，充分发挥彼此的无限潜力，激起每一位课程学习者的自省和自觉。

中心对于"姑苏教师专业发展课程"的研发，有着充分的思考和周密的部署，提出了"四位一体、彰显优势、平台支撑、协同并进"的总体思路，区级层面的教师发展专业课程，均由教师发展中心各部门承担建设，中心主任办公会议对课程建设进行全面指导，教师培训部负责对课程建设进行协调。对于课程设计，中心也提出了明确的要求：

课程导向上，定位要明确，目标要清晰，能够对实现教师专业发展起重要的支撑或促进作用，课程设置的时间要合理，内容要恰当。

课程内容上，要能够体现现代教育思想，符合教育教学规律和学科要求，具体内容设计合理、科学、先进，重点、难点突出，能够及时、有效地将学科发展前沿成果转化为教学内容，相关内容可以构成体系，具备基础性、科学性、系统性、先进性、适应性和针对性，有助于学习者创新精神、创业意识和创新创业实践能力的培养。

课程评估上，要求课程所设计的各类实践教学活动都能很好地结合专业理论知识，既要满足教师的研修需要，也要在培养学生发现问题、分析问题和解决问题的能力方面有显著成效。

课程覆盖面上，必须依据教师专业标准，按"师德及职业理解课程""个人综合素养提升课程""专业知识课程""专业能力课程"分别设计，设计时要兼顾全区教师专业发展各阶段。严谨的标准、规范的流程，保障了整个课程网络能够有序、有质、有效地运行。

3. 专业的研发必然催生更多专业的成长

在传统观念中，教师通常被视为各类专业课程的学习者、执行者，并不具备参与课程设计的意识和能力。然而教师又是教师专业发展的主体，任何外部助力都必须通过教师主体作用的发挥才能真正、有效实现其专业发展。如果让教师也能参与到课程设计的过程中，尤其是设计与开发阶段，自主设计课程结构、规划教学目标、组织课程内容等，教师通过设计思考和实践体验，获得更多的参与感，同时自身的课程设计能力也得到不断提升，获得成功的体验感，职业兴趣就会日益增长。随着时间的推移，兴趣自然会转化为专业成长的动力，随着实践的积累，动力也将转化为专业发展的能力。

姑苏教育就是在课程的专业研发上做出了尝试、取得了突破。在"姑苏教师专业发展课程"体系中，课程推进的主体是多元的，各级各类教师个体或群体都可以根据实际需要，各展所长投身到课程的研制、学习、评价、反馈、跟进等各环节之中。"课程"被打造成一张可无限生成，具有姑苏特质的立体化、适切化、个性化课程网络，全面支撑区域教师专业发展。每一位姑苏教师在课程网络中准确自我定位，主动自我研修，常态自我反思，不断自我超越，"要我提高"的发展难题有效破解，"我要提升"的姑苏声音铿锵回响。课程资源的多元主体化和有效激励机制，使每一位姑苏教师不仅是课程的享受者与评价者，更是课程的重构者与创造者。

三、"姑苏教师专业发展课程"的实施与影响

已建构的课程框架只是为教师研训活动的开展与课程资源的建设提供了方向，课程要想切实获得成效，还需设计对应的研训项目及活动安排，建构适切的学习和管理机制。教师的专业学习呈现出"问题性、经验性、实践性"特质，通常以自我遭遇的实践困境或研究问题来指引自己的学习方向，再加上教学工作具有一个萝卜一个坑的特点，不合宜的时间和地点也容易让教师静不下心参与学习。因此研训课程的实施也应采取集中与分散相结合、对象与需求相匹配、现场与网络相呼应、区本与校本相协同等形式，课程的选择权在教师，课程的过程性管理权也可以在教师，课程的评价权更应该在教师。

1. 课程实施多极化，才能保障专业成长的接续

理想的课程网络，应该是各项课程的纵横交织，不但注重教师素养的提升，还注重教师专业成长的梯级建设。通过为不同发展阶段的教师提供不同层次的发展平台，形成较为完整的区域教师专业培训体系。

"姑苏教师专业发展课程"基于教师的专业发展规划，建立了适应期、积累期、成熟期、创造期教师梯队型发展模式，从开设新入职教师岗前培训，打通职前、职中培训入手，通过制定教师发展规划，设立"新教师三年岗位成长培训考核""姑苏区骨干教师暑期高级研修项目""姑苏区学科中心组高级研修项目""姑苏区学科带头人高级研修项目""姑苏区市级学科带头人后备高级研修项目""姑苏区名优教师高级研修项目"等专题培训项目，为教师的专业成长提供了强大助力。

其中"新教师三年岗位成长培训考核"立足区本，采用区、校二级协同，采用师徒结对、教研员随堂听课、定期开设教学展示活动等方式，为新入职教师提供成长平台，促其早日成材；"姑苏区学科中心组高级研修项目""姑

苏区学科带头人高级研修项目""姑苏区市级学科带头人后备高级研修项目"等采用与苏州大学合作办班形式，采取"专题培训、在岗实践、跟岗培训"等培训模式，以"模块培训"为路径，以区域各学科骨干教师为培养对象，为他们提供切身实践"苏式课堂教学"、丰富"苏式课堂教学"理论、推出"苏式课堂教学"主张与表达的机会，切实保障了各层面教师的发展。

2. 课程内容多样化，才能满足职岗发展的需求

如何满足各级各类群体乃至个体的专业发展不同需求，一直是教师研训实施的最大难点。如果课程内容接地气、应时需、显引领，研修模式可自选、有结合、重灵动，就能保证每一位教师实现准确的自我定位，根据自身需求找到与己匹配的课程群，开展自主、自由、自能的专业研修，实现课程供给与发展需求的完美融合。

"姑苏教师专业发展课程"的实施，就是从学校、教师的学习需求出发，以提供适切服务助力教师发展为目标，按需设培，积极定制、开发各类培训课程项目，基本满足了教师职岗发展的需求。如课程推出了许多定向提升教师业务能力的研训内容，开设"姑苏区教师国画、书法专业技能培训""姑苏区教师书法师资专题培训"等项目，并与校外培训机构合作，推荐区内部分专业教师参加专业单位组织的各类专业培训活动，解决了部分专任教师业务能力弱的问题。课程提供了一系列主题式干部培训课程，且采取理论联系实际的实战型轮训方式，创生教务管理者专项研训、校本培训管理者专项培训、教科研管理者专项培训、后勤管理者专项培训等课程，有效提升了学校中层行政人员的业务能力。

3. 课程主体多元化，才能带来职业幸福感的提升

身处教育新时代的高素质教师，必然是一名研究型教师。如果仅满足于既定课程的阐述和传递，教师的专业成长是无法快速拔节的。高质量的课程实施，需要每一个教师由机械的阐述者向课程及课程资源的开发利用者转变，从原来抱着现成的课本、教学参考书、练习上课，到自己必须参与课程建设的决策和实施，去从事以前"专家"才能涉足的领域。"树一个人可以带动一批人"，只有让更多教师投身于课程实践，在课程学习中成为课程专家，才能实现一群人摇动全区域的美丽联动，共绘一道教师队伍蓬勃生长的靓丽风景。

据统计,自"姑苏教师专业发展课程"建设实施以来,姑苏区已累计研发并推出各类课程超过两千个。在这张巨大的课程网络中,既能看到所有学科专业研究人员、名特优教师"向我看,跟我干"的使命担当,又能发现很多教学骨干、青年才俊"让我来,看我做"的经验分享;既有名师团队高屋建瓴的理论指引,又有基层教师群体在课堂实践中"最贴近地面的最优美飞行"。共建、共享、共促、共赢成为姑苏教师共同的价值观,人人感受着精神世界的充实,享受着专业成长的幸福,充满着干事创业的激情。依托课程实施,姑苏教育形成了研训一体、精准育师、科教融合、成长集群化的教师专业发展姑苏效应。

教师的专业成长是一项系统工程,以课程统领教师专业发展的全部内涵,是全面推进新时代教师队伍建设的一种特色实践与创新行动。遵循教师成长规律,依托教育部教师专业标准(试行),根据各级各类教师不同需求,采用科学手段规划教师职业生涯,完善教师职业发展平台,建立个性化、立体化、适切教师职业发展的课程体系,以精品课程促教师职业发展内驱力,以适性课程促教师职业发展基础力,以实践课程促教师职业发展核心力,以特色课程促教师职业发展创生力,教师的专业发展才能走上真正的快车道,教育才能真正成为社会经济发展的强引擎。

典型案例一

"姑苏教师专业发展课程体系"建构

为促进我区教师专业发展,建设高素质专业化教师队伍,坚持以人为本的科学发展观,中心于2017年开始建构"姑苏教师专业发展课程体系"(以下简称"体系")。

建设目标:

体系以《幼儿园教师专业标准(试行)》《小学教师专业标准(试行)》(教育部教师〔2012〕1号文件,以下简称"专业标准")为指导,依据教师专业发展各阶段对专业发展、职岗晋升的不同需求,运用科学手段规划教师职业生涯,以满足"教师专业发展与综合改革需求相适应、教师培训与课改要求相适应、教师研训与教师个人成长发展相适应"为目标,着眼国际视野,倡导教师终身学习,设计具有姑苏特色的立体化、适切化、个性化的课程体系，按需设培，积极定制，"云"化推送，逐步满足学校职岗需求，满足教师学科素养发展需求，满足教师幸福成长需求，满足未来教育需求，为广大教师与学生的成长发展奠基。

课程原则：

一、课程建设原则

提升教师培训的质量，丰富培训课程研制的经验，满足教师学科素养发展需求，满足教师幸福成长需求，满足未来教育需求，为广大教师与学生的成长发展奠基。

1. 规范性和创新性相结合的原则。课程建设既要坚持规范化管理，又要大胆创新，建出水平，建出特色。

2. 科学性和前沿性相结合的原则。课程内容既要坚持可延续性，又要即时反映科学技术发展的最新成果，保持教学内容的先进性。

3. 一般建设和重点建设相结合的原则。课程建设既要对所有课程提出共同性要求，又要突出重点，发挥重点课程的示范效应。

二、课程建设的组织与管理

区级教师发展专业课程由教师发展中心各部门承担建设，中心主任办公会议对课程建设进行全面指导，教师培训部负责对课程建设进行协调。

三、课程设计要求

1. 课程定位明确，目标清晰，对实现教师专业发展起重要的支撑或促进作用，课程设置时间合理，内容恰当。

2. 课程内容体现现代教育思想，符合教育教学规律和学科要求；课程内容设计合理、科学、先进，重点、难点突出，能够及时有效将学科发展前沿成果转化为教学内容，内容体系具有基础性、科学性、系统性、先进性、适应性和针对性，有助于学习者创新精神、创业意识和创新创业实践能力的培养。

3. 课程设计的各类实践教学活动能很好地结合专业理论知识，满足教师的研修需要，在培养学生发现问题、分析问题和解决问题的能力方面有显著成效。

4. 课程设计要依据教师专业标准，按"师德及职业理解课程""个人综合素养提升课程""专业知识课程""专业能力课程"分别设计，设计时要兼顾全区教师专业发展各阶段。

四、课程实施要求

1. "姑苏教师专业发展课程"依托区、教师发展共同体、学校(幼儿园)三级培训网络具体实施。

2. 课程过程管理依托姑苏教育云平台进行,采用电子化管理方式进行,课程在姑苏教育云平台进行课程发布,同时通过教师发展中心周课程安排通知到学校。课程过程管理及学时结算均依托姑苏教育云平台进行。

五、课程建设任务分解

1. 师德及职业理解类课程

本栏目课程包含时代精神、法律法规、师德师风、职业标准、职业理解5个子栏目。

课程设计责任部门:教师培训部。

具体要求:兼顾教师发展的四个不同时期,在一定时间段内进行整体规划,并在课程名称的最后加以说明。

课程频率:每学年针对每一类别至少设计一项课程。

2. 个人综合素养提升类课程

本栏目课程包含社交礼仪、文学艺术、心理指导、吴地文化4个子栏目。

课程设计责任部门:教师培训部、教育信息部(科学创新栏目)。

设计要求:兼顾教师发展的四个不同时期,在一定时间段内进行整体规划,并在课程名称的最后加以说明。

课程频率:每学年针对每一类别至少设计一项课程。

3. 专业知识类课程

本栏目课程包含教育通识、学生认知、学科知识3个子栏目。

(1) 教育通识类课程

设计部门:教研部、教科部、教育信息部、教师培训部。

设计要求:每学期每个部门在培训部的协调下针对不同的教师群体进行有针对性的设计。其中教研部设计的课程不针对特定学科,必须具有普适性。

课程频率:每学期每个部门针对一个时期的教师群体设计一项课程。

(2) 学生认知类课程

设计部门:由教研部、教科部和教师培训部。教师培训部负责协调。

设计要求:每学期每个部门在培训部的协调下针对不同的教师群体进行有针对性的设计。

课程频率：每学期每个部门针对一个时期的教师群体设计一项课程。

(3) 学科知识类课程

设计部门：教学研究部。

设计要求：以学科为单位，整体规划设计，针对教师发展的四个不同时期，根据实际需要每学期可有所侧重，并在课程名称的最后加以说明。

课程频率：每学期每学科设计一项课程。

4. 专业能力类课程

本栏目课程包含教育科研、教学研究、学科融合、教育管理、综合能力5个子栏目。

(1) 教育科研类课程

设计部门：教育科研部。

设计要求：针对教师发展的四个不同时期，根据实际需要可有所侧重，并在课程名称的最后加以说明。

课程频率：根据省、市、区实际情况进行合理安排。

(2) 教学研究类课程

设计部门：教学研究部。

设计要求：所有学科都要参加。所有学科开设的课程必须兼顾到所有的四个不同发展时期的教师。

课程频率：根据省、市、区实际情况进行合理安排。

(3) 学科融合类课程

设计部门：教育信息部。

设计要求：针对教师发展的四个不同时期，根据实际需要可有所侧重，并在课程名称的最后加以说明。

课程频率：根据省、市、区实际情况进行合理安排。

(4) 教育管理和综合能力类课程

设计部门：教师培训部牵头，根据课程内容需要与其他部门联合进行制作。

设计要求：所开设的课程必须兼顾到所有的四个不同发展时期的教师，并在课程名称的最后加以说明。

课程频率：根据省、市、区实际情况进行合理安排。

实施建议：

一、课程阶段划分

教师发展的研究流派纷呈。根据国内外专家对教师职业生涯规划的理论研究，整合美国学者卡茨的教师专业发展四阶段理论，费斯勒的教师成熟发展循环论，北京钟祖荣、邵宝祥等专家的教师职业发展阶段理论，结合对姑苏区内教师生涯发展现状及培训需求的调研，体系将教师生涯划分为四个阶段：适应期、积累期、成熟期、创造期。

（一）适应期

适应期指教师刚走上工作岗位，由初步教育教学实践体验到初步适应教育教学工作，具备最基本、最起码的教育教学能力和其他素质的阶段。

该阶段的教师充满着初为人师的好奇、激情，对教师的角色内容进行各种思考和尝试探索，使自己适应课堂教学工作的基本需要。该阶段教师存在一些不足之处，如专业发展目标不明确、专业发展动机冲突强烈、专业发展策略缺失、专业发展情感不稳定、对学生学习的关注不强等。

（二）积累期

积累期指教师在初步适应教育教学工作后，继续在教育教学实践中锻炼自己的教育教学能力和素质，使之达到熟练程度的阶段。

该阶段教师通常具备良好的职业道德，依法执教，能基本了解学生身心发展特点，掌握基本的教育教学组织引导能力，对教育教学有了一定的见解和认识，能根据学生特色，提供较为合适的教育。该阶段教师存在一些不足之处，如对教育教学规律了解还不够，不能灵活有效地解决教育教学问题或冲突，课程开发的意识较弱且能力不足；对学生发展规律与家校沟通策略的了解不够，班级管理成效有待提升等。部分教师会因对自身下一步专业发展目标与方向不清晰，而长期停留在这个阶段。

（三）成熟期

成熟期指教师能较高程度地适应教育教学的需要，能熟练驾驭班级管理和课堂引导，业务水平、自信心和外部的评价都达到较高水平的阶段。

该阶段教师素质发展日趋全面，熟知教师职业要求、师德规范及学生成长规律，对学生的学习与成长关注密切且有深度，具有一定课程开发的意识和能力，将初步形成自己教育教学的特色和风格；有一定的能力来探讨一些较抽象、较深入的教育教学问题，有较好的科研探究能力；在自己所教学科中成绩突出，在区域内具有一定知名度。该阶段教师存在一些不足之处，如对教育教学各方面的逐渐驾轻就熟而导致的职业瓶颈感；部分教师在专业成长上难以突破，易产生职业倦怠感；各种问题的解决，易陷入固有经验的照本宣科，而没有紧跟时代，与时俱进，不能灵活运用现代科技等办法提升解决问题的能力等。

（四）创造期

创造期指教师开始由固定的常规的自动化的工作，进入开始探索和创新的时期，是教师形成自己独到的教育教学见解和教学风格的阶段。

该阶段教师对教育问题有比较系统的见解，有丰富的教育教学经验，具备强烈的创新意识、较强的科研能力和较高的理论水平。他们会根据教育目的与教育规律，开始尝试运用新的教学策略，尝试创造新的教学方法与技术，建构并开发适宜的课程体系，甚至对教育教学理论某些方面有所发现、有所创造，专业能力与水平逐渐向专家型、学者型教师迈进。该阶段教师在本学科领域和区域教育系统享有较高的知名度和影响力，自我成长意识和能力都很强，但同时也需要更高层、更高质量的对外沟通交流学习的途径和机会，促使教育经验与智慧的不断凝结提升，形成科学体系，福泽更多的教育同行。

二、课程设计

根据教师生涯各阶段的划分，依据"专业标准"，姑苏教师专业发展课程体系课程设计为四大类，分别为"师德及职业理解类课程""个人综合素养提升类课程""专业知识类课程""专业能力类课程"。

（一）师德及职业理解类课程

课程目标：旨在提高教师师德修养，提升坚持职业操守的自觉性和明辨是非的能力，激励教师向更高目标奋斗，帮助教师消除职业倦怠感，培育教师职业幸福感。

课程内容：理解教育工作的意义，了解教育法律法规及政策规定；热爱教育事业，具有良好的职业理想，依法执教；关爱学生，尊重学生；为人师表，教书育人，自尊自律，做学生健康成长的指导者和引路人。此类课程贯穿教师整个职业生涯，设置师德修养类、法制教育类、职业道德规范类、职业发展激励类、职业幸福类等课程。

（二）个人综合素养提升类课程

课程目标：旨在全面提升教师自身素质，激发教师的内驱力。让教师学会发现美、感知美、体验美、表达和创造美，激励教师全面发展。

课程内容：勤于学习，不断进取，强调阅读经典，丰富教师人文知识结构；了解最新科技动态，提高教师科学素养；走进高雅，提高教师艺术审美能力；加强心理疏导，提高教师自我调节能力，保持平和心态；全面了解各类社交礼仪，提高教师人格品味。此类课程设置学历提升类、文学艺术修养类、科学素养类、心理类、教师礼仪类等课程。

（三）专业知识类课程

课程目标：旨在提升教师学科认识水平，掌握本学科教学基本知识，了解学生的认知发展水平。

课程内容：学习先进教育理论，了解国内外教育改革与发展的经验和做法；优化知识结构，提高学科知识认知度。此类课程设置教育教学通识类、学生认知发展理论类、学科教学知识类等课程。

（四）专业能力类课程

课程目标：旨在全面提升教师教育教学能力，提高教师教育教学活动的效率，助推教师专业发展进程。

课程内容：依据"专业标准"，教师专业能力划分为9类，分别为教学设计能力、教学实施能力、课程开发能力、激励评价能力、组织管理能力、沟通合作能力、教育科研能力、现代技术能力、创新思维能力。此类课程设置将围绕上述9类教师专业能力进行。

三、课程具体指标

"姑苏教师专业发展课程体系"课程具体指标详见附表1。

四、课程实施建议

1. "姑苏教师专业发展课程"依托区、教师发展共同体、学校（幼儿园）三级培训网络具体实施。姑苏区教师发展中心负责"姑苏教师专业发展课程体系"课程框架的制定和完善、区级课程的开发及实施，指导教师发展共同体级课程、校本（园本）培训课程的开发与实施。姑苏区教师发展中心将遴选优质课程实施基地，参与区级课程的研发与实施。

2. 校本培训是"姑苏教师专业发展课程"的重要载体，各学校、幼儿园要将"姑苏教师专业发展课程体系"作为教师培训课程开发、管理的重要依据。要重视教师职业特点，注重教师职业理想与思想道德教育，增强教师育人的责任感与使命感。要根据教育改革发展的需要、学校发展的需要、教师培训的需要，完善小学教师培养培训方案，科学、合理设置教师培训课程，促进教师专业发展。

3. 倡导教师终身学习，鼓励教师积极参加各级各类培训。培训课程的设计要重视教师发展规律，要按需设培，创新培训形式。

4. 尝试教师培训学分制管理手段，逐步推行教师培训必修、选修课程。探索改革教师培训评价机制，将教师参培学分作为今后教师评优评先的基本条件之一。

五、课程制度保障

（一）课程设置

1. 根据"姑苏教师专业发展课程体系"框架建设方案，从我区的教师实际出发，按《"姑苏教师专业发展课程体系"课程建设要求》设计课程。

2. 姑苏区教师发展中心严格课程管理，按照"姑苏教师专业发展课程体系"开齐开足区级课程，同时指导教师发展共同体和学校合理开发和使用校本研修课程。

3. 实行课程归口管理，姑苏区教师发展中心主任办公会议对课程建设进行全面指导，教师培训部负责对课程建设进行协调。课程开发者负责进行课程实施过程性管理。

4. 以教师专业培养计划为依据，课程设置为必修与选修，教师根据自身需求自愿选择，每一门课程均有相应的学时。

5. 姑苏区教师发展中心建立课程的内部评价机制，对于区级、共同体级和校级研修课程的课程资源开发与利用、活动过程、活动评价等方面进行监控，确保课程质量的稳定和提高。

（二）课程安排

1. 课程安排以提高教学效果为原则，并注意各个学期学习任务的均衡。

2. 在落实教学任务时，课程归属部门不得随意更改课程设置或学期安排。

3. 安排任课教师应具备相应资格。

（三）课程的组织管理

1. 教师发展中心主任办公会议负责审定课程建设规划。

2. 教师培训部负责统筹课程建设工作。

（1）以实现姑苏教育人才培养方案为依据，加强课程体系改革，不断推动课程体系的整体优化与整合。

（2）负责对课程设置质量进行考核。

（3）负责课程设置与实施所需的经费的审核与管理。

3. 各部门主任负责管理本部门所有课程。

4. 研训员负责课程建设的具体实施。具体职责如下：

（1）组建课程建设团队，落实课程建设任务。

（2）负责对区级、共同体级和校级实施的所有课程建设的日常管理，特别是对课程资源开发与利用、研修过程、评价等进行监控，确保课程质量的稳定和提高。

（3）负责课程建设所需经费的申报。

附表1：

"姑苏教师专业发展课程体系"课程具体指标

职业发展阶段	课程分目标			
	师德及职业理解类课程	个人综合素养提升类课程	专业知识类课程	专业能力类课程
适应期	1. 理解教育工作的意义，树立正确的职业理想。 2. 了解中国教育基本情况，学习并了解党和国家教育方针、政策、法规，学习并了解关于学生生存、发展和保护的有关法律法规及政策规定。 3. 逐步培养责任心、爱心、耐心和细心。	1. 勤于学习，培养阅读经典著作的良好习惯，注重提高自身的科学素养和人文素养。 2. 学会自我调节情绪，保持平和心态。 3. 掌握从事教师职业的基本礼仪规范。	1. 在实践中逐步了解学生身心发展规律和学习特点，在实践中逐步理解教育教学基本理论。 2. 了解并逐步掌握学生品行养成的特点和规律。 3. 理解并逐步掌握所教学科知识体系、基本思想方法和课程标准。 4. 了解所教学科与其他学科以及社会实践活动的联系。 5. 掌握家校沟通、师生沟通的技巧。	1. 学习把握教材形成教学设计的基本能力。 2. 学习依据教学目的选择和运用有结构材料、有效教学方法和教育技术，开展教学活动，最终具备实施教学的能力。 3. 学习形成教与学评价的基本技能，以形成教学评价的能力。 4. 学习现代管理理论和管理策略，在教育过程中组织与管理学生行为，形成一个有利于全体学生发展的集体。 5. 学习现代教育技术，努力促进教学方法向综合化方向发展。 6. 学习并逐步具有一定的课程开发意识。
积累期	1. 了解中国教育基本情况，学习并掌握党和国家教育方针、政策、法规，学习并掌握关于学生生存、发展和保护的有关法律法规及政策规定。 2. 逐渐具有较强的责任心、爱心、耐心和细心。 3. 认同教师职业的专业性和独特性，关注自身专业发展。	1. 勤于学习，自觉阅读经典著作，逐步提高自身的科学素养和人文素养。 2. 能较好地调节情绪，保持良好的心态。 3. 掌握从事教师职业的各类礼仪规范。	1. 理解并掌握教育规律和学生身心发展规律，理解并掌握所教学科知识体系、基本思想与方法和课程标准，并能指导实践。 2. 了解学科教育发展史和当前教育发展动向。适应当前教育形式的特长培养与提升。	1. 逐步合理制订教育教学计划，科学编写教学方案。 2. 逐步使用符合学生特点的语言，创设适宜的教学情境进行教育教学工作，并能根据学生的反应及时调整教学活动。 3. 合理设计主题鲜明、丰富多彩的班级活动和社会实践活动。 4. 逐步建立良好的师生、家校关系，帮助学生建立良好的同伴关系。 5. 逐步使用多元评价方式，给予学生恰当的评价和指导。 6. 逐步将现代教育技术手段整合应用到教学中。 7. 能收集和分析相关信息，不断进行反思，从而促进教育教学工作的改进。 8. 学习并逐步培养一定的课程开发能力。 9. 学习现代管理理论和管理策略，在提升组织与管理学生的同时，形成一定的学校教学管理能力。

续表

职业发展阶段	课程分目标			
	师德及职业理解类课程	个人综合素养提升类课程	专业知识类课程	专业能力类课程
成熟期	1.了解中国教育基本情况,学习并掌握党和国家教育方针、政策、法规,学习并掌握关于学生生存、发展和保护的有关法律法规及政策规定。 2.具有良好的职业道德修养,为人师表。 3.认同教师职业的专业性和独特性,注重自身专业发展。 4.具备团队合作精神,开展协作与交流。	1.勤于学习,具有经常阅读经典著作的良好习惯,具有较高的科学素养和人文素养,尤其具有一定的艺术欣赏与表现知识。 2.在教育活动和日常生活中均能真实地感受情绪并恰如其分地控制情绪。	1.准确掌握不同年龄学生的认知规律和教育心理学的基本原理和方法,准确掌握所教学科知识体系、基本思想与方法和课程标准,形成关于课程与教学的指导思想,并在实践中落实。 2.准确把握当前教育发展动向,不断学习先进的教育技术,并利用它不断改进教学手段和方法,提高教学效果。	1.合理利用教学资源,科学制订教学计划。 2.合理使用符合学生特点的语言进行教育教学工作。能创设适宜的教学情境,并根据学生的反应及时调整教学活动。 3.灵活使用多元评价方式,给予学生恰当的评价和指导。 4.主动将现代教育技术手段整合应用到教学中,有效提高教学效率。 5.具备较强的教育科研能力,不断进行反思,改进教育教学工作。 6.根据学生学习需要,具备自主开发课程的能力,并在实践中不断调整与完善。 7.学习现代管理理论和管理策略,形成较强的学校教学管理能力。
创造期	1.学习并掌握党和国家教育方针、政策、法规,学习并掌握关于学生生存、发展和保护的有关法律法规及政策规定。 2.认同教师的专业性和独特性,自觉追求自身专业的高度发展。 3.具有较高职业道德修养,牢固树立育人为本、德育为先的理念。 4.具备较强的团队合作精神和合作能力,积极主动地开展协作与交流。	1.勤于学习,热爱阅读,具备全面的科学素养和人文素养。 2.具有良好的个性、良好的处事能力和良好的人际关系。	1.在准确掌握所教学科知识体系、基本思想与方法的基础上,形成自己的教育观念,在引领其他教师指导实践的同时,提升自身的科研能力。 2.注重本学科与其他学科的交叉渗透,具备跨学科知识,并能够以问题解决为中心对知识进行整合。	1.具有强烈的创新意识和较强的创新能力,形成自己的教学风格。 2.在教学中营造激励、创新的氛围,为学生提供创新的时间和空间,激活学生创新欲望,培育学生创新潜能。 3.不断提高自身科研能力、理论水平,成为专家型、学者型教师,同时具备指导和培养教师的能力。 4.把握各种媒体的特性,自觉有效地利用媒体信息为教育教学服务,并乐意与他人分享。 5.建构并开发适宜的课程体系,并努力推广。 6.主动寻求更高层次、更高质量的对外沟通与交流的学习机会,在努力提升自我的同时,积极扩大学科影响力。 7.学习现代管理理论和管理策略,形成鲜明的学校教学管理风格。

典型案例二

"教师专业发展关键能力提升课程"建设实施

为进一步推进我区高素质专业化创新型教师队伍建设，精准对标教师专业素养提升和专业能力发展，助推我区教育教学高质量发展，中心结合区域教师实际，系统规划，于2019年研制了"教师专业发展关键能力提升课程"。

建设目标：

1. 为姑苏区一线教师提供指向"教师专业发展关键能力"要素的课程资源，提升我区教师队伍的专业素养和执教水平，助力我区教学质量的整体提升。

2. 切实提高姑苏区教师教育教学能力、教育创新能力和教育科研能力，全面提升教师队伍的整体素质，促进教师专业化发展，适应教育改革与发展的需要，努力造就一支师德高尚、业务精良的充满生机活力的教师队伍，为助推姑苏教育高位发展奠定基础。

设计原则：

课程设计以部门（学科）为单位，以2—3年为一个培训周期（详见附表1），重点聚焦当前姑苏教师专业关键能力与急需能力，依照序列和梯度开展培训，分级确定培训目录，体现培训的精度和深度，与"姑苏教师专业发展课程"融合后形成一个立体的姑苏教师专业能力发展的培训体系。

1. 前期精准调研区教师发展中心人员。作为课程的设计者，要从实际出发，认真开展需求调研，精准了解培训学科领域前沿进展与成人学习与发展的规律，准确把握先进的培训理念、教育理念、项目特点及教师需求，秉承认真的态度与严密的思维，课程设计须体现适切性、针对性、科学性、逻辑性、操作性、清晰性等要求。

2. 设计主体明确中心各部门及各学科研训员为课程设计主体，负责分课程的架构、组织、实施。

3. 课程架构清晰中心各部门（各学科）在设计本部门（学科）课程时注重课程的结构体系，建议2—3年为一个培训周期，通盘考虑课程架构及课程内容，确保课程的针对性和实效性，切实提高培训质量。

实施建议：

一、课程开发要求

（一）主题明确

课程面向教学实际，对接学生学科能力与关键能力，聚焦教师教育教学专业关键能力、急需能力，解决实际问题。各部门及各学科要形成本部门（学科）课程实施方案。

（二）模式创新

充分调动教师学习的主动性和积极性，运用先进的信息技术和丰富的网络资源服务教师培训，服务教师专业发展。

（三）资源整合

整合培训、教研、信息、科研等部门资源，关注教师专业培训者队伍建设，形成服务教师专业发展的强大合力，为教师专业发展提供专业支持。

（四）课程培训对象、培训形式、课程时长与学时获取方式

培训对象：参培教师根据培训需求自主参培。

培训形式：以网络课程学习为主。可以采用专题讲座、优质教学网络课程观摩（优质课、展示课，须含说课或评课）、主题式研讨等形式。

课程时长：建议每次课程时长20—30分钟。

学时获取方式：参培者认真学习课程内容并保质保量完成课后作业后获得相关学时。

二、课程制作要求

1. 课程主题设置原则——实、细、深、微。大处着眼，小处着手，强化问题意识。

2. 每学期，每位课程负责人申报1—2个课程主题，子课题总数不少于4个。

3. 课程内容由课程主题统领，如果课程资源来自课堂教学，指向性要明确，建议从多节课中进行有目的的节选，不建议选用一节完整的课堂教学实录进行剪接。

4. 课程负责人在每一门课程的设置中，都需要有明确的方式表达自己的观点（发声），引导教师准确理解课程的设置目标。

5. 课程全长不超过30分钟。

6. 身兼两个学科教研工作的课程负责人可以自主选择一个学科进行课程

制作。

三、课程制作流程

1. 中心专业人员提交课程申报表。

2. 中心组织申报表评审。

3. 中心反馈申报结果。

4. 中心专业人员进行脚本设计与撰写。

5. 中心专业人员提交课程制作联系单。

6. 培训部落实课程拍摄事项。

7. 中心专业人员与拍摄方密切对接,落实制作要求。

8. 中心专业人员完成课程制作与审核。

9. 中心进行课程审核。

10. 培训部进行课程发布时间统整。

11. 中心专业人员撰写课程发布通知并报培训部,同时在"姑苏智慧教育云平台"进行课程预发布(上传并保存为草稿)。

12. 培训部统一进行课程发布。

附表1:

"教师专业发展关键能力提升课程"目录(一)

课程类别		课程主题	子课题
教学研究	语文	小学语文统编教材教材解读及教学建议	统编小学语文三年级教材解读及教学建议
			统编小学语文五年级教材解读及教学建议
			统编小学语文四年级教材解读及教学建议
			统编小学语文六年级教材解读及教学建议
		小学语文教师识字教学能力提升课程	基于教学内容的识字教学策略谈
			基于教学对象(低年段)的识字教学策略谈
		基于教学对象的识字、写字教学策略谈	中年段
			高年段

续表

课程类别	课程主题		子课题
教学研究	数学	深度学习背景下小学数学教师教学技能提升课程	《义务教育数学课程标准(2011年版)》的深度理解
			《小学数学教科书》的深度把握
			小学数学教师如何在深度把握听课中成长
			如何帮助学生建立错题库(错题本)
	英语	小学高年级段英语教师写作指导能力课程	英语绘本:Story Time 的有效补充
			思维导图:以读促写会出精彩
		自然拼读法	见词能念 听音能拼
			越拼越精彩 以拼促阅读
	科学	小学科学教师"类型化实验"	对比实验的实施能力课程
		小学科学教室实验器材操作课程	小学科学教室实验器材操作课程(化学类)
			小学科学教室实验器材操作课程(物理类)
			小学科学教室实验器材操作课程(生物类)
	体育	小学体育学科如何提高学生投掷能力的教学实施课程	水平一"单手持轻物掷准"教学设计指导
			水平二"原地侧向投掷垒球"教学设计指导
			双手向前抛实心球教学设计指导
			助跑投掷垒球的教学设计指导
		关注运动负荷 优化组织方法	合理利用场地器材
			合理组织设计与安排练习队形
			立足教学目标创设趣味游戏
			营造媒体融合游戏课堂
	音乐	小学音乐教师"欣赏教学"之指导能力课程	多媒体手段适用于乐曲分析的指导
			多媒体手段适用于乐曲理解的指导
		小学音乐教师"歌唱教学"之指导能力课程	歌唱教学中创设情境法的指导
			歌唱教学中音乐想象与创造性的指导

续表

课程类别	课程主题		子课题
教学研究	美术	黑白装饰图案欣赏与创意设计	黑白装饰图案欣赏
			黑白装饰图案造型之动物（黑白灰与点线面）
			黑白装饰图案造型之植物（对称与均衡）
			黑白装饰图案造型之景物（节奏与韵律）
	信息	小学综信教师就学生编程能力提升策略课程	指令作用的全认知的指导
			逻辑思维的训练的指导
			抽象编程的指导
			算法思维培养的指导
	特教	—	培智学校生活数学《数的认识》——感知数与数量
			培智学校生活数学《加法计算》——理解加法的意义
			以培智学校一年级生活语文《学校生活》为例，谈看图说话、理解课文的教学策略
			以培智学校一年级生活语文《我的房间》为例，谈理解图意，仿说句式的教学策略
	幼教	幼儿园教师自制玩教具能力提升课程	益智区《竹片变形记》
			综合区《玩转魔方》
			数学区《算数保龄球》
			益智区《百变方块》
		基于儿童发展需要的幼儿园班本课程设计能力的提升	《养蚕记》
			《养鸭记》
			《舌尖上的米》
			《可爱的兔子》
	德育	小学班主任核心素养之"活动创新"能力培养课程	班会活动创新能力之创新意识的建构指导
			班会活动创新能力之创新思维的火花碰撞
			晨会活动之学生角色的转型
			晨会活动之学习方式的转变

续表

课程类别	课程主题	子课题
心理指导	小学生常见心理困扰的教育策略	小学教师应对学生家庭环境变化负面影响的科学教育
		小学教师应对学习行为障碍学生的心理教育策略
		小学教师应对人际障碍学生的心理教育策略
		小学教师应对情绪障碍学生的心理教育策略
	教师常见心理困扰的干预策略	教师工作中的心理学
		教师心理减压和自我成长
职业理解	提升幼儿教师职业理解力课程	"爱心"说
		"儿童"说
		"规范"说
		"变革"说
教育科研	教育教学小论文的撰写	撰写的一般步骤
		撰写的基本方法
	以"微课题"研究提速自身专业成长能力课程	"微课题"研究内容的确定与研究方案的设计
		"微课题"研究的基本方法和路径
	例谈课题方案	如何撰写课题方案
		课题报告 VS 课题方案
学科融合	学情监测相关信息技术	学情监测相关软件安装技能
		学情监测相关硬件安装技能
		学业大数据平台概况
		学情监测作业发布相关技能
		学情监测组卷相关技能
		学情监测答题卡制作相关技能
		学情监测打印学生条码相关技能
		学情监测阅卷扫描仪的使用相关技能
		学情监测阅卷扫描软件相关技能
		学情监测中常见软硬件问题处理技能

"教师专业发展关键能力提升课程"目录（二）

课程类别		课程主题	子课题
教学研究	语文	小学语文统编教材低年段下册第一单元教材分析及教学建议	小学语文统编教材一年级下册第一单元教材分析及教学建议
			小学语文统编教材二年级下册第一单元教材分析及教学建议
	数学	深度学习背景下小学数学教师教学技能提升课程	学生学习达成数学理解的判断与甄别
			数学练习的层次与设计
	英语	译林版小学《英语》高年段教材解析	五年级第一单元 Cinderlla 教材解析
			六年级第一单元 The lion and the mouse 教材解析
	科学	小学《科学》低年段新教材解析	一年级第一单元《我们周围的物体》教材解析
			二年级第一单元《磁铁》教材解析
	体育	小学体育教师规范教学设计提升看课评课能力课程	规范教学设计 优化教学行为
			如何有效看评一堂体育课
	音乐	音乐课堂教学之"器乐进课堂"的指导与实践	竖笛教学的方法与策略
			竖笛教学与歌唱教学相融合
	美术	研读教材 用好资源	解析教材 读出要点
			把握教材 适时示范
	信息	关注教材核心要素，提高课堂有效教学（一）	三年级《网络基础》单元教学指导
			六年级《人工智能初步》单元教学指导
	特教	培智学校生活数学中数的认识和计算教学策略	培智学校生活数学《数的认识》——感知数与数量
			培智学校生活数学《加法计算》——理解加法的意义
	幼教	幼儿教师观察记录能力提升课程	幼儿教师观察记录的现状分析
			提升幼儿教师观察记录能力的策略
		幼儿绘本阅读活动之《谁吃了我的粥》	绘本《谁吃了我的粥》内容解析
			绘本《谁吃了我的粥》阅读活动指导建议
教育管理		共克时艰 我们在一起	疫情面前温暖地做好家校沟通
			疫情面前科学地做好家校沟通
		当好幼儿、家长的贴心人	卫生保健，我们这么做
			隔空指导互携手 提升陪伴高质量

续表

课程类别	课程主题	子课题
教育科研	教育科研工作应知应会课程（一）	一线教师教育科研工作的价值
		开展微课题研究的基本路径及策略
		教育研究的概念
		教育研究的要素
学科融合	线上学习指导中的信息化技能培训（一）	线上课程班级化管理的基本应用
		线上课程班级化管理的案例评析
	线上学习指导中的信息化技能培训（二）	苏州线上教育——姑苏分中心平台布置作业和批改作业使用方法
		苏州线上教育——姑苏分中心平台上传校级、区级微课视频和专题的操作方法
	交互式网络备授课软件的使用及网络数据的收集培训	交互式网络备授课软件常用操作
		运用网络收集教育教学数据的基本操作
	微课设计制作课程	什么是微课
		怎样才是好的微课

"教师专业发展关键能力提升课程"目录（三）

课程类别	课程主题		子课题
教学研究	语文	小学语文统编教材低年段下册第二单元教材分析及教学建议	小学语文统编教材一年级下册第二单元教材分析及教学建议
			小学语文统编教材二年级下册第二单元教材分析及教学建议
	数学	深度学习背景下小学数学教师教学技能提升课程	题组练习的设计与使用
			指向素养发展的数学题及编拟策略
	英语	译林版小学《英语》低年段教材解析	一年级第二单元 This is my pencil 教材解析
			二年级第二单元 Dinner is ready! 教材解析
	科学	小学《科学》低年段下册第二单元教材分析及教学建议	一年级下册第二单元《动物》教材分析及教学建议
			二年级下册第二单元《我们自己》教材分析及教学建议
	体育	省编体育教师备课用书《科学的预设 艺术的生成》小学水平一《跑》教材分析及教学建议	水平一《跑》教材重难点分析和有效教学手段的运用
			合理开发低年级跑的辅助器材,提高体育课堂有效度

续表

课程类别		课程主题	子课题
教学研究	音乐	音乐教师基本功能力课程	音乐教师基本功解读
			音乐教师基本功在教学实践中的运用
	美术	寻找名师成长密码,助力教师专业发展	观摩名师教学领略教艺精髓
			汲取名师精华拓展教学空间
	信息技术	关注教材核心要素,提高课堂有效教学(二)	五年级《3D建模》单元教学指导
			六年级《互联网技术1》单元教学指导
	特教	培智学校低年级生活适应的教学策略	培智学校生活适应个人生活《爱惜学习用品》
			培智学校生活适应家庭生活《我不乱花钱》
	幼教	《幼儿园应知应会》再学习	《幼儿园应知应会》幼儿篇
			《幼儿园应知应会》教师篇
		幼儿教师设计和组织一日活动能力提升课程	幼儿园一日活动设计与组织的现状分析
			提升教师设计和组织一日活动能力的策略
师德师风		致敬,最美逆行者	风雪中的姑苏守护人
			向姑苏最可爱的人致敬
教育科研		教育科研工作应知应会课程(二)	教育科研课题选题的基本原则
			教育科研课题研究的一般方法
			例谈课题方案的撰写
			例谈开题报告的撰写
学科融合		线上学习指导中的信息化技能培训(三)	PC端协同办公系统常用功能操作(一)
			PC端协同办公系统常用功能操作(二)
			微课设计指南
			微课制作指南
			希沃云课堂入门功能简介
			希沃云课堂实践应用介绍
			学生社会实践写实系统——学校管理员应用管理指导
			学生社会实践写实系统——班主任应用管理指导

"教师专业发展关键能力提升课程"目录（四）

课程类别	课程主题		子课题
教学研究	语文	姑苏区学生阶段学养素质绿色达标项目五年级语文专项监测分析反馈	姑苏区学生阶段学养素质绿色达标项目五年级语文专项监测分析反馈（一）
			姑苏区学生阶段学养素质绿色达标项目五年级语文专项监测分析反馈（二）
	数学	姑苏区学生阶段学养素质绿色达标项目五年级数学专项监测分析反馈	姑苏区学生阶段学养素质绿色达标项目五年级数学专项监测分析反馈（一）
			姑苏区学生阶段学养素质绿色达标项目五年级数学专项监测分析反馈（二）
	英语	姑苏区学生阶段学养素质绿色达标项目五年级英语专项监测分析反馈	姑苏区学生阶段学养素质绿色达标项目五年级英语专项监测分析反馈（一）
			姑苏区学生阶段学养素质绿色达标项目五年级英语专项监测分析反馈（二）
	科学	姑苏区学生阶段学养素质绿色达标项目五年级科学专项监测分析反馈	姑苏区学生阶段学养素质绿色达标项目五年级科学专项监测分析反馈（一）
			姑苏区学生阶段学养素质绿色达标项目五年级科学专项监测分析反馈（二）
	体育	创设趣味化体育课堂 激发学生学习兴趣	"趣味化"体育课堂的实践策略
			让体育课更有趣味——以《立定跳远》一课为例
	音乐	合唱艺术的魅力	合唱艺术鉴赏
			感受童声合唱的魅力
	美术	小学美术教材的模块整合与单元化教学策略指导	单元教学背景下的教材分析与教学指导
			《我的书包》单元课程教学设计与指导
	信息	关注教材核心要素,提高课堂有效教学（三）	三年级《奇奕画王》单元教学指导
			六年级《互联网技术2》单元教学指导
	特教	培智学校康复训练课程中手部精细训练教学策略	培智学校康复训练课程——手部精细训练《豆你玩》
			培智学校康复训练——用"桌面游戏"提升手部精细动作
	幼教	幼儿园区域活动的开展与指导	漫谈幼儿园区域活动
			幼儿园美术区如何促进幼儿发展
		幼儿教师户外环境创设能力提升课程	幼儿园户外游戏场的发展与创设理念
			幼儿园户外环境创设的设想与实践

续表

课程类别	课程主题	子课题
综合素养	《江苏省中小学春季学期开学工作指引》	《江苏省中小学春季学期开学工作指引》之开学前准备
		《江苏省中小学春季学期开学工作指引》之开学后防控
教育科研	教育科研工作应知应会课程(三)	研究背景怎么写
		文献综述怎么写
		开题报告 VS 立项申报书、研究方案
		课题选题要素和题目确定方法
学科融合	线上学习指导中的信息化技能培训(四)	智能学业综合分析系统学业大数据平台概述
		智能学业综合分析系统条码打印机操作规范
		智能学业综合分析系统创建组卷简介
		智能学业综合分析系统发布测试、作业功能简介
		智能学业综合分析系统生成、编辑答题卡功能简介
		小雅互动学习平台相关功能介绍(一)
		小雅互动学习平台相关功能介绍(二)

"教师专业发展关键能力提升课程"目录(五)

课程类别		课程主题	子课题
教学研究	体育	关注课堂体能素质"课课练"促进学生身体素质全面发展议	小学体育课体能素质"课课练"的实施策略
			体能素质"课课练"教学设计——以篮球教学为例
	音乐	小学音乐新课程的解读与实施	小学音乐新课程的解读
			小学音乐新课程实施的困惑与策略
	美术	美术"欣赏课"教学策略指导	美术欣赏的规律与方法
			美术欣赏课教学实践指导
	信息	关注教材核心要素,提高课堂有效教学(四)	四年级《演示文稿》单元教学指导
			五年级 $Scratch\ 2$ 单元教学指导

续表

课程类别	课程主题		子课题
教学研究	特教	培智学校生活语文适应的教学策略	培智学校生活语文《我是值日生》
			培智学校生活语文《秋天》
	幼教	漫谈幼儿园益智区	创设有效的益智区(一)
			创设有效的益智区(二)
		幼儿园语言领域教育关键经验与活动指导	基于幼儿谈话经验学习与发展的活动指导——谈话活动
			基于幼儿讲述经验学习与发展的活动指导——讲述活动
师德师风	不负光阴 不负斯土		激扬梦想 不负韶华
			与爱同行 如花绽放
	争做新时代的四有好老师		潜心幼教事业,争当"四有"教师
			深入推进师德养成教育,践行新时代教师职业行为准则
教育科研	教育科研工作应知应会课程(四)		微课题研究如何做"实"
			微课题研究如何在幼儿园实施开展
学科融合	线上学习指导中的信息化技能培训(五)		综合学业分析系统软件准备及扫描程序使用
			综合学业分析系统扫描仪使用及答题卡批阅
			综合学业分析系统操作规范与常见问题
			综合学业分析系统师生在线作业应用标准流程
			网络安全法宣传(普及)
			网络安全法宣传(高级)

"教师专业发展关键能力提升课程"目录(六)

课程类别	课程主题		子课题
教学研究	语文	线上自学后语文学科相关单元"复习教学"指导建议	六年级下册语文相关单元的复习教学指导建议
			四、五年级下册语文相关单元的复习教学指导建议
	数学	线上自学后数学学科教学指导建议	线上自学后数学学科教学指导建议(一)
			线上自学后数学学科教学指导建议(二)

续表

课程类别	课程主题		子课题
教学研究	英语	线上自学后英语学科相关单元"复习教学"指导建议	线上自学后英语学科六年级1—4单元"复习教学"指导建议
			线上自学后英语学科四、五年级1—4单元"复习教学"指导建议
	科学	线上自学后科学学科相关单元"复习教学"指导建议	线上自学后科学学科六年级1—2单元"复习教学"指导建议
			线上自学后科学学科四、五年级1—2单元"复习教学"指导建议
	德育	培育小学生公共文明素养的有效方法与途径	主题班会方案的设计策略
	体育	体育游戏的创编以及在体育课中的合理运用	体育游戏的创编方法
			体育器材在体育游戏中的妙用
	音乐	让学生爱上古典音乐	古典音乐欣赏教学案例《动物狂欢节》赏析(一)
			古典音乐欣赏教学案例《动物狂欢节》赏析(二)
	美术	美术"设计课"教学策略指导	小学美术"设计·应用"课教学分析与指导
			"设计·应用"美术教学中如何培养学生的设计思维
	信息	关注教材核心要素,提高课堂有效教学(五)	三年级《网络应用2》单元教学指导与建议
			四年级《网络交流与分享》单元教学指导与建议
	特教	培智学校生活语文适应的教学策略	培智学校生活语文《秋天》
职业理解	教师的职业理想及其实现		—
教育科研	教育科研工作应知应会课程(五)		例谈教育科研课题核心概念的界定
			例谈教育科研课题研究内容的分解
			没时间开展研究怎么办?
			课题题目常见问题举隅
学科融合	线上学习指导中的信息化技能培训(六)		办公协同系统PC端教师应用培训
			办公协同系统学校管理员管理培训
			企业微信相关应用培训
			学校发展综合评价系统教师应用培训
			教育系统日常办公信息安全
			教育系统日常办公信息安全(高级)

"教师专业发展关键能力提升课程"目录（七）

课程类别	课程主题		子课题
教学研究	语文	语文学科单元整合教学例谈	六年级单元整合教学例谈
			四、五年级单元整合教学例谈
	数学	线上学习后数学学科教学整合提效建议	六年级数学学科"小初"衔接提效建议
			四、五年级数学学科教学整合提效建议
	英语	英语学科四—六年级期中后单元教学指导	六年级期中后单元教学指导
			四、五年级期中后单元教学指导
	科学	科学学科四—六年级期中后单元教学指导	六年级期中后单元教学指导
			四、五年级期中后单元教学指导建议
	德育	培育小学生公共文明素养的有效方法与途径	疫情时期晨会课的"与时俱进"和"持续引领"
	体育	复学后如何运用体育教学技巧尽快恢复学生身体体能	关注体育课教学技巧 提升教师教学基本功
			复学后尽快恢复学生身体体能的几点建议
	音乐	让孩子走进交响童话	交响童话音乐欣赏教学案例《彼得与狼》赏析（一）
			交响童话音乐欣赏教学案例《彼得与狼》赏析（二）
	美术	美术课教学方法与策略研究	美术课的有效教学方法
			美术课堂"多"与"少"的教学策略研究
	信息	抓关键点与生长点，提升学生信息素养	五年级《Scratch编程进阶教学》单元教学建议
			六年级《人工智能综合》单元教学建议
	幼教	漫谈幼儿园科学区	科学区的环境和材料
			科学区活动的特点和价值
		幼儿园语言领域教育关键经验与活动指导	听说游戏
			文学活动
	特教	学习新课标 落实新课程——培智学校《劳动技能》课程的教学策略	《劳动技能课程标准课标》
教育通识	如何撰写课题申报书		—

续表

课程类别	课程主题	子课题
教育科研	教育科研工作应知应会课程（六）	如何从"问题"到"课题"
		科研档案的建设
		"研究思路"和"研究过程"怎么写
		"预期研究成果"和"完成研究任务的可行性分析"怎么写
学科融合	线上学习指导中的信息化技能培训（七）	漫话安全——WiFi安全篇
		漫话安全——勒索病毒篇
		漫话安全——密码安全篇
		漫话安全——数据泄露篇
		漫话安全——网络安全合规篇
		漫话安全——邮件安全篇

"教师专业发展关键能力提升课程"目录（八）

学科	序号	课程目录	课程制作者	所在单位
语文	1	新课标课程性质及理念解读	张 鹰	姑苏区教师发展中心
	2	新课标课程课程目标解读	李 琴	姑苏区教师发展中心
	3	新课标课程内容解读	惠 兰	姑苏区教师发展中心
	4	新课标课程实施解读（一）	梅佳祺	苏州市平江实验学校
	5	新课标课程实施解读（二）	曹 磊	苏州市金阊实验小学
	6	新课标课程学业质量解读	宋婷婷	苏州市沧浪实验小学
数学	1	新课标课程课程目标解读	蔡宏圣	姑苏区教师发展中心
	2	新课标课程内容解读	陆 椿	苏州市彩香实验小学校
	3	新课标课程实施解读（一）	葛庆华	苏州市平江实验学校
	4	新课标课程实施解读（二）	洑林佳	苏州市东中市实验小学校
	5	新课标课程实施解读（三）	李 佳	苏州市沧浪实验小学校
	6	新课标课程学业质量解读	徐晓雯	苏州市阳光城实验小学校
英语	1	新课标课程性质及理念解读	蒋 萍	姑苏区教师发展中心
	2	新课标课程课程目标解读	赵瑗婷	苏州市东中市实验小学校
	3	新课标课程内容解读	顾丽艳	苏州市彩香实验小学校
	4	新课标课程实施解读（一）	叶 菲	苏州市金阊实验小学校
	5	新课标课程实施解读（二）	鲍宇睿	苏州市南环实验小学校
	6	新课标课程学业质量解读	孙 聪	苏州市平直实验小学校

续表

学科	序号	课程目录	课程制作者	所在单位
科学	1	新课标课程性质及理念解读	沈晓茜	苏州市勤惜实验小学校
	2	新课标课程课程目标解读	周 瑾	苏州市沧浪新城第一实验小学校
	3	新课标课程内容解读	徐 旦	苏州市金阊外国语实验学校
	4	新课标课程实施解读(一)	莫 彪	苏州市金筑实验小学校
	5	新课标课程实施解读(二)	陈 澄	苏州市彩香实验小学校
	6	新课标课程学业质量解读	吴涧石	姑苏区教师发展中心
劳动	1	新课标课程性质及理念解读	唐 雯	苏州市劳动路实验小学校
	2	新课标课程课程目标解读	陆 贤	苏州市善耕实验小学校
	3	新课标课程内容解读	方 磊	苏州市金筑实验小学校
	4	新课标课程实施解读(一)	欧阳莉妮	苏州市大儒实验小学校
	5	新课标课程实施解读(二)	郑 蓓	苏州市平江实验学校
	6	新课标课程学业质量解读	李春兰	苏州市阳光城实验小学校
音乐	1	新课标课程性质及理念解读	陆志向	姑苏区教师发展中心
	2	新课标课程课程目标解读	陈卫萍	苏州市金阊外国语学校
	3	新课标课程内容解读	孟 宇	苏州市平江实验学校分校
	4	新课标课程实施解读(一)	曹 燕	苏州市金阊外国语学校
	5	新课标课程实施解读(二)	陆 晶	苏州市金阊实验小学
	6	新课标课程学业质量解读	王志娴	苏州市沧浪新城第二实验小学
美术	1	新课标课程性质及理念解读	钱品花	姑苏区教师发展中心
	2	新课标课程课程目标解读	侯 亮	金阊新城实验小学
	3	新课标课程内容解读	明 洁	金阊实验小学
	4	新课标课程实施解读(一)	刘 凌	金筑实验小学
	5	新课标课程实施解读(二)	吴梦蝶	金阊实验小学
	6	新课标课程学业质量解读	乐兆萍	新康实验小学
信息科技	1	新课标课程性质及理念解读	孙晓莉	苏州市三元第三小学校
	2	新课标课程课程目标解读	朱 益	苏州市金阊外国语学校
	3	新课标课程内容解读	凌秋虹	姑苏区教师发展中心
	4	新课标课程实施解读(一)	许 凯	苏州市山塘中心小学校
	5	新课标课程实施解读(二)	赵 娴	苏州市敬文实验小学校
	6	新课标课程学业质量解读	邹 泓	姑苏区教师发展中心

续表

学科	序号	课程目录	课程制作者	所在单位
体育	1	新课标课程性质及理念解读	郭海刚	姑苏区教师发展中心
	2	新课标课程课程目标解读	陈 凯	苏州市湄长小学校
	3	新课标课程内容解读	于 鹏	苏州市平直实验小学校
	4	新课标课程实施解读（一）	姚志青	苏州市平江实验学校分校
	5	新课标课程实施解读（二）	吴 尧	苏州市新康实验小学校
	6	新课标课程学业质量解读	魏 琼	姑苏区教师发展中心
心理	1	可视化教学，一图胜千言	姚沁来	苏州市善耕实验小学校
	2	时间"巧"管理，助力"心"学习	朱晓君	苏州市沧浪实验小学校
	3	传递高期待，进步更主动	薛亦冰	苏州市金阊实验小学校
	4	等一颗棉花糖，获一份自控力	余华冉	苏州市平江实验学校
学前	1	幼儿园课程建设与实践的思考	张 青	姑苏区教师发展中心
	2	聚焦主题审议 推进课程实施	陈 颖	姑苏区教师发展中心
	3	理解儿童本质 回归育人初心——谈"行动计划"背后的思考	陆 蓉	苏州市姑苏区胥台实验幼儿园
	4	幼儿园主题审议的路径思考与探究	王佳雯	苏州市姑苏区大儒实验幼儿园
	5	主题活动背景下场室游戏的资源开发与活动组织	徐翠凤	苏州市姑苏区南环实验幼儿园
	6	以主题审议为例探索课程有效性实施的途径	陈丽芳	苏州市姑苏区沧浪实验幼儿园
新教师培训	1	做一个快乐的教师	曹 妍	苏州市盘溪中心小学校
	2	做一个有章法的教师	马红霞	苏州市沧浪实验小学校
	3	做一个守规矩的教师	范 蓉	苏州市姑苏区教师发展中心
	4	争做有理想的新时代教师	张霞琴	苏州市姑苏区教师发展中心
	5	争做有本领的新时代教师	朱 丹	苏州市姑苏区三香中心幼儿园
	6	争做有担当的新时代教师	钱贞妮	苏州市姑苏区金塘幼儿园

第三节 "苏式"教育的姑苏表达

2010年年初,"苏派"教学研究由《江苏教育》杂志社编辑部提出后不久,在全省基础教育教学工作会议上,江苏省教育厅厅长沈健就给了充分肯定,他指出:"应认真总结改革开放以来特别是近年来全省教学改革的思想和经验,结合江苏新课程体系建设,形成'苏派'教学主张,引领教学改革和文化创新。集中专业力量支持和鼓励一批学校和教师进行教学革新和实验,努力践行'苏派'教学思想,形成'苏派'教学风格,构建'苏派'教学模式。"同年,成尚荣先生在《江苏教育》第14期发表了《苏派与苏派研究》一文,对"苏派"与"苏派研究"作了深入阐述。

"苏派"与"苏派研究"在我省教育界如火如荼地开展了起来,引领着江苏教育的行走与发展,在全国产生了深远影响。

苏州教育文脉悠久,底蕴深厚,吴派风格在"苏派"教学中独树一帜,且名家辈出。在"苏派"教学研究的推动下,苏州市教育局也提出了将"苏式"教育品牌培育作为促进苏州教育改革与发展的新理念,作为实现"学有优教"教育内涵发展的重要指针。这既是苏州市教育局带领全市中小学教师打造"苏式"教学与"苏式"课堂的重大举措,也是着力培育"苏式"教育品牌浓墨重彩的一笔。

北宋时就有著名的思想家、政治家、文学家范仲淹,他倡导的"先忧后乐"思想和仁人志士节操,对后代世人影响深远;清乾隆盛世时曾有中国科举史上唯一夺得六个第一的状元钱棨,乾隆皇帝曾为之亲笔挥毫作《三元诗》;近代又有著名教育家、新中国第一任教育部副部长叶圣陶、著名历史学家顾颉刚、美术教育家颜文樑……这些文人雅士、教育名家给我们今天"苏式"教育品牌的培育留下了宝贵的精神财富。尤为让我区广大教师敬畏的是叶圣陶先生的教育思想和他对我国教育事业发展的不朽贡献。正如苏州市教育局前局长、现江苏省教育厅副厅长顾月华在《以立德树人为导向培育"苏式"教育品牌》一文中所指出的："叶圣陶先生是从苏州小学讲台走出去的伟大教育家，是中国现代教育文化领域的一代宗师，理应是苏州市广大教育工作者的精神导师和行为楷模。"姑苏古城三区合并以来，经济社会快速发展，教育优势重组互补。区域教育事业发展面临三大需求：

在区域层面，三区合并，作为具有深厚文化底蕴的核心城区，姑苏区如何坚持"教育优先发展"的战略不动摇，全区教育事业如何在现代化道路上持续发展，需要切实可行的推进抓手和实施规划。

在学校层面，姑苏区现有61所公办中小学校，其中百年老校就达20所，还有若干新建学校以及扩并学校。这三类形态的学校是姑苏区所特有的，也是区域培育"苏式"学校的基础形态。在全部成为苏州市现代化学校后，这些学校该如何实现内涵发展和特色发展，需要发展路径和标杆的示范。

在教师层面，学校发展关键在于教师的发展。全区教师如何加快职业成长，需要精神内核引领和科学教育思想的滋养。

"苏派"研究的引领，"苏式"教育品牌的内涵发展需要，叶老思想的感召，姑苏教育发展的需求，使得"建设一批具有吴地风格特色的优质学校"成为姑苏教育的美好愿景与理想追寻。为此，姑苏区确立了"立根'苏式文化'，培育'苏式学校'"的区域教育内涵发展战略。统筹谋划构建"苏式学校"发展路径，通过行政推动、区域联动、建章立制、政策支持、经费扶持等举措，使学校工作不仅有蓝图，还有路线图，不仅有鲜明导向，还有务实举措，促进学校自身提档发展，切实把姑苏文化软实力，转变成姑苏教育的核心竞争力。

一、以文化为魂，确立"苏式"学校培育的战略制高点

建章立制、行政推动、区域联动，"苏式"学校的培育拥有前瞻的视域与高远的定位。

1. 成立"姑苏区苏式学校研究中心"

姑苏区率先成立"姑苏区苏式学校研究中心"，颁布《姑苏区"苏式学校"建设行动方案》，制定《姑苏区教育资源布局规划方案》，致力于谋划构建"苏式"学校发展路径："苏式"校园的营造、"苏式"课堂的创生、"苏式"教师的涵育、"苏式"学子的培育。学校工作不仅有蓝图，还有路线图；不仅有鲜明的导向，还有具体落实的举措，这些都为我区培育"苏式"学校创造了良好的发展机遇，提供了优越的发展条件。

2. 组建"百年老校发展促进会"

开展溯源寻根活动，在对文化的回眸中寻找生长的力量。弘扬百年老校的教育精神和文化个性，不断把学校文化建设引向深入，增强学校文化传承与创新的使命感和责任感，努力实现文化育人、文化立校的目标，提升学校品牌的影响力和辐射力，在"苏式"学校构建中发挥引领作用。

3. 申报江苏省教育科学规划课题

姑苏区申报的课题"基于叶圣陶教育思想的区域打造'苏式学校'的实践研究""区域推进'百年老校'文化创生的实践研究"先后成功立项为江苏省教育科学"十二五""十四五"规划重点课题。区域整体推动的决心与勇气、区域整体实践的锐气与朝气，具化了区域培育"苏式"学校的路径。

二、以文化为根，找准"苏式"学校内涵发展的发力点

环境建设、教材创编、课程创生，"苏式"学校的培育拥有有力的突破与扎实的着力。

1. 将传统文化渗入环境

姑苏区以传统文化为背景，扎根地域特色，积极打造雅致的"苏式"校园。对于百年老校，注重保护性修缮，使文脉得以延续，使传统得以弘扬，呈现其儒雅之风；对于新建学校，将吴地文化前瞻性地融于学校的建设规划、环境布置、办学理念中，彰显其博雅之趣；对于扩并学校，通过营造文化、移植文化、挖掘文化、整合文化来形成更有生命力的文化特色，凸显其和雅之谐。

2. 将传统文化编进教材

姑苏区尤为注重通过姑苏文化的解读与实践，开发地方特色教材。目前，全区各校共开发编写相关校本教材129本（套），内容涉及美文经典、国学大家、文化遗址、园林景区、民俗节日、风土人情、饮食习惯、经济发展、古城保护等方面。区文教委统筹编写的"两个经典"姑苏校园文化读本系列丛书——《姑苏经典文化名胜读本》（简称《名胜读本》）及《姑苏经典古诗美文读本》（简称《美文读本》）也即将刊印出版。读本每套6册，《名胜读本》以苏州古城、苏州街巷、苏州园林、苏州名胜古迹、苏州博物馆、苏州名人故居为内容；《美文读本》则包括吴语吴歌、童谣诗词、成语典故、昆曲评

弹、现代美文、口述非遗等。丰富多彩、洋溢传统、镌刻文化的教学配套材料成就了姑苏学生眷恋的精神家园。

3. 将传统文化融入课程

姑苏区将文化传承融入各校课程建设，大儒实验小学的"新论语""昆缘"，平直实验小学的绢宫扇、虎头鞋，学士中心小学的"吴门艺韵"等校本特色课程的创生，打通了课堂教学中传承和创新吴文化的主渠道。同时，各校将文化研学路线的开发和实施作为"苏式"学校特色课程打造的重要载体。姑苏的自然景观、文物古迹、历史变迁、民间艺术、民俗风情、名人轶事、语言文化等成为文化研学路线的主题，姑苏学生从文化遗迹中感悟历史的发展变迁，从经典国学中寻绎古人的思想争鸣，以史鉴今、以文化人。

三、以文化为源，发掘"苏式"学校教育资源的增长点

礼仪教育、民俗文化、社团活动，"苏式"学校的培育拥有"活的灵魂""对的方向"。

1. 在仪式教育中促进成长

"三礼"，即一年级入学礼、三年级成长礼、六年级毕业礼，这些极具仪式感的文化典礼是姑苏区校园文化活动的一大亮点。各校量身定制各具特色、富有教意的"三礼"活动。例如，结合每一年的"姑苏孔子文化节"举办的"一年级入学礼之开笔礼"，通过拜孔子、正衣冠、朱砂启智、击鼓鸣志等仪式，激励姑苏学生立志成长、砥砺奋进。

2. 在民俗节庆中浸润思想

由元宵灯会、轧神仙庙会、端午民俗文化节组成的"姑苏三宝"，是苏州传统节日和民俗深厚文化内涵的活态传承的综合体。姑苏区各校结合"姑苏三宝"开展元宵灯谜会、画信庙会、端午书会等活动，邀请民俗专家、工艺大师进校传授扎彩灯、包粽子、做香囊等民俗工艺，让学生们感受传统之美，沐浴文化之光，践行美德之礼。

3. 在社团活动中汲取精髓

姑苏区紧紧围绕传统戏曲表演、民间手工艺传习、传统历史教育、民俗民风、古城文化等开展系列主题活动。各校积极拓展传统文化教育的渠道，结合昆曲、评弹、木刻、刺绣、书画、篆刻等，打造出一批有"苏味"、叫得响的传统文化社团，使之成为"苏式"学校素质教育的一道独特风景线。

四、以文化为媒,探索"苏式"学校持续发展的创新点

创新,创新,再创新,"苏式"学校的培育拥有不竭的动力与蓬勃的生机。

1. 推进集团化办学,助推区域教育优质均衡发展

姑苏区先后组建了十个教育集团,积极探索"名校+新校""名校+地域相近校""名校+普通校""名校+民校"等和而不同的办学新模式,坚持集团内各成员学校融合发展的原则,推动集团集中精力专注文化融合、教师交流、课程共享、教研同步、活动共建等"软件"质量升级,建设"1+1>2"一体共赢的学校发展共同体,使更多老百姓家门口的好学校惠及千家万户。

2. 推进教育大数据项目,助力教育教学质量稳步提高

姑苏教育与华中师范大学教育大数据应用技术国家工程研究中心合作,开展"姑苏区教育大数据项目",开展基于教育大数据的区域学业质量监测、诊断与提升,实施基于教育大数据的学生综合素养评估。"国家教育大数据应用示范区"的创建更为姑苏教育改革注入强劲动力,大数据将成为姑苏教育内涵发展的重要智力支撑。

3. 做亮教育信息化工程,助推教育创新发展进入新时代

姑苏区始终坚持"应用是最好的建设"这一教育信息化发展理念,以一个基础数据为中心,构建"姑苏教育云"服务体系,对区域办公管理、教育教学、人事管理、教师研训、学生空间等实施全人员、全业务、全过程、全生命周期的信息化管理,全面支撑起区域智慧教育应用。区域"创客空间"的建设,"创客嘉年华"活动的层层推进,让姑苏学生智慧迸发、勇于实践、敢于创新。智慧教育的有效推进与实施,AR/VR、人工智能与课堂教学的互通互融,让姑苏教师一直站在前进的浪尖上,成就姑苏教育创新发展的原动力。

4. 实施"校外教育便利圈"建设,打造青少年成长新家园

姑苏区着力建设"校外教育便利圈",各校崭新拓展成为"家门口的少年宫",校外教育实体运作加上"N拓展点"运行模式良性运转,推出优质拓展课程,打造优质的15分钟校外教育便利圈,助力形成全区"好、精、活"的素质教育局面。"苏式"学校洋溢学生欢声笑语,成就学生全面发展。让学校不仅能成为孩子们童年最喜欢的地方,更能成为孩子们长大以后最值得回忆

的地方,是姑苏教育人的责任担当与郑重承诺。

怀古思今,在姑苏教育人的理解中,当代"苏式"学校应具有四方面特点:一是环境育人、晨读朗朗、书香飘溢;二是文化熏陶、历久弥新、舒适清新;三是以德兴学、明师育德、德才兼备;四是海纳百川、开放包容、永立潮头。"苏式"学校不仅要通过环境来激发学生的潜能,启迪学生用内心来感悟自然,感悟人生,更要培养学生们愉悦的自由思维,让学生们在经历一番冥思苦想的"愤""悱"之余,豁然开朗,到达一种"万古长空,一朝风月"的顿悟境界。

营造充满姑苏文化气息的"苏式"校园是培育"苏式"学校的必备条件,创生传承和发展地域文脉的"苏式"课堂是培育"苏式"学校的品牌基础,锻造具有吴地风格特色的"苏式"教师是培育"苏式"学校的关键举措,培养富有姑苏文化气质的"苏式"学子是培育"苏式"学校的根本目的。通过几年来的实践,"苏式"学校建设的姑苏个性化表达框架已初步形成,表达内涵不断得到丰富、完善。

"苏式"校园、"苏式"课堂、"苏式"教师、"苏式"学子,这一切的美好成就了一所所姑苏的"苏式"学校。它们以立德树人为根本,以改革创新为动力,以教育现代化建设为目标,以姑苏教育人的智慧和汗水为坚持,在传统文化与现代文明中交相辉映,在中国情怀与国际视野中水乳交融,在城市特色与学校个性中相得益彰,走出了一条多样态的优质发展之路、高水平的均衡发展之路、特色化的内涵发展之路。

"苏式"文化涵育下的"苏式"学校建设,给姑苏教育人以无限思考的时空、无比宽广的舞台和无限创造的空间。我们将坚定方向、一如既往,立根"苏式"文化,培育"苏式"学校。

 典型案例一

承办 2015 年"苏式课堂与儿童成长"苏派教学专题论坛

2015 年 1 月 13 日上午,江苏省内近 200 位教育专家、老师齐聚散发着浓郁"苏式"韵味的山塘中心小学,参加 2015 年"苏式课堂与儿童成长"苏派教学专题论坛。

活动背景:

本次活动旨在进一步展示"苏式"课堂教学,加强区域间互动交流,有

第二章 探，涵育的路

效指导青年教师专业成长。活动由《江苏教育》编辑部主办，苏州市姑苏区教育和体育局承办。莅临论坛现场的主要专家和领导有全国著名教育专家、国家督学、原江苏省教科所所长成尚荣先生，《江苏教育》编辑部主编张俊平先生，苏州市教育局副局长李婧娟女士，姑苏区教育和体育局局长陆丽瑾女士，姑苏区教育和体育局副局长王依女士。活动由姑苏区教育和体育局朱敏副局长主持。

活动掠影：

开幕式上，陆丽瑾局长作了热情洋溢的欢迎致辞。陆局长从打造"苏式"校园构筑精神家园、聚焦"苏式"课堂创造适性教育、塑造"苏式"教师树立师表典范、培育"苏式"学子相传文化薪火四个方面，向与会专家、代表描绘了姑苏区教育和体育局推进"苏式"学校建设的工作蓝图，呈现了姑苏教育人切实把姑苏文化软实力转变成姑苏教育核心竞争力的务实举措。苏州市教育局李婧娟副局长和《江苏教育》编辑部张俊平主编在随后的讲话中，对我区在"苏式"学校创建工作中取得的成绩都给予了充分肯定，提出了殷切的期望。

简短的开幕式过后，姑苏区的三位江苏省特级教师——金阊实验小学杨建英校长、沧浪实验小学叶莲芳副校长、敬文实验小学张苾菁校长作了主题发言，分别基于语文、英语、数学学科的视角，发出了"苏式"课堂教学主张姑苏表达的声音。成尚荣先生围绕着"苏式课堂与儿童成长"的主题，对三位特级教师的发言作了细致点评，并作了精彩的专题报告。成所在报告中为我区深入推进"苏式"学校建设指明了方向：依托叶圣陶教育思想体系，在"立德树人核心价值观""核心素养""发现式学习方法""创造性使用教材""建立新型师生关系"等方面开展深入的、系统的研究，梳理出具有姑苏特色的个性化表达。

专题研讨结束后，与会专家和代表分别来到金阊实验小学、敬文实验小学、沧浪实验小学，参加了语文、数学、英语三个学科的教学展示活动。在我区三位青年教师陈晓军、李洁和张玲课堂教学展示后，陆华山、强震球、宫文胜三位省内青年名教师进行了精彩的"同题异构"教学展示。北京市第二实验小学副校长、全国著名数学特级教师华应龙，南京市北京东路小学语文特级教师林曹春，北京市海淀外国语学校英语教学主任、国内知名青年教师主维山三位教育名家的示范教学和专题讲座，更是为活动增添了亮丽的色彩。

通过本次专题论坛的成功举办，姑苏教育将在专家、领导的指引和帮助下，更坚定地扎根文化，体现苏味，构建"苏式"好学校，重绘姑苏繁华图——引领每一所学校都在对文化传统的回首中寻找思想的力量，在时代文明建构的坐标中明晰发展的定位，在扑面而来的古韵今风中面向未来、走向世界！

典型案例二

举办基于叶圣陶教育思想的"苏式学校"建设
——姑苏区校长微论坛系列活动

为引领区域各校更好探索教育规律，增强办学活力，提高办学水平和教育质量，进一步促进义务教育内涵发展、特色发展和创新发展，构建"苏式"好学校，重绘姑苏繁华图，根据《姑苏区"苏式学校"建设行动方案》，"基于叶圣陶教育思想的'苏式学校'建设"——姑苏区校长微论坛系列活动2015年3月至5月在姑苏举行。

活动背景：

本次系列活动共分四期，旨在通过系列活动，深入推动区域对叶圣陶教育思想的学习与研究，并以此为思想与精神源泉、实践与行动力量，为姑苏"苏式学校"建设注入不竭动力。同时，以论坛为契机，为区域校长搭建交流办学思想、探讨实践研究、展示能力和才华的平台，并以此引发对学校管理、文化建设、人才培养等方面的深层次思考，提速校长队伍建设。

活动掠影：

第一期活动

3月18日下午，在传承百年文脉的平江实验学校，围绕"基于叶圣陶教育思想的'苏式学校'建设"这一主题，姑苏区第一期校长微论坛隆重举行。苏州市教育局局长顾月华，苏州大学文学院教授陈国安，苏州市教育科学研究院书记、副院长朱文学，苏州市苏苑实验小学校长高本大，苏州市实验小学教育集团总校长林红以及姑苏区教育和体育局班子领导、局各处室、直属单位的负责人和正校级干部，各小学的正、副校长和正校级领导，区教育学会的相关老师参加了本次微论坛。本次微论坛由姑苏区教育和体育局王依副局长和苏州大学文学院陈国安教授主持。

微论坛在姑苏区教育学会秘书长、姑苏区"苏式"学校研究中心惠兰主任介绍活动会标丰富的内涵、无限的创意中拉开了序幕。第一期微论坛的11位校长围绕"'苏式校园'文化特质的研究"这一中心论题,分"面临文化断裂的危机,校园文化建设如何体现姑苏校园的文化特质?""校园文化建设中,对原有文化如何梳理、传承并创新,从而体现办学者对教育独特的理解?""校园文化建设如何构筑孩子童年的精神家园?"三个话题展开了精彩的论述。苏州市教育科学研究院朱文学书记、苏州市苏苑实验小学高本大校长、苏州市实验小学林红校长分别对三组校长的论述给予了高屋建瓴的点评。

活动中,苏州市教育局顾月华局长为姑苏区教育和体育局能基于叶圣陶教育思想来建设"苏式学校"这样的独特站位点赞,为第一期论述校长的教育使命感点赞。顾局长还建议校长们,要站在课程领导力的前提下,站在培养什么样的人、怎样培养人的核心命题下讨论校园文化建设。姑苏区的校长们更要思考小学阶段人的培养有哪些特质,每一所学校学生核心素养、核心能力培养的不同就是这所学校的文化特质。顾局长还衷心祝愿姑苏区的每一位校长,发展好每一所学校,成长好每一位教师,教好每一个学生。

第二期活动

4月13日下午,"基于叶圣陶教育思想的'苏式学校'建设"——姑苏区第二期校长微论坛在沧浪实验小学如期举行。苏州市教育局副局长周春良、苏州大学文学院教授陈国安、苏州市立达中学校长费建华、教授级中学高级教师杨斌以及姑苏区教育和体育局班子领导、局各处室、直属单位的负责人,各小学校长、教导主任和骨干教师,区教育学会的相关老师参加了本次微论坛。本次微论坛由姑苏区教育和体育局人事科沈勤处长和苏州大学文学院陈国安教授主持。

本期微论坛的11位校长围绕"'苏式教师'德品学养的研究"这一中心论题,分别从"'像叶圣陶那样做老师',苏式教师的德品学养有哪些主要表征和具体呈现?""学校如何引领教师'以教育成就自己',用'教育为人生'的境界规划职业发展?"两个话题展开了精彩的论述。教授级中学高级教师杨斌和苏州市立达中学校长费建华分别对两组校长的论述给予了精到的点评。

活动尾声,苏州市教育局周春良副局长为本次微论坛作总结讲话。周副局长从校长们的论述中看到了姑苏区的校长们办学的志向与智慧,看到学校逐步形成了自己的办学特色，并追求着教育家办学的境界。周副局长还用了两个故事生动且有深意地告诉校长们，要让每一个老师成为最好的自己。周副局长还认为，所有的教育都是培养人的工作，所有的教育都是为人生，所有的教育都是为了让人更加完善。任何一所学校都不要因为生源的差异而有使命和价值的不同，并建议校长们要讲自己相信的话，讲自己思考过的话。

第三期活动

4月27日下午，在金阊实验小学报告厅内，"基于叶圣陶教育思想的'苏式学校'建设"——姑苏区第三期校长微论坛如约而至。苏州市教育局副局长华意刚、苏州大学文学院教授陈国安、常熟市教研室副主任徐建文以及姑苏区教育和体育局班子领导、局各处室、直属单位的负责人，各小学校长、教导主任和教师发展中心全体成员参加了本次微论坛。本次微论坛由姑苏区教师发展中心惠兰主任和苏州大学文学院陈国安教授主持。

本期微论坛的中心论题是"'苏式课堂'主张表达的研究"。因而，本期微论坛首先带领大家走进了姑苏区骨干教师的课堂，分别是由平江实验学校的葛庆华老师执教三年级数学《间隔排列》和由金阊实验小学的吴妍彬老师执教五年级语文《埃及的金字塔》。

课堂展示之后，本期微论坛10位校长围绕中心论题，分数学和语文两个学科组别展开了精彩的评课与论述。常熟市教研室副主任徐建文和苏州大学文学院陈国安教授在点评中均认为校长们的评述走进了学科的深处，体现了学科的专业性，他们的点评可谓是高屋建瓴。

活动最后，苏州市教育局华意刚副局长为本次微论坛作总结讲话。华副局长认为姑苏区"基于叶圣陶教育思想的'苏式学校'建设"这一主题很有意义，并从"教与学""知识与能力""教书与育人""单一学科与班级主学科"这些关系和角度告诉大家，当下不同学科课堂教学追求的最重要的共同之处就是"教得有效"。华副局长还跟大家分享：小孩子的成长依靠两根拐棍——老师和书本，但希望小孩子的成长最后能扔掉老师和书本，能以"天下为师"。华副局长同时认为，这也是我们"苏式"教育要追求的境界。

第四期活动

5月15日下午，在平直实验小学报告厅内，"基于叶圣陶教育思想的'苏式学校'建设"——姑苏区第四期校长微论坛精彩呈现。苏州市教育局副局长李婧娟、苏州市第一中学校长周祖华、吴中区中小学综合实践学校校长

第二章 探，涵育的路

张洪鸣以及姑苏区教育和体育局班子领导、局各处室、直属单位的负责人、各小学校长、少先队辅导员、班主任代表和家长代表们参加了本次微论坛。本次微论坛由姑苏区教育和体育局教育处唐丽艳处长和苏州大学文学院陈国安教授主持。

本期微论坛的中心论题是"'苏式学子'气质个性的研究"，12位校长从"我们培育的'苏式学子'将具有怎样与众不同的气质个性？""学校怎样依托地域文化，创设特色活动，让吴文化润泽姑苏学子之心田？""学校如何基于学生需求，研发校本课程，滋养姑苏学子气质个性的形成？"这三个话题进行论述，时而是深刻的见解，时而是轻松的调侃，时而是活泼的互动……"苏式学子"的形象深入人心，各校的"独门功夫"发挥尽致，与家长的即兴互动表演更把会场气氛推向高潮。周祖华校长、张洪鸣校长和陈国安教授分别对三组校长的论述作出了恰中肯綮的点评并给予了较高的赞誉。

论坛最后，苏州市教育局李婧娟副局长作了热情洋溢又高屋建瓴的讲话。她说，所有的教育都是资源支撑的。苏州的地域文化，一方水土养一方人；苏州的历史文化，贤德礼让，包容共生。当下经济社会的快速发展，开放创新的城市精神是教育的外部环境。而教育的内部环境是指向学生的内在需求，基于学校的资源、基础、特色，来使学生成为他自己。所以思考这所学校"苏式学子"的气质个性，反映了这所学校的教育目标和价值追求。"苏式学子"需要有哪些方面的特质，在哪些方面要有特质？李局长认为本次微论坛的意义不在于形成一个定论，而在于引发思考、探索、交流。

叶圣陶先生说：受教育的人的确跟种子一样，全都是有生命的，能自己发育自己成长的；给他们充分的合适的条件，他们就能成为有用之才。教育就是遵循自然规律，让"瓶子"回归"种子"，并且滋养其生长，直至焕发属于他自己的"荣光"。

在吴文化的薪火相传和不断创新的过程中，在叶圣陶教育思想的观照下，遵循我区教育事业发展的自身规律和风格特色设计的四期微论坛成功举办、圆满落幕。

四期校长微论坛，体现了校长们对教育的本真理解，呈现了校长们对吴文化的本我解读，展现了校长们对办学理念的本土实践。大家正为构建"'苏式'好学校，再绘姑苏繁华图"努力着。

典型案例三

承办2017年江苏省"教海领航"小学教学研讨暨姑苏区"苏式课堂：质量提升的方法与路径"论坛活动

2017年5月19日，2017年江苏省"教海领航"小学教学研讨暨姑苏区"苏式课堂：质量提升的方法与路径"论坛活动在流淌着潺潺吴韵的带城实验小学和平江实验学校拉开了帷幕。

活动背景：

本次活动由《江苏教育》编辑部主办、姑苏区文化教育委员会承办、姑苏区教师发展中心、带城实验小学、平江实验学校协办，姑苏区迎来了300多名省内外老师，共话教育的诗和远方。

活动掠影：

上午的活动分语文、数学、英语和品德四个分会场进行课堂教学展示。姑苏区青年教师方蕾、施惠芳、赵瑗婷、尤志华，姑苏区特级教师杨建英、张苾菁、叶莲芳、潘娜与国内知名特级教师倪鸣、庄惠芬、钱希洁、王彤同台荟萃，共研课堂艺术。

姑苏区校长、名师杜坚民、姚敏、李琴、沈俐分别从教学管理、教师发展、课堂教学、教学评价的角度，发表了精彩的主题演讲，一个个生动的案例、一组组庞大的数据，淋漓尽致地表达了教学质量提升的姑苏智慧。

《江苏教育》张俊平主编与姑苏区六位特级教师的主题沙龙可谓精彩不断。张主编围绕"苏式课堂：质量提升的方法与路径"这一主题，紧扣"课堂"和"教"两个核心词，向六位特级教师抛出了一个个话题。潘娜、杨建英、张苾菁、惠兰、叶莲芳和朱晓芳六位特级教师自由探讨，简洁的话语细腻中渗着厚重，睿智中透着深邃。教学质量提升的方法在姑苏教育人的心中，教学质量提升的路径在姑苏教育人的脚下。

应邀而来的国内知名特级教师倪鸣、庄惠芬、钱希洁和王彤四位专家就课堂教学、主题演讲及主题沙龙进行了主题点评。专家们惊喜于姑苏学子的灵动和聪颖，感动于姑苏教育的精致和从容，她们觉得"那就是教育应有的样子"。

《江苏教育》副主编、苏派教育研究中心蒋保华主任认为：姑苏教育在探寻"苏式课堂：质量提升的方法与路径"的道路上引领着大家"重估价值、重新定义、重新出发"。

论坛最后，姑苏区、保护区文化教育委员会郑云主任作了总结讲话。他表示，姑苏教育人通过精细管理、课堂教学、教师发展、评价改革等途径努力探寻着"全面科学提升教育教学质量"之路。此次活动给予了姑苏教育高规格的交流平台，是一次深化交流、强化合作、催化变革的良机，对姑苏加快教育发展、提高教学质量、提升发展内涵有着巨大的推动作用。

典型案例四

承办2018年度江苏省中小学"师陶杯"
教科研论文颁奖暨综合学术活动

2018年11月1日，2018年度江苏省中小学"师陶杯"教科研论文颁奖暨综合学术活动在苏州拉开了帷幕。

活动背景：

本次活动由江苏省教育科学研究院主办，来自全省近500名中小学教师代表参加了此次盛会。本次"师陶杯"教科研论文评选共收到来自全省1 228学术论文参赛，最后共评出特等奖30篇、一等奖337篇、二等奖861篇。这一篇篇科研论文，记录着江苏教育人实践的脚印，凝聚着江苏教育人学术的成果。

活动掠影：

开幕式由江苏省教科院基础教育研究所所长倪娟主持。姑苏区人民政府副区长、保护区管委会副主任、文教委主任单杰向全体代表致欢迎词。苏州市教育科学研究院党总支书记、院长丁杰，江苏省教育科学研究院副院长王国强分别发表了讲话。

学术论坛上，姑苏区文化教育委员会副主任、党组成员，教育党工委委员、办公室主任谢芳作了主题为"立根'苏式文化'培育'苏式学校'"的学术报告。谢主任的报告阐述了"立根'苏式文化'，培育'苏式学校'"教育内涵发展确立的背景、实践举措和实践成果。"苏式文化"涵育下的"苏式学校"建设，给姑苏教育人以无限思考的时空、无比宽广的舞台、无量创造的空间。

姑苏区44所小学，或在舞台上演绎传统曲艺节目，或在现场展示传统手工工艺，或静态展示"苏式学校"建设校本化成果，处处绽放着姑苏学子幸福成长的甜美笑容，处处洋溢着"苏式学校"的芬芳年华。

大会盛情邀请到了上海教育学会秘书长、原上海市教委规划办主任、政策法规处处长苏忱围绕"教育科研与学校文化变革"作主题学术报告。短短一个多小时，苏处长与大家分享了"教育科研与一线教师""文化变革与学校文化建设"两个话题。高屋建瓴、深入浅出的报告，让与会老师明晰了一线教师开展教科研活动的作用与特点，明确了营造文化的作用及培养学校文化的路径。

来自全省13个大市52名代表分别就"教育科研引领学校文化创新""教育科研推动学科文化建设""教育科研激发课程文化自觉"三个主题发表自己精妙的学术观点。分论坛点评专家从更广阔的视域、更精深的理论同与会代表碰撞思维、碰撞智慧。

11月2日，2018年度江苏省中小学"师陶杯"教科研论文颁奖暨综合学术活动之"同课异构研究课展示"举行，为古城多姿的秋日增添了一道靓丽的风景和几多崭新的气象。

来自全省近500名中小学教育专家、骨干教师参加了观摩活动。小学、初中、高中，27个学科、27个课堂同时同题异构、精彩绽放。参与研究课展示的为省内知名特级教师、"师陶杯"特等奖获得者及苏州大市优秀教师。我区的9位优秀教师代表也在全省的教学高平台上优雅亮相。

特级教师先进的教学理念、获奖代表纯熟的教学技艺、我区教师"苏式"的教学风采、姑苏学子的优良素养赢得了与会代表的广泛赞誉，大家无不惊艳、沉醉在这精彩的课堂教学之中。灵动简约、底蕴厚重、质朴大气、精致典雅的"苏式课堂"，给人留下了深刻印象，令人心生赞叹！

近年来，我区聚焦"苏式课堂"的姑苏表达，致力于创造适性教育。课堂教学是课程改革的核心，"苏式课堂"敏锐而智慧地以课程改革的思想去认识与践行其应承载的内涵和承担的任务。简言之，就是"三种角度、三个本位"：从教学论的角度看，体现"学生本位"；从教育学的角度看，体现"能力本位"；从教育哲学的角度看，体现"过程本位"。"邃密以丰实累积""易简以注重感悟""'共生'以催生智慧"的"苏式课堂教学"本质上是与吴文化的传统与特征一脉相承的。根植于悠久的苏州历史文化，"着眼于学生的成长""教是为了达到不需要教""帮助学生为学"等教育本质观,致力于课程改革的研究和课堂教学风格的锻铸,我们的"苏式课堂"百花齐放、百家争鸣,积厚流光。"苏式课堂"的姑苏表达是姑苏教育人经验、智慧与行动的融聚,是属于姑苏教育人自己的语言。

"苏式校园""苏式课堂""苏式教师""苏式学子",这一切的美好成就了一所所姑苏的"苏式学校"。它们以立德树人为根本,以改革创新为动力,以教育现代化建设为目标,以姑苏教育人的智慧和汗水为坚持,在传统文化与现代文明中交相辉映,在中国情怀与国际视野中水乳交融,在城市特色与学校个性中相得益彰,走出了一条多样态的优质发展之路、高水平的均衡发展之路、特色化的内涵发展之路。

典型案例五

承办 2021"苏式教育:为高质量发展而教"江苏省区域基础教育课程教学改革展示活动

2021年11月,"苏式教育:为高质量发展而教"江苏省区域基础教育课程教学改革展示活动在苏州举行。

活动背景:

活动由江苏省教育厅主办。活动是全省全面落实立德树人根本任务,深化基础教育课程改革,切实推进中小学育人方式转变,展示区域基础教育课程教学改革经验和实践的最高平台。姑苏教育以隽永的"百年老校"文化创生、全面质量观引领的"小初"衔接实践亮相省级平台。

江苏省教育厅副厅长顾月华、苏州市人民政府副秘书长马九根、苏州市教育局副局长朱向峰、姑苏区人民政府副区长单杰等领导、专家、教师代表莅临苏州市平江教育集团平江实验学校共襄盛会。

活动掠影:

苏州市教育科学研究院院长丁杰作"为高质量发展而教的'苏式'实践"的大会主旨报告。

姑苏区教育体育和文化旅游委员会副主任谢芳作"'小初衔接'的姑苏思考与实践"的区域基础教育课程改革经验报告,全面展示姑苏区用文化凝聚合力,用机制催生动力,用合作激发活力的"小初一体化"衔接教育工作,深入审思"小初衔接"的现实困境，深层挖掘"苏式教育""以人为本"教育内涵，生动践行了区域整体教育改革使命。

近年来，姑苏教育积极投入"全面质量观引领的小初衔接"市级项目，率先从教育、教学、心理等方面进行"小初"衔接的实践尝试：通过"减陡度，缓坡度"的探索，实现人的"持续发展"；通过"因材施教"，实现"这一个"的有效实践，实现人的"适合发展"；通过创设"平滑而顺畅的进阶通道"，实现人的"自然发展"。区域自2013年起，在苏州市"小初"衔接教育试点工作领导小组的指导下，从课程教学、教师研训、评价改革、素养发展、学生成长、家校共育等方面全面推进区域"小初"衔接教育工作开展：研制方案，实现市区通联；开发资源，丰富衔接样态；创新机制，实现衔接贯通，呈现出义务教育一体化发展的姑苏新样态。

"小初"衔接的姑苏行动，是在国家政策与"苏式教育"的宏观背景下完成的一次区域整体教育改革实践。

金秋姑苏，杏叶灿烂，领导和专家代表们行走姑苏"苏式校园"，参观苏州市基础教育课程教学改革成果巡礼、"全面质量观引领的'小初实践'苏州实践"展、姑苏"百年老校"文化实境展，浸润"苏式教育"深厚底蕴，感受苏州课程改革强大脉动。

姑苏"百年老校"文化实境展打造了30个小型浸润式互动现场，展现百年老校与千年非遗的互融聚合，通过学生评弹、昆曲表演、剪纸、灯彩展示、古琴弹奏等形式，多元化综合呈现了以文化引领百年老校崛起的发展态势。百年老校齐亮相，文脉隽永共芬芳。赏最美姑苏画卷，听吴侬软语丝竹，遇非遗宝贵传承，阅古城千年繁华……姑苏城的美丽颜值，姑苏城的人文烟火，姑苏城的教育好风光，让人流连忘返。

平江教育集团金一民总校长作"自主学习者培养：'双减'背景下小初衔接的育人指向"发言后，领导和专家代表们深入姑苏"苏式课堂"及沙龙，感受苏州基础教育课程教学改革全面质量观的鲜明朝向。

聚焦"全面质量观引领的小初衔接"，20节展示课精彩纷呈，"心之导航——小初衔接"恳谈会细腻融通，充分彰显出姑苏实践的"启智""得法""塑品"追求。极具育人价值和时代意义的"小初"衔接姑苏实践，内涵丰富，绵长隽永，惠及"苏式"万千学子。

姑苏教育亮相江苏省区域基础教育课程教学改革展示活动，更点燃了区域教育立根文化、聚焦内力、锐意改革的激情与动能。在保护区"一中心、两高地、一典范"总体定位的引领下，姑苏教育将全力打造新时代教育新高地，让名校与名城交相辉映、相得益彰。

典型案例六

承办 2022 年苏州市"'苏式'课程：'百年老校'文化创生的有效路径"专题研讨活动

2022 年 9 月，金秋时节，"苏式"课程："百年老校"文化创生的有效路径专题研讨活动在"百年老校"苏州市沧浪实验小学校隆重举行。

活动背景：

2021 年，随着《苏州历史文化名城保护提升总体方案》的正式出台，姑苏教育全面启动"百年老校跃升行动"，聚焦"百年老校"文化创生，重点以"苏式"课程的建设为抓手，助推姑苏"百年老校"办学品质的提升。

本次活动由苏州市教育学会主办，姑苏区教育体育和文化旅游委员会承办，姑苏区教师发展中心、沧浪教育集团、沧浪实验小学校协办，是姑苏全景式展示"苏式"课程思考与实践的一次"汇报"。

活动掠影：

活动在《文化创生老校新萌》文化短片中拉开帷幕。区域作《"苏式"课程："百年老校"文化创生的有效路径》主题分享。《姑苏百年老校文化创生之"溯"与"行"》文化手册首发，一家三代在姑苏百年老校中求学的姑苏学子家庭代表接受赠书。区域首批"百年老校"文化创生培育课程同时发布。姑苏区教育体育和文化旅游委员会谢芳副主任致辞，她指出：姑苏教育将通过文化创生，再现和升华姑苏百年老校之品牌价值，办好人民满意的教育。

"苏式"课程实施之"教与学转型"现场采用线下真实课堂、线上直播课堂形式诠释了姑苏教育人基于课程教学的思考与实践，展现了百年老校蓬勃向上的教学生态。

4 位校长代表首批"百年老校"文化创生培育课程做精彩分享，从立意、构架、实施、评价等维度彰显出百年老校坚持全面发展、育人为本的价值追求与行动归属。"文化创生背景下'百年老校'课程建设的思考与实践"的主题沙龙中，与会专家、校长、老师们智慧碰撞，表达着"聚集素养、课程育人"的使命与担当。苏州市教育学会副会长宋杏元点评指导，江苏省教育学会原副会长叶水涛先生作学术报告及总结。领导、专家的高度评价、高位引领与专业指导为姑苏持续推进文化创生、建设教育高地带来诸多启迪。

活动收获：

收获一：凝练了"苏式"课程的姑苏认识。

"苏式"课程是以遵循教育教学规律为前提，体现苏州特点、凸显姑苏地域文化特征的一种富有个性风格化的课程形态与实施样态，是姑苏教育人对课程价值认识、构建实践策略、保障支持机制等的再构与优化的着力举措。指向学生的全面发展，"苏式"课程承载着老城区深邃的历史文化标识，传承着崇文重教精神，保留着地域文化经典元素，推动着历史文脉的延续和新生，凸显着文化育人的特质。新时代，"苏式"课程建设为姑苏众多百年老校的创新发展注入新的生长点，成为加速区域教育优质均衡发展的有力抓手。

收获二：明晰了"苏式"课程的建设价值。

其一，"苏式"课程面向全体学生，基于区域内独有的姑苏文化纽带，形成校内与校外协同、线下与线上互补、各校互通的课程体系，形成全时空育人体系。从教育本质功能视角看，"苏式"课程促进了学生身心成长、社会交往能力及核心素养培育。

其二，"苏式"课程在以国家课程为主导的基础上，用地方资源加以深化呈现，以文化为核心，注重呼应苏州城市精神，在实践中生成并伴随着学生的成长而生长，让教育植根于办学实际之中。从历史发展视角看，"苏式"课程促进了学校的可持续发展。

其三，"苏式"课程课程内容凸显文化性，课程实施体现集团化，课程建设强化实践性。从发展学校视角看，"苏式"课程促进文化凝聚力的提升，促使学校寻求主动发展。

收获三：具化了"苏式"课程的建设路径。

路径一：深入丰富课程文化内涵。

建设"苏式"课程，我们强调树立科学的课程意识，明确育人目标和价值，深入地探明课程内容的特性和文化的内核，凝练课程文化，结合时代要求，为课程文化不断注入新的内涵，动态提升课程品质。

路径二：深入完善课程建设体系。

第二章 探，涵育的路

"苏式"课程建设采用区域、集团、学校三级研究和管理网络：区域进行总体研究与实施，推出具体的课程建设实施指向，如学习目标的准确制定、教学内容的合理选择、教学策略的有效运用等；集团是课程的主阵地，区域各集团依据自身的课程建设情况，各自认领和细化研究任务，通过实践得出研究成果，再推荐到区域层面进行案例和经验分享；学校则在各集团的引领下进行课程具体实践。

"苏式"课程建设在审视集团、学校课程目标定位的基础上，分析各种课程结构类型和具体科目的价值与功能，从中选择符合集团、学校课程目标的课程结构类型与具体科目，并形成结构体系；构建集团、学校层面的课程结构，对内部所有的课程进行统整，形成有机的整体结构；将课程统整在集团、学校的理念和目标之下，搭建出形态多样化、模块优选化的课程结构，这有助于学生选择适合自己的课程。同时，多种课程之间尝试实现模块组合、功能互补，这又有助于课程整体功能的充分发挥。

路径三：深入变革课堂教学模式。

"苏式"课程建设顺应各学科课程的特点，贴合学生能力水平程度和思维发展需求，凸显以人为本、顺学而教的科学理念，摒弃繁琐的讲解分析，从而带来了区域课堂教学模式的可喜变化，推动了区域课堂教学产生质的飞跃。

路径四：深入优化线上学习方式。

"互联网+"教育大背景下，线上教育的快速演进和深入实施既是应新型冠状病毒感染疫情之需也是顺时代之势。在学生线上学习由"在用"转为"在学"的新形势下，从课程建设视角对学生线上学习方式进行优化研究，对区域百年老校文化创生具有现实意义和实践价值。

在课程建设上"文化参与"，就是树立起"文化是活的传统、信息是新的文化"的大文化观。在课程的规划、建设和实施过程中，更多地去关注人本，更多地纳入文化元素，将百年老校的学校文化作为一个课程去创设，"用活"精神实质，以小观大。

在课程实施上"具身参与"，就是主张"身心"积极参与线上学习过程。在课程组织上，基于项目的主动学习，将学生从与媒体的互动引向概念互动；在课程设计上，主张通过主题式教学设计和任务驱动让学生深度参与；在课程评价上，基于证据的智慧学习，通过大数据决策平台大数据的分析，为学生提供阶梯式的课程内容，实现过程性评价，让学习过程从"经验"走向

"实证"。

在课程思维上"翻转参与"。一是翻转实施主体。倡导教师更多地让出课堂时间，充分利用技术提供学生思考空间，如思维导图、自主学习单、微课等，让学生能够在自主学习的过程中有独立思考的机会，让学生自主控制课程的进度，释放潜能。二是翻转思维方式。打破学习环境的泛在学习、基于大数据的个性学习，促使学生形成计算思维、设计思维、编程思维等发散性思维方式，以思维方式的转变催动学习方式的变革。

百年老校和古建筑、古民居一样，是姑苏古城的文化品牌，也是保护区打造教育高地的最美窗口。姑苏教育人深入挖掘百年老校价值，充分发挥百年老校功能，立根文化，聚焦课程，整体推进，凸显课程育人本质，努力探寻"苏式"课程促教育内涵发展之路，唱响姑苏教育高质量发展的最强音。

第四节 "苏式"教师的姑苏涵育

"苏式"学校是姑苏教育在新时期提出内涵发展的新标杆和新抓手,"苏式"教师正是此项建设内容之一。如何依托浓厚的苏州历史文化和教育资源,将苏州本土深厚的人文历史、柔和坚毅的思想融入"苏式"教师的涵育中,按需设培、积极定制、开发各类培训课程,逐步形成满足学校职岗需求、满足教师学科素养发展需求、满足教师幸福成长需求的立体化、多纬度的"姑苏教师专业发展课程体系",有效促进区域教师素养的提升,成为姑苏教师发展的新亮点。

一、"苏式"教师的姑苏涵育之定位

国家发展、教育发展,需要我们培育出一支师德高尚、业务精湛、结构合理、充满活力的高素质专业化教师队伍,"苏式"教师的提出与涵育正是理想与现实的需求。

(一) 博雅润泽是"苏式"教师涵育的核心理念

叶圣陶教育思想的内涵十分丰富,包括教育改革思想、以人为本思想、教为不教思想、养成习惯思想、创新教育思想等,这是叶圣陶先进教育思想要求教师必须做到的"博雅"。当代教育中,教师不能局限于学校教育,而要始终走在时代的前列,根植于中国社会变革和教育改革实践,与广大学生的教育与学习生活紧密相连,这是时代要求教师必须做到的"博雅"。教师须将"博雅"的精神内化并融会贯通运用于教育的实践中。叶圣陶思想对校园文化、课堂教学、教师成长、学生成长等方面的指导则是"润泽"的精神所在,以学校为中心、以课堂为矩阵、以教师技能为手段润泽学生的成长,帮助每一个学生成为富有书香文化气质、智慧灵动的莘莘"苏式"学子。

(二) 教育信仰是"苏式"教师涵育的精神价值

教师的重要性在于教师的工作是塑造灵魂、塑造生命、塑造人的工作。

一个人遇到好老师是人生的幸运，一个学校拥有好老师是学校的光荣，一个民族源源不断涌现出一批又一批好老师则是民族的希望。因此，具备高尚的教育信仰，对一个优秀教师来说，就显得尤为重要。

教育信仰是教师自身对于所从事的教育行业最高的认可，也是教师追求的精神乐土。正如雅斯贝尔斯所言："教育须有信仰，没有信仰就不能称其为教育，而只是教育的技术而已。"教师的信仰生成是植根教育的实践，积极了解学生的成长经历，思考如何帮助学生纠错，如何在学生遇到困难时陪伴学生成长，思考在学生的德、智、体、美、劳全面发展过程中如何引导他们，这些教育实践都会强化教师立德树人的教育信仰。教师这一社会群体独特的价值追求和价值使命使得这一职业表现出独特的社会意义。

（三）个性飞扬是"苏式"教师涵育的创新表达

个性飞扬是一个有激情、有理想、有抱负、不断向前发展的教师队伍必要的条件。姑苏区现任教师中有大气沉稳、经验丰富的60、70后，有满怀理想抱负的80、90后，还有个性特点浓郁的95、00后，让不同时代的教师聚在一起步调向前，就需要尊重教师的个人色彩，让每一个老师都能在"姑苏"教育的沃土中寻找到适合自己发展的土壤，这是教师涵育的真正价值，也是教师涵育的探索之路。

（四）区域培育是"苏式"教师涵育的顶层支撑

2012年三区合并后，姑苏区在2013年建立"四位一体"的姑苏区教师发展中心，实行教科研训一体的研训模式。基于该模式的需求，为整合区域资源，形成优势项目，激发教师主动参培，区域经过5年的努力，搭建完成"姑苏教师专业发展课程体系"的基本框架，并成为引领姑苏教师发展的重要课程，推动姑苏教师的专业发展。在区域培育顶层搭建中，我们明确了各条线的主要职责，各自有抓手，形成区域培育网络，为每一位、每一层、每一年龄段的教师服务。

二、"苏式"教师的姑苏涵育之实践

（一）回溯古今：传承和内化"苏式"教育的当代价值

1. 创新德品涵养，夯实"苏式"教师涵育的基石

"苏式"教师是指有理想信念、有道德情操、有扎实知识功底、有仁爱博爱之心的好老师。我区号召姑苏教师"像叶圣陶那样做老师",努力以"教育为人生"的境界规划好自己的职业发展。让叶圣陶先生"温、良、恭、俭、让"的做人美德陶养姑苏教师,学为人师,行为世范。

各校老一辈教师中不乏教给学生知识、教给学生做人道理,让学生受益无穷的优秀教师楷模。一位楷模就是一面旗帜,我们号召姑苏教师应学习身边优秀老教师的先进事迹和高尚品德,将老一辈教师的优秀传统世代传承。

学名家、学身边,努力塑造厚德载物、心怀宽广、修德泽人的"苏式"教师形象。这样的理解与追求已逐渐在我区广大教师中得到了认同,成了大家的共识和努力目标。例如:苏州市沧浪实验小学校用"三个引导"涵养教师德品特质:引导教师精神自觉、引导教师认知自悟、引导教师思想自省;东大街小学校以"萤火虫读书会"为抓手,努力营造"苏式"教师完整、优雅的幸福共同体……这样的特色管理经验在区域内不断得到推广。

2. 推进文化涵育,丰厚"苏式"教师涵育的内涵

"苏式"教师涵育重视姑苏底蕴的精致呈现,踏实古城教育高地不断发力,利用区域文化资源,构建"苏式"课程,培养"苏式"教师。

如今,"苏式"教育品牌建设与推广成效彰显,姑苏表达影响深远:培训组织"'苏式'课程:'百年老校'文化创生的有效路径专题研讨活动",展现百年老校教师们蓬勃向上的教学生态,树立榜样典范;"'苏式'美育中国智慧"参与由国家教育行政学院主办的计划单列市"5+3"深化教育教学改革高级研修项目,充分展现姑苏教育人守望传统、以美育人的责任与担当,展现区域教育高质量发展的鲜活实践;以团队建设为突破口,通过行政引领、专业培育、升级孵化、辐射共创的鲜活路径推进省、市、区示范基地校、"四有"好教师培育团队,全力打造具有姑苏特色的高素质专业化创新型教师队伍。

3. 聚焦示范创建,突出"苏式"教师涵育的品牌

聚焦不同阶段教师的核心素养与关键能力,开展"阶梯式"精准研修,激活教师成长内驱力,激发教师发展向心力,多维度、立体化提高教师专业素养。以"整体设计、精准施策、养用结合"为总思路,成立青年教师专业孵化"成长营":创新课程模式,构建新教师三年岗位成长课程、姑苏青年教师成长培育高级研修班课程、姑苏市级学科带头人后备人员高级研修班课程等,针对性开展专项培训,提升姑苏教育人才后备梯队培养;做实骨干教师、名教师辐射引领"堡垒营",做优教发专业团队,充实专业人员队伍。

（二）纵横相连：织密区域联合深度发展的课程网络

1. 开发协助性服务型综合区域项目课程

综合课程推进，有效提高学科教师专业素养。区域充分发挥区教师发展中心的"四位一体"整合功能，领航教育科研，领衔学科提升，领跑信息服务，引领培训进程，助推教师成长。中心以"苏式"品牌为核心，以"协助学校、服务教师、惠及学子"为出发点与归宿点，推出有影响、有品位、有实效、可持续发展的区域综合课程项目，洞悉教育最新动向，把脉教改核心指标，引领教师专业发展。《姑苏区"全员培训"达标升级项目》积极定制、开发各类课程，将优质培训资源送到教师身边；"姑苏教育人才梯队建设示范性培训"项目旨在培养一批师德修养良好、教育理念先进、专业素养扎实、在市内乃至省内有影响力的优秀教师队伍，同时根据学科特点、年龄结构、个人发展能动性等因素，形成不同级别骨干教师培养梯队。诸多项目建设顺应教师期待，满足学校需求，彰显姑苏教育深厚的内涵积淀和文化传承。

2. 建构基于规范化的教师职业必修课程

"规范化"是时代要求的教师踏入教育行业的准入门槛，在规范化的要求下确定教师发展的"及格线""优秀线"。中心扎实推进区域顶层设计与制度建设，出台《姑苏区教师发展中心"十三五"发展规划》，全面清晰中心建设与发展美好愿景；统整出台课程规范，全力构建课程管理体系；统整出台教育科研规范，全力构建教育科研管理体系；统整出台专业服务规范，全力构建区域教育发展绿色体系。培训条线立足中心要求，自主研制，推出涵盖"多位一体"职能的各级各类规章制度、指南建议等多套册，赋有姑苏特色与实践效果的导向性、指导性方略，均得到广泛认可。

3. 建设多维度立体化的培训课程资源库

以区域性协作机制为基础，形成姑苏区教师培训课程资源共建共享格局，有助于推动姑苏教师培训建设实践的不断创新。以中心培训条线为引领者，发挥各集团、各共同体的优势资源，对共建共享的区域性协作机制建设创建，指向于协调高培训课程资源建设能力不平衡的状况，解决课程资源建设标准不一的问题，致力于课程发展的协同进程。通过区域协同、区域合力、区域互补、区域创新、区域互鉴等形式，组建资源协作建设团队，统筹区域性课程资源开发方式，分类建设特色课程资源库，协作构建区域性优质资源共建共享平台，激发各团队区域性协作共建的内外动力，形成课程资源区域性共享通路,进而不断提升课程资源的共建共享效率和质量,达到持续推动课程建设改革与创新的目的。

4. 加强模范式典型性的个性化课程建设

为建设一支有理想信念、有道德情操、有扎实知识、有仁爱之心的"苏式"教师队伍,区域以强化"自我需求、自我成就"为基本参培模式,以"接地气"的培训课程为主要抓手与归宿,着力开发个性课程,提高教师的职业归属感与职业幸福感。制作区内多位一线教师的典型模范事例宣讲片,开展苏州市姑苏区师德先进事迹巡讲活动。针对区内部分教师以及新入职教师暴露出来的心理素质弱、抗压能力低等问题,积极组织培训,以送培、网培、专题讲座等形式,教给教师方法,为教师排忧解难,强化新教师心理培训,关心新教师健康成长,适时加强心理疏导和干预,在提高新教师业务能力的同时,帮助其保持积极向上的健康心理状态。

(三)科学行进:夯实教师职级专业发展的培训体系

1. 构建分级分层分类分科的教师培训体系

姑苏区高度重视教师专业梯队建设,通过为不同发展阶段的教师提供不同层次的发展平台,已基本建立了适应期、积累期、成熟期、创造期教师的梯队型发展模式,形成了较为完整的区域教师专业培训体系。区域基于教师的专业发展规划,从开设新入职教师岗前培训,打通职前、职中培训入手,通过制定教师发展规划,设立"新教师三年岗位成长培训考核""姑苏区骨干教师暑期高级研修项目""姑苏区学科中心组高级研修项目""姑苏区学科带头人高级研修项目""姑苏区市级学科带头人后备高级研修项目""姑苏区名优教师高级研修项目"等专题培训项目,为教师的专业成长提供了助力。

2. 建设个性化功能齐全的在线培训平台

教师能通过网络平台解决在各种场景中遇到的各类困难,这是在线培训一直致力于打造快速、高效、贴心的服务平台的目标。区域始终将教师的技术应用能力放在首位:借助智慧教育云平台的丰富功能模块,开展形式多样的线上课程学习、视频直播,并提供丰富的教学资源,供教师自我成长;利用多平台数据汇聚,教师掌握教学、评价的一手数据,实现"用数据说话",多渠道、多方式的泛在教育教学应用和评价体系,有效促进区域教育质量、教育治理水平整体提升。在教育信息化2.0行动计划的引领下,融合发展,向注重创新引领、生态变革转变,积极探索"人人通"空间的应用场景,提高信息技术与教育教学的融合应用。目前已构建成以促进现代化为核心价值取向的协同责任体系，特别在供给方式、体制机制、思想观念实现了创新，形成了以政府、教育部门和学校共建共享、服务共赢、开放共治的教育服务体系，启动姑苏教育信息化的2.0发展。

3. 依托高校名校名师建立教师培训基地

全国（特别是江苏）各类高校是姑苏教师源源不断的基地，每年我区会定向到各个高校进行点对点"校招"。"苏式"教师的培育从职后走向职前，运用江苏地方的优质高校资源：南京师范大学、苏州大学、苏州科技大学等，阶段性、分批性对教师进行再培育。"姑苏区学科中心组高级研修项目""姑苏区学科带头人高级研修项目""姑苏区市级学科带头人后备高级研修项目"采用与苏州大学合作办班的形式，采取"专题培训、在岗实践、跟岗培训"等培训模式，以"模块培训"为路径，以区域各学科骨干教师为培养对象，为他们提供实践"苏式"课堂教学、丰富"苏式"课堂教学理论、推出"苏式"课堂教学主张与表达的机会，助推姑苏教育全面发展。"姑苏区幼儿园业务园长'课程建设'专题研修班"与南京师范大学合作，邀请南京师范大学前教育行业的名师，为业务园长解答困惑，提升区域课程建设的能力。

4. 打造特色化具有姑苏优势的培训团体

姑苏区尊重青年教师需求，挖掘地域优势，倡导有效应用。青年教师成长营打造了"菜单式""地域化""应用型"等特色内容。在区域"菜单式"定制青年教师成长营自修课程中，以姑苏教育云平台为载体，开展"虚实结合"的课程研修模式。区内每一位青年教师均可利用横轴与纵轴准确自我定位，找到与之匹配的课程群，进行自主、自由、自能研修。姑苏区充分挖掘地域文化底蕴，凸显精神张力，开展"百年老校风华正茂"——姑苏区新入职教师巡礼百年老校、"苏式"课堂系列建构等呈现"地域化"课堂魅力的活动，融贯专业实践，提升专业素养。姑苏区以应用型为导向，聚焦青年教师不同发展阶段应具备的核心素养与关键能力，建构"青年教师成长营阶梯课程"，分层分类开展系列化培训，不断聚焦与提升姑苏教育人才后备梯队培养。

"苏式"教师的姑苏涵育实践之路，是贴近本地教师发展的培训模式，吸引并支持姑苏教师感悟苏州本土文化，培养博雅润泽的苏式情怀。我们坚信，"苏式"教师的姑苏涵育，定能在每一位教师心中种下种子，个性、幸福地生长，在未来结出最美的果子。

典型案例一

丰厚"苏式"师资队伍素质底色

为认真学习贯彻习近平总书记系列重要讲话精神，深刻认识和理解习近平新时代中国特色社会主义思想的重大意义和精神内涵，全面贯彻党的教育方针，以坚定理想信念为根本，坚持社会主义办学方向，落实立德树人根本任务，全面提升姑苏区党员教师政治觉悟和政治能力，发挥其教育先锋模范作用，苏州市姑苏区教师发展中心组织了系列教师师德培训活动，进一步强化了教师思想政治素质和师德师风建设。

行动一：姑苏区师德先进事迹巡讲活动

为充分展示学为人师、行为世范的人格魅力，自觉增强立德树人、教书育人的荣誉感和责任感，建设一支师德修养好、文化学识高、教学技能精、学科能力强的教师队伍，区教体文旅委在全区教育系统组织开展"学高为师、德高为范"师德先进事迹巡讲活动。

建设目标：

着力打造敬业爱生、勤学乐教、团结协作、廉洁奉献、情操高尚的教师队伍，促进学校持续、快速发展，不断提升学校的教育教学质量。

课程原则：

紧扣主题，结合推动姑苏区新时代教育高质量发展，发挥各校优秀教师、师德楷模的模范带头作用，向广大教师宣传优秀教师的先进事迹，传播教育正能量，让广大教师从优秀教师的先进事迹中进一步树立坚定的教育信念，激励广大教师弘扬高尚师德，增强专业素质，打造一支有理想信念、有道德情操、有扎实学识、有仁爱之心的教师队伍。

实施建议：

各学校积极挖掘教师中的先进人物，树立典型，弘扬正气，要对撰写的演讲稿并参与演讲的教师予以大力支持，确保演讲活动顺利开展。要组织广大教育工作者积极听取演讲报告，把先进典型作为鲜明的旗帜和鲜活的教材，认真学习。

行动二:"师德师风"首席宣教员专题培训

为进一步强化教师思想政治素质和师德师风建设,国家教育行政学院特面向全国中小学教师组织开展"坚定理想信念 潜心立德树人——2022年教师思想政治和师德师风常态化建设"专题网络培训。

建设目标:

培训以习近平总书记关于教育的重要论述和教师队伍建设的重要指示精神为指引,引导教师认真贯彻落实党的教育方针,牢固树立正确的世界观、人生观和价值观,严格遵守职业道德规范;引导教师不断深化对新时代教育的理解和认识,热爱教育,热爱学生,增强职业光荣感、历史使命感和社会责任感,以良好的思想政治素质和崇高的人生追求影响和引领学生健康成长;引导教师深入学习教育教学方法的创新、和谐师生关系的构建、家校协同育人等教书育人的方法和技巧,在实践中不断增强教书育人本领,努力铸就一支政治素质过硬、业务能力精湛、育人水平高超的高素质教师队伍,以优异成绩迎接党的二十大胜利召开。

课程原则:

培训内容在注重教师正确的政治方向和价值导向引领的基础上,以"敬业爱生、教书育人"为核心,以教师"育人育德能力"提升为重点,围绕"读懂教育——明确初心使命""读懂学生——潜心教书育人""读懂教师——提升自我修养""读懂家长——促进家校协同""读懂法律——坚守师德底线""读懂榜样——汲取奋进力量"设计培训课程。培训内容也可结合各地或各校的实际需求进行具体化定制。

实施建议:

培训时长一般为2个月,具体分为报名、学习和总结三个阶段,全年循环滚动开班,具体启动时间由合作单位与国家教育行政学院协商确定。

实施方案:

坚定理想信念 潜心立德树人
姑苏区"首席师德宣讲员"培训班启动仪式

4月21日下午,苏州市姑苏区"坚定理想信念 潜心立德树人——2022年教师思想政治和师德师风常态化建设"专题网络培训正式启动。国家教育行政学院远程培训中心副主任、副研究员王敬红,姑苏区教育体育和文化旅

第二章 探，涵育的路

游委员会组织人事处处长钟鸣，姑苏区教师发展中心相关同志以及姑苏区小学、幼儿园"首席师德宣讲员"培训班的全体学员参加活动。

本次培训依托国家教育行政学院中小学网络党校，采取网络研修模式，分为在线学习、主题研讨、直播答疑、研修总结、在线考试五个培训环节，学员可通过电脑或手机登录平台进行自主学习。本次培训为期二个月，来自姑苏区教育系统18个集团（共同体）的100多人参加了培训。

国家教育行政学院远程培训中心副主任、副研究员王敬红致辞。王敬红副主任介绍了国家教育行政学院与中国教育干部网络学院的发展历程和培训特色，宣讲了培训方案的核心内容，强调了本次"首席师德宣讲员"培训的时代背景与现实意义。王敬红副主任期望学员们珍惜参培机会，全心投入学习，服从组织管理，严遵考核要求，关注现实问题，促进实践运用。

姑苏区教师发展中心培训部陈颖作项目介绍。陈颖副主任详细介绍了本次专题培训的课程设置情况、师资安排情况，并对全体参训人员提出了明确要求和殷切期望：希望参训人员严格保证学习课时、学习纪律、学习质量，力求学透、学深、学实；准确掌握重点领域、关键环节与工作方法，结合姑苏教育实际，促进教育高质量发展。

培训班学员代表发言。章蕴老师表示将通过本次培训，不断加深对新时代教育以及师德师风建设的理解和思考，不断增强职业光荣感、历史使命感和社会责任感，促使自己在自身成长的同时，能够感召更多的一线教师，以良好的思想政治素质和崇高的人生追求影响和引领学生健康成长。

老师们郑重承诺，将在未来学习的过程中强化自我管理，用心学习，学以致用，共建学习资源，力求共同成长。

姑苏区教育体育和文化旅游委员会组织人事处钟鸣讲话。钟鸣处长强调，要提高思想站位，务必认清此次培训的重大意义。钟处长勉励参训人员要珍惜学习机会，不断提高理论水平，在学思并进、学用结合、创新实践上下功夫、求实效，真正做到学有所思，学有所用，学有所成。

学员们把培训期间学习到的先进观点和优秀案例带回学校与老师分享，履职尽责，做好"二级培训"，以自身为载体弘扬师德、树立新风，努力让"立师德，铸师魂，练师功，树师表"成为每位教师的座右铭，以实际行动为学生点亮人生道路的一盏盏明灯。

行动三:"党旗飘扬,课堂闪光"党员专题示范展示

根据姑苏区委教育工委《关于举办第五届姑苏区"党旗飘扬课堂闪光"党员思政专题示范展示活动的通知》精神,全面贯彻新时代党对教育的新要求,坚持德育为先,落实立德树人根本任务,进一步深化课程改革,落实新课标要求,全面提升姑苏区党员教师政治觉悟、政治能力和教育先锋模范作用,以优异成绩迎接党的二十大胜利召开。

活动背景:

为认真学习贯彻习近平总书记系列重要讲话精神,深刻认识和理解习近平新时代中国特色社会主义思想的重大意义和精神内涵,全面贯彻党的教育方针,以坚定理想信念为根本,坚持社会主义办学方向,落实立德树人根本任务,全面提升姑苏区党员教师政治觉悟、政治能力和教育先锋模范作用,同时根据《义务教育课程方案(2022年版)》要求,进一步加强幼小、小初各学段之间的衔接,体现不同学段目标要求的层次性。

活动掠影:

15名优秀党员教师,15节思政课,从幼小、小初各学段之间的衔接,涵盖不同学段不同内容,展示了姑苏优秀党员教师师德为先、专业为基、扎根讲坛、奉献学生的战斗堡垒和示范引领作用。

姑苏党员教师如一面面鲜红的党旗,飘扬在课堂第一线,飘扬在课改第一线。姑苏党员教师发挥红色文化的育人价值和励志作用,打造富有温度、有深度、有特色的思政课堂,发挥思政教育的传承、导向、滋养作用,以高度的政治责任感、使命感,在教学实践中践行之、力行之、探索之,志当思政"大先生"。

春风化雨,其乐未央。姑苏思政课堂深化改革创新,用好"活"的教材,擦亮"红"的底色,体现"大"的观念,突出"实"的要求,姑苏思政老师用心教,姑苏学子真心喜爱,思政教育入耳走心。

广大思政教师表示:思政课要"有盐有味儿",用好思政的"盐",讲出真理的"味",循序渐进、螺旋上升,把道理讲深、讲透、讲活,就能扣好青少年"人生第一粒扣子"。

办好思政教育,永远在路上。姑苏教育正围绕推动思政课程与课程思政协同前行,构筑起"大思政课"育人新格局,以习近平新时代中国特色社会

主义思想铸魂育人，为培养造就大批堪当时代重任的可靠接班人不懈奋斗。

行动四："课程思政"师德教育精品课程

为全面贯彻党的二十大精神，进一步开拓新时代思政工作新局面，以习近平新时代中国特色社会主义思想为指导，坚持"培根铸魂，启智润心"育人理念，发挥课程育人功能，姑苏区教师发展中心组织开展"践行'课程思政'理念，凸显学科育人价值"——中心名师工作室联盟"课程思政"教学研培创活动。

活动背景：

各类课程与思想政治课同向同行，形成协同效应，把"立德树人"作为教育的根本任务，构建起姑苏区全员、全程、全课程育人新格局，真正实现"课程思政"和"思政课程"的无缝对接，让思政教育落地生根。

活动掠影：

如表2-1所示，11位名师工作室联盟教师基于各学科三年级教材，深挖思政内容，推动学科教学与思政教育的有机融合。

表2-1　中心名师工作室联盟"课程思政"教学研培创活动教学内容安排表

名师工作室	执教教师	学校	学科	教学内容
惠兰名师工作室	袁艺芯	梓义实验小学校	语文	补充阅读《小岛》
李翠名师工作室	李文奇	虎丘实验小学校	语文	手术台就是阵地
陈建先名师工作室	陆怡	劳动路实验小学校	语文	掌声
蔡宏圣名师工作室	陆悦	善耕实验小学校	数学	轴对称图形
范蓉名师工作室	陈渚	金阊实验小学校	数学	间隔排列
蒋萍名师工作室	赵爱婷	东中市实验小学校	英语	三年级上册 Unit 8 Happy New Year (Extended reading)
吴涧石名师工作室	沈晓茜	勤惜实验小学校	科学	空气和我们的生活
夜秋红名师工作室	方越	金阊实验小学校	信息科技	争做绿色使者——填充颜色
陆志向名师工作室	贾小雨	金筑实验小学校	音乐	游子吟
郭海刚名师工作室	孔琳	沧浪新城第二实验小学校	体育	消防大练兵——体能练习
钱品花名师工作室	赵明娟	三元第三小学校	美术	水墨游戏
专家报告： 课程思政：价值追寻、内涵解读和实施路径（朱开群　苏州市教育科学研究院）				

思政一体化建设要做到既有一体化之"形",又具备一体化之"魂"。

姑苏区中心名师工作室联盟"课程思政"教学研培创活动,作为思政理论与课程教学相结合的创新实践,是思政一体化建设的有效途径之一。

除此之外,姑苏区为思政一体化教学研讨活动还设立了一批实践教学基地,推出了一批优质教学资源,做优了一批品牌示范活动,有效地推动了思政小课堂与社会大课堂的融合,实现理论与实践、知与行的统一。

 典型案例二

提升"苏式"师资队伍专业素养

近年来,姑苏区教育事业蓬勃发展,全区教育工作者砥砺奋进、高速前行,不仅教育质量明显提升,办学规模也在逐年扩大。高质量教育需要更多优秀教师,为此,姑苏教育一方面积极创造条件,吸引优秀教育人才加盟;另一方面采取全方位、多途径的培养措施,为打造"苏式"教育品牌奠定坚实的基础。

行动一:姑苏区新教师暑期入职培训

为帮助新入职教师树立正确的教育观念,养成良好的职业道德,完成从学生到教师职业角色的转换,熟悉学校教育教学工作,领会新课程教育教学理念,努力掌握学科教学原理和方法,掌握各项常规工作要求,尽快适应小学、幼儿园教育教学工作,姑苏区教师发展中心在我委组织人事处的领导下,每年暑期举办新教师入职培训。例如:

最好的相遇　最美的期待
——记2020届姑苏区新教师入职培训

2020年姑苏区共招聘小学、幼儿园新教师222人,其中小学167人、幼儿园55人。222人中研究生123人,有39人来自"双一流"大学。

为帮助这些精挑细选的好苗子尽快成长,全面提升教育教学能力与素养,姑苏区在新教师培训课程研发上智慧勃发、适切有效。首先,课程内容架构丰厚,涵盖师德与职业理解、个人综合素养提升力等四大类"姑苏教师专业发展课程",在课程安排中尤其关注新教师师德修养的提升。第二,课程导师水平深厚,集合了全区乃至苏州大市的教育教学精英,既有区内的学科教研员、学科名师、劳模代表、名校校长等,更有在多个领域有较大影响力的教育名家。强大的培训讲师团，为新教师的健康成长全面打好了底子。

姑苏教育向来注重知行合一，教师培训更是如此。在8天的培训中，新教师们在导师们的带领下，学知识、练技能、提升理论、落地实践。他们在苏州市教师发展学院唐爱民院长《你准备好了吗》的报告中坚定了信心，在区内各学科研训员实操训练中强化了专业技能，在苏州大学知名学者陈国安教授的引领下提升了文化修养，在区内诸多优秀校长、优秀班主任言传身教中积累了各种方法与经验，在全国知名校长、语文特级教师柳袁照校长《做一个一生有卓越追求的人》的报告中树立了人生理想。整整8天，白天学习、实践；晚上梳理、总结，新教师们在脚踏实地的学习中，一步一个脚印，尽情汲取着姑苏教育的精华。

8天的学习，带来教师们的华丽转身。结业仪式上，新教师们用精彩纷呈的专业汇报，展示出年轻人特有的朝气、活力和创造性，无论是学习收获分享还是专业技能展示，都预示着他们有能力、有信心成为姑苏教育高质量发展的又一支生力军。

相信在姑苏教育的沃土上，姑苏区新教师一定能开拓进取、不断创新，用青春、智慧和汗水筑起美丽的姑苏教育梦！

行动二：姑苏区新教师三年岗位成长营

青年教师是教师队伍的有生力量，青年教师的健康、快速成长，是教师队伍建设的重要任务。为加快我区青年教师的成长，提升青年教师的整体素质，使他们成为有良好的教师职业道德、具备基本的教学能力和教学研究能力的合格教师，区教师发展中心结合我区教师专业发展的实际需求，以科学发展观指导新教师培训工作，全面构建新教师三年岗位成长培训课程，以适应教育改革发展要求。根据新教师的成长规律，区教师发展中心确立"系统培养，分段实施，骨干引领，逐级提升"的指导思想，以提高新教师实施新课程的教育教学实践能力为重点，以专业培训与实践活动相结合为主要手段，以树立正确的教育理念、掌握科学的教育教学方法为目的，帮助新教师尽快适应工作岗位要求，提升课堂教学能力，为其尽快成长为青年骨干教师奠定基础，实现教师专业化梯队建设，提高教师队伍整体素质。例如：

岗位练兵，再绘"小青椒"至美发展蓝图
——记姑苏区新教师"岗位练兵青春美丽"基本功竞赛暨"研培创"活动

党的二十大报告提出，培养造就大批德才兼备的高素质人才，是国家和民族长远发展大计。为深入贯彻落实党的二十大精神，强化全面提高人才自主培养质量的基础性工作，2022年11月2日，姑苏区2020—2022年度全体新教师齐聚线上，共赴新教师"岗位练兵青春美丽"基本功竞赛"研培创"活动动员大会。

习近平总书记在党的二十大报告中寄语新时代青年，激励大家在新征程上激昂青春之志，奉献青春之力，谱写更加壮美的青春之歌。姑苏区青年教师深入学习，纷纷表示将坚定团结在党的旗帜下，凝聚起奋进的伟力，为全面建设社会主义现代化国家、全面推进中华民族伟大复兴而奋斗，为党的教育事业而奋斗。

姑苏区教师发展中心为青年教师详细解读"岗位练兵青春美丽"基本功竞赛暨"研培创"（2022）活动方案。区教体文旅委组织人事处钟鸣处长希望青年教师苦练基本功，以赛促研、赛训结合，在自我挑战中不断成长与创造，扎实提高教育教学实践本领。

近年来，姑苏区以"整体设计、精准施策、养用结合"为总思路，创新青年教师成长营"1+2+3+4"工作模式，即明确1个中心目标，把握2个方向原则，凸显3大特色内容，创新4条成长路径。

"青年教师成长营基石课程"筑牢教育根基，厚植师德情怀；"姑苏教师专业发展课程"为教师发展提供菜单式个性服务；"姑苏青年教师巡礼百年老校系列活动"用文化传承助力年轻教师拔节生长；"青年教师成长营阶梯课程"聚焦教师不同发展阶段核心素养与关键能力。

截至目前，姑苏区拥有市、区级学科带头人千余名，这些基石型骨干教师的成长都离不开"苏式"青年教师成长营的培育。

青年教师培养是一项长期的系统工程，任重而道远。姑苏教育将不断创新培养模式，不断提升涵育实效，为姑苏教育的高质量发展做好人才储备，积蓄蓬勃动能。

行动三：姑苏区·苏州大学青苗专项培育建设

为进一步加大姑苏区青年教师培养力度，根据上级对骨干教师培养的要求，同时遵循学科带头人成长规律，举办2022年姑苏区·苏州大学"青苗专项研修班"。

建设目标：

本项目按学科将分别建立由区域内市级学科带头人、师德标兵教师组成的导师团队，采用导师带研究生的方法助推后备人才快速成长。

课程原则：

培训内容分4大模块，分别是师德师风模块、教育教学理论模块、教学技能与教学实践模块、教学基本功模块。

（1）师德师风模块采用集中学习方式，由区内师德标兵教师组成导师团队，每学期安排0.5天集中学习。

（2）教育教学理论模块采用集中学习方式，由省市级教育名家担任导师，每学期安排0.5天集中学习。

（3）教学技能与教学实践模块学科导师分为两个层次：市教研员、教科员为第一层次，区教研员、教科员及本区市级学科带头人为第二层次。第一层次学科导师每学期组织活动1次（0.5天），第二层次学科导师每学期组织活动5次（每次0.5天）。

（4）教学基本功模块包括粉笔字、即兴演讲、育人实例解析等。以赛促练，以赛促培，每学期组织活动1次（0.5天）。

实施建议：

（1）培训对象及人数。

本项目的培训对象为姑苏区任教五年左右的青年教师，根据教师自我发展意愿结合学校以及集团的工作需求确定参培人员名单。

本项目共开设小学语文、小学数学、小学英语、学前四个学科培训班。

（2）培训形式与方式。

培训将采取集中与分散结合的形式，培训方式主要有专题报告、教学实践、基本功竞赛、跟岗培训、高位论坛等。

（3）学时安排。

培训管理以学期为单位组织，本项目周期为2年，共4个学期。

(4) 培训考核。

培训过程将根据参培学员的培训考勤、模块项目进行全面的考核。培训按阶段进行管理，根据考核情况评选优秀学员。

行动四：姑苏区青年教师培育研修班建设

根据我委对骨干教师培养的要求，同时遵循人才的成长规律，经研究，姑苏区教师发展中心举办2019年"姑苏区青年教师成长培育高级研修班"，以进一步加大姑苏区教育人才梯队的培养力度。

培训对象为区内教龄5—10年，且有较强烈的个人进步需求的校级小学语文、小学数学、小学英语、学前教育骨干教师。例如：

同题异构展风采　交流研讨促成长
——记姑苏区青年教师成长培育高级研修班学员与区
2018届小学新教师同题异构课堂教学展示活动

为充分发挥区内各级骨干教师在教育教学改革中的示范、引领和辐射作用，同时进一步加大对我区新教师的培养力度，提高新教师的课堂教学实践能力，全面提升我区教师的整体素质，举办姑苏区青年教师成长培育高级研修班学员、区小学新教师同题异构课堂教学展示活动，为他们搭建一个相互学习和展示自我的平台。

2019年11月7日下午，由姑苏区教师发展中心教师培训部主办的区青年教师成长培育高级研修班学员与区2018届小学新教师同题异构课堂教学展示活动在善耕教育集团苏州市平江新城实验小学校成功举行。区青年教师成长培育高级研修班语文及英语学科组学员，区2017、2018和2019届语文、英语新教师以及区市级学科带头人后备班语文、英语学科组学员参加了本次培训活动。

本次同题异构以部编本小学语文四年级上册《牛和鹅》及小学英语二年级上册"Have some juice, please"为内容，由我区青年教师成长培育高级研修班学员与区2018届小学新教师共8位教师进行了精彩纷呈的课堂展示，充分体现了我区青年教师对于教材的深层解读和顺应学生需求的教学设计。课堂展示之后进行了主题沙龙活动，区市级学科带头人后备班学科组、区青年教师成长培育高级研修班学员代表及上课教师畅所欲言，充分展现了我区青年教师对于课堂教学研究的深入思考，碰撞出了精彩的智慧火花。

姑苏区教师发展中心教师培训部充分重视新教师的培养力度，通过丰富且具有针对性的培训活动，不断提高新教师的课堂教学实践能力，同时发挥我区各级骨干教师在教育教学改革中的示范、引领和辐射作用，为全面提升我区教师的整体素质打下了坚实的基础。

行动五：姑苏区市级学科带头人后备班建设

为进一步加大姑苏区学科带头人的培养力度，根据区教育体育和文化旅游委员会对教师培养的要求，同时遵循区学科带头人成长的规律，区教师发展中心将采取全方位、多途径的培养措施，使我区区级学科带头人能迅速成长为苏州市学科（学术）带头人及更高层次的姑苏领军人才，为姑苏教育的持续发展发挥带头与引领作用。

为进一步打造姑苏"苏式"教育品牌奠定坚实的基础，特举办"姑苏区市级学科带头人后备人员"研修项目：2018—2020后备班培训对象为姑苏区区级学科带头人，涉及小学语文、小学数学、小学英语、学前四个学科；2020—2022后备班培训对象为姑苏区区级学科带头人，涉及小学语文、小学数学、小学英语、小学思政四个学科。例如：

研修再启新征程　专业引领促成长
——记2020届姑苏区市级学科带头人后备班开班报道

2020年6月19日下午，在苏州大学和苏州市姑苏区教师发展中心的精心组织下，姑苏区第二届市学科带头人后备班在当下特殊时期顺利云开班，并随后在线上开展了第一次研修活动。研修班语文、数学、英语、思政四个学科70多位学员教师参加了此次研修。

1. 开班仪式——明确培训目标

开班仪式由苏州大学文学院培训中心徐永主任主持，出席仪式的专家领导有苏州市教育科学研究院党总支书记丁杰院长、姑苏区教师发展中心李琴副主任、苏州大学文学院束霞平副院长。

首先，苏州大学文学院束霞平副院长致欢迎辞并介绍苏州大学的百年校史。接着，苏州市教育科学研究院丁杰院长作开班动员。丁院长指出，百年大计，教育为本；教育大计，教师为本。随着苏州教育改革的深入发展，建设一支高素质的教师队伍，发展高质量的基础教育，是既立足于当下，更着眼于未来的创新举措。姑苏区延续举办这样的教师研修班，对促进教师专业成长，提升学校的办学质量，激活区域的教育生态，打造良好的教育品牌，都具有极其重要的意义。同时，丁院长也向各位学员强调了几点要求：一是要坚持自主原则，内需与外促同频共振；二是要坚持实践原则，以课堂为主阵地，开展实践研究；三是要坚持教育科研，精准聚焦，学思结合。这些要求与我们研修班的学习目标不谋而合。

随后，姑苏区教师发展中心李琴副主任为新学员接下来的研修征程勾勒出了广阔的发展前景：学员们将沉浸在学术氛围浓厚的苏大百年学府中，与来自高校的知名专家教授相聚在一起，聆听学术讲座，赋予教科研鲜活的生命力，使教学与教研都插上远飞的翅膀；学员们将近距离地观摩名师课堂，开拓教学视野，看得更远，思得更深；研修班将带领学员走出苏州市，走入名校，通过实地跟岗学习来感受名校的教学风采，聆听名师面对面的指导。在两年的时间里，通过教育教学理论、教学技能与教学实践、外省区跟岗交流这三大模块项目的学习锤炼，从各个维度提升每位学员的教学素养和教学能力。

来自虎丘教育集团金阊新城实验小学的徐晓雯老师和东中市实验小学的胡雯老师作为学员代表也先后发言。两位老师均表示在日常的教学和教科研工作中，经常感到专业知识储备不足，实际教学操作技能单一，这次培训犹如雪中送炭。

2. 专家讲座——开拓教育视野

开班仪式后，江苏省教科院基础教育研究所倪娟所长为学员们带来了一场专题讲座，讲座的主题是教育领域风险点特征及国家教育安全机制研究。倪所长从核心概念界定和解读、研究内容与目标、研究思路和方法、研究进展和计划四个方面对这一主题进行了深入浅出的介绍。学员们打开了思路，拓宽了视野，进一步深切地感受到教育领域风险点确实存在，而且和教师密切相关。有许多诸如教育危机案例研究、学校教育风险研究、家庭教育风险研究等子课题都值得教师们去深入思考与研究。

今天的开班仪式和主题讲座对每一位学员来说，既有教育信仰与担当的期许，又有前沿理论与思考的示范。每一名研修班成员都深刻感受到此次培训是一个新目标的开始，今后需要进一步厚积教育信仰，提高政治站位；厚植教育理论，增强教育自信；厚实教育实践，促进专业发展。以实干笃定前行，只争朝夕，不负韶华。

古人云："独学而无友，则孤陋而寡闻。"一个人可以走得很快，但一群人才可以走得更远。正所谓"水本无华，相荡乃成涟漪；石本无火，相击而生灵光"。我们相信,秉承苏大百年文化的浸润,依托名师的一路引领,学员们坦诚分享,互助合作,后备班成员必将经历一次蝉蜕的奇迹。

行动六:姑苏区教育测评高级研修班建设

2020年10月,中共中央办公厅、国务院办公厅印发《深化新时代教育评价改革总体方案》,指出要"充分发挥教育评价的指挥棒作用""加强专业化建设""加强教师教育评价能力建设,……培养教育评价专门人才"。2021年3月,教育部等六部门印发《义务教育质量评价指南》再次指出,要"加强队伍建设""组建高水平、相对稳定的质量评价队伍"。系列文件的出台,意味着新时期教师专业能力的培养与发展将面临全新的挑战,评价能力将成为每位教师不可或缺的一项专业技能。

2021年姑苏区为积极响应国家相关政策要求,引导教师更好地适应未来社会的挑战,建立一支专业化的、具有先进教育测评理念兼具较高教育测评能力的骨干队伍,启动了2021年度第一期区域教育测评班研修项目,收获了初步成效。为进一步深化教育测评研修项目,加大专业化人才队伍培养,将教育测评的理念和技术带到学校教育的每一个角落,促使评价更好地服务于区域各项教育教学工作,姑苏区启动2022年第二期区域测评班研修项目,从全区范围内再次遴选骨干教师40多人,覆盖语、数、英、科四门学科,加上原有的第一期骨干班成员,开展为期一年的培训项目,促进他们在测评工具研制、数据分析技术、分析报告撰写、项目研究等方面的专业成长,进而建立起一支成熟型的区域专业化的教育测评骨干队伍。例如:

测评赋能 助力姑苏做真正的好教育
——2022年度姑苏区教育测评高级研修班开班仪式暨首次培训

2022年3月30日,2022年度姑苏区教育测评高级研修班拉开序幕,姑苏区教育体育和文化旅游委员会副主任谢芳、苏州大学文学院培训中心主任徐永、姑苏区教师发展中心惠兰主任、李琴副主任以及相关学科教研员与2021、2022年度姑苏区教育测评高级研修班成员共聚云端参加开班仪式。

1. 借好风再起航

姑苏区教师发展中心李琴副主任,从研修班目标、研修时间、研修形式、组织机制和研修内容等方面向学员们解读了培训方案,并强调了研修班成立于国家深化新时代教育评价改革的时代大背景。

三元实验小学钱敏月老师作为学员代表发言。她从身边实例中感受到教育测评既是教师个人专业成长的需求，也是推动学校教育教学质量的利器，她代表全体学员表示将珍惜这次培训机会，努力提升教育测评素养，提高教育测评技能。

姑苏区教师发展中心科学教研员吴涧石代表全体导师表示将尽心尽力、尽职尽责，在成员们的理论学习和实践研究中当好向导、参谋、教练、朋友和战斗伙伴，在项目实施中进行有效的引领、指导和交流，与学员们共教共学，共做共研，在实操、实战和实效中共同提升。

姑苏区教育体育和文化旅游委员会谢芳副主任首先向参加今天教育测评高级研修班开班典礼的80位学员表示祝贺。谢主任说，研修项目意义深远，它是推动姑苏区教育测评人才队伍建设，促进骨干教师教育测评专业能力发展的重要举措，将为未来我区推进教育测评改革注入新的活力。她希望各位学员珍惜机会，拓宽视野，提升素养，在学习中既要自主学习，也要与同伴互助，坚持在学习中提高，在实践中运用。

随后，研修班开启首轮培训。

2. 养其根俟其实

苏州市教师发展学院唐爱民院长为学员们作题为"有高质量教师才有高质量教育"的师德专题报告。

唐院长指出，义务教育应定位为"养其根，俟其实"。有质量的教育的标准是塑造健全人格、尊重成长规律、拓展个性空间、符合社会需求。高质量的教育需要高质量的教师，教师首先应成为高素质的教师、专业化的教师、创新型教师，才能确保让每个孩子享有公平而有质量的教育。

3. 新思维新价值

苏州市教育质量监测中心罗强主任带来"在数据化教育生态中挖掘教育真相"测评专题讲座。罗主任从"什么是数据思维"谈起，援引丰富的实例，深化学员对数据思维的价值理解。随后罗主任介绍了开展学生学业监测的时代背景、现实意义以及苏州先进的监测模式，并对本区域检测结果进行了详细的分析解读。

4. 赋新能开新篇

学员们按学科分组学习。

姑苏区教师发展中心李琴副主任（市教育测评小学语文组组长）向语文组学员解析了苏州市义务教育学业质量监测小学语文命题框架。李主任对能力维度指标、考查内容以及对应的能力水平、学科素养，相关命题的评价分值以及预估难度做了详实而深入的讲解，引导学员教师精准了解指标体系和框架建构，更新理念，明确方向。

市教育质量监测中心沈健老师从命题依据、试卷编制、试题研制、命题要点四个方面围绕"基于监测指标体系的小学数学命题"的主题进行讲座，理论阐述结合实例操作，引导学员教师通过显性和隐性结构对试卷有整体把握。

市教育质量监测中心于飞飞老师从命题的研制依据、工具命制六大要求、典型例题与命题技巧、命题中常见的几个问题等方面对英语组学员进行了深入浅出的讲解，引导老师明晰命题研制的导向与价值，并通过大量的命题实例掀开了市质量监测中心监测工具的神秘面纱。

市教育质量监测中心冯杰老师在"基于监测指标体系的小学科学命题"专题讲座中，结合典型的科学监测试题样例，为科学组学员教师研制科学命题指明了方向，工具命制要重视创设情境、坚持育人导向，从而不断提升学生的科学素养。

5. 定方向明任务

姑苏区教师发展中心的四位学科教研员对学科组的培训目标与任务进行了更为明晰的解读。

语文教研员张鹰老师强调有效命题时应关注统编版教材中的语文要素，注重年级间的前后连贯，进行基于学科认知、个人体验和社会生活的情境化监测工具命制。随后张老师给学员布置了监测工具研制的实践任务：分组合作，研制监测工具。

数学教研员蔡宏圣老师结合沈主任的培训内容，指导数学组学员理论联系实际，运用所学知识进行命题实践。

英语教研员蒋萍老师给英语组学员们分组布置了命题实践任务，并对新老学员们提出了建议与希望，打开思路，跳脱出原来的命题桎梏，从一个全新的视域思考学科工具的重要性、多元性和科学性。

科学教研员吴涧石老师对科学组学员分工做出了明确要求，她鼓励培训班的青年骨干教师结合教学实际做好科学工具的研制工作，提升命题能力，努力发挥工具对学生学习的正向功能。

6. 犁新雨破春耕

阳春三月，云端相聚，一览姑苏好风景。立于学业质量水平高位的姑苏教育，凭借"教育测评"的好风，再一次扬帆起航。寄望此次研修项目将教育测评的理念和技术带到学校教育的每一个角落，促使评价更好地服务于区域各项教育教学工作，擘画姑苏教育又一番盛景。

行动七：姑苏区业务园长课程领导力建设

为了进一步提升苏州姑苏区幼儿园业务园长的专业水平，姑苏区教师发展中心委托南京师范大学举办"2022年姑苏区幼儿园业务园长'课程建设'专题研修"项目，培训对象为区内幼儿园业务园长。例如：

发挥"头雁效应"，助力区域课程建设高质量发展

近日，姑苏区幼儿园业务园长"课程建设"专题研修项目在学员们主动学习、热烈研讨、躬身实践中落下帷幕。为期一年的培训项目，在南京师范大学教育科学学院的专业指导下，汇聚区内全体幼儿园业务园长，聚首学界"大咖"，聚焦课程建设，聚力长远发展，以业务骨干的"头雁"优势带动区域课程建设强势推进。

一年的研修项目为学员们带来了课程建设理论的"饕餮盛宴"，拓展了视野，打开了格局。

围绕"课程建设"话题，南京师范大学资深专家、省内优秀知名园长带来了丰富的学术汲养，从"时空""质量"等"大视野"论到"课程评价""课程审议""观察指导"等方法论，专家们或解读理念，或列举前沿实施案例，信息量"超载"的培训内容促使学员们沉浸其中，领悟内化。

研修项目创造性地组织学员进行线上"云观摩"，通过名专家、名园长带来的云分享，身临其境地感知着课程建设在实践中落地生根的勃勃生机。

南京师范大学教育科学学院原晋霞教授及南京市建邺区知名教研员叶屏屏老师与学员代表进行线上互动，就如何制定课程方案、如何帮助新教师弹性开展一日活动等话题展开讨论。专家们深入透彻的剖析及现场积极、浓厚的研讨氛围引发每一位学员在学习中有所思、有所悟。

理论积淀是基础，学以致用是根本。研修项目最终指向的是"头雁效应"带动姑苏学前课程建设品质的整体提升。

业务园长纷纷以推进课程游戏化项目、以提升课程建设质量为目标，将所学所悟运用于日常工作之中。她们努力优化园所室内外环境，充分发挥环

境的隐形教育作用；她们立足园所实际，结合所学所需，扎实开展课程研究与实践，真正将所学化为所用。

在幼儿园多措并举提升课程建设力的同时，区域层级课程建设机制发挥作用，通过幼儿园、共同体、区级业务主管部门的三级联动，凝聚优质资源，开展课程建设展示活动，同时邀请专家入园精准指导，实现"一园一案"，助力提质增效。

问渠哪得清如许，为有源头活水来。相信"头雁效应"还将持续不断地发挥价值，撬动起质量提升杠杆，推动姑苏学前课程建设高质量发展！

行动八：姑苏区名优送培项目实施

为充分放大区域优秀教育人才资源价值，发挥引领和辐射效应，示范课堂、辐射讲台、帮带团队、精进专业，在真实、具体的教育教学实践中提升理念、锤炼技能、涵育素养，打造一支高素质专业化创新型姑苏名师队伍，促进区域教育持续高位发展，实现以"人才高地支撑教育高地"的目标，中心特制定"站在讲台上的姑苏名师"——姑苏区名优教师"研培创"项目建设方案（原区"名优送培项目"迭代升级）。

培训项目负责人条件：区教体文旅委下属的小学、幼儿园特殊教育学校等单位中已获得"苏州市学科（学术）带头人""苏州市名教师""苏州市名校长"荣誉称号的在岗在职专任教师。例如：

从"心"启航护成长
——记姑苏区"站在讲台上的姑苏名师"新青携手——送培到校活动

冬日暖阳，温暖你我。2022年11月16日，姑苏区"站在讲台上的姑苏名师"新青携手——送培到校课程来到苏州市勤惜实验小学校。

许缨老师和李晓思老师同题异构执教"学会寻求帮助"（班会）一课。许老师的课堂基本功扎实，感染力强，让在座的青年老师们受益匪浅。李老师虽然在课堂上略显青涩，但能体现出自己的想法，让听课老师看到了青年教师身上的潜力。

课后，许缨老师就这一课表达了自己的想法，和青年教师一起研讨交流，对青年教师的课堂提出了宝贵的意见。

此次新青携手送教活动，不仅充分发挥了苏州市学科带头人的引领示范和指导作用，为青年教师搭建了拓展提高的平台，也促进了校际教研活动的深入开展，有效促进了青年教师的专业发展。

夯实计算理念　把握核心素养
——记姑苏区"站在讲台上的姑苏名师"示范领航——送培到校活动

11月30日下午，区"站在讲台上的姑苏名师"示范领航——送培到校课程走进苏州市三元实验小学校。课程采用线上送培的方式，苏州市名教师施惠芳老师进行了"小数四则运算的再认识"一课的教学展示，并作了"强化本质理解突出运算的一致性"的主题报告，为苏州市三元实验小学校老师们如何更好地学习新课标，如何更好地把握核心素养作示范引领。

施惠芳老师执教的"小数四则运算的再认识"，紧紧围绕两个核心问题探究小数运算背后的道理，发现运算的本质。施老师基于学生已有认知和思维基础，深度理解教材，彰显知识的整体意蕴和逻辑关系，她始终将学生放在主体地位，让学生在自主观察、思考、计算中逐步感知，进而理解小数四则运算的本质。

施惠芳老师的专题报告《强化本质理解突出运算的一致性》，帮助教师全面了解新课标的实质和主要变化，准确把握课程改革方向。

苏州市三元实验小学全体数学教师在施老师的指导下，将进一步认真学习新版课程标准，把握核心素养，探索教育教学规律，改善教育教学方法，从而促进学生的全面发展！

 典型案例三

培育"苏式""四有"好教师团队

为深入贯彻习近平总书记关于"四有"好教师、做学生引路人等指示精神，落实党中央、省、市一级以及区各级政府关于全面深化新时代教师队伍建设改革的有关部署，现决定在全区小学、幼儿园启动区级"四有"好教师团队建设工作。

建设目标：

按照建设高素质专业化创新型教师队伍的目标要求，引导广大教师做有理想信念、有道德情操、有扎实学识、有仁爱之心的好教师，自觉承担传播知识、传播思想、传播真理的历史使命，肩负塑造灵魂、塑造生命、塑造新人的时代重任，做学生锤炼品格、学习知识、创新思维、奉献祖国的引路人，使教书育人、立德树人真正落到实处。

"四有"好教师团队建设要树牢"四个意识",坚定"四个自信",做到"两个维护",围绕"师德高尚、业务精湛、充满活力"教师队伍建设要求,树立"师德师风典范、教书育人示范、教研科研模范"的建设目标,坚持项目引领、坚持破解难题、坚持方法创新、坚持科研支撑,积极探索新时代立德树人新理念、育人模式新路径、城乡一体新举措、教师教育新突破,有力推进学校教师队伍的建设、教学改革的深化和师范教育的改革。

建设原则:

(1)坚守师德为首。育人根本在于立德。好教师团队要有高尚的道德情操,恪守教师师德行为,通过团队成员修身立德,形成优秀的团队风范。致力改革、创新、完善新时代中小学立德树人的措施、方法、路径和载体,形成科学的长效机制,努力将团队建设成为"学科育人的先锋、创新发展的榜样、团队引领的标兵",以团队的示范标杆和文化价值,推动全校教师成为"先进思想文化的传播者、党执政的坚定支持者、学生健康成长的指导者"。

(2)探索综合育人。以综合建构推动立德树人,以交叉创新促进教书育人。积极开展学科教学、学科育人、综合育人的深度探索,着力构建学科育人的人才培养模式,推进教学与教育方式的变革。坚持教书和育人相统一、坚持言传和身教相统一、坚持潜心问道和关注社会相统一、坚持学术自由和学术规范相统一。加强学科建设、跨科学习、学科融通,开展基于学科的课程综合化教学,重视情境体验和实践动手,开发多种资源,开展各类活动,增长师生知识和见识,在强化综合素质培养上下功夫、见成效。以先进理念、扎实学识、先进技术和前沿研究,探索、创新新时代小学(幼儿园)立德树人的"姑苏经验""姑苏模式"。

(3)促进城乡一体。扶弱共进是体现"四有"好教师团队品格的重要标志。城乡结对的"四有"好教师团队建设,要做到校对校、人对人的一对一带动帮扶、同频共振。要将建设"四有"好教师团队与教育系统的扶贫、扶弱、扶差有机结合,通过研讨备课、研修培训、学术交流、教学观摩等集体方式,以及双方教师通过微信、QQ等一对一在线连接方式,加强日常的交流和互动,实现教师专业发展和育人质量的提升,使之成为教育扶贫、城乡一体的重要抓手、品牌举措。

(4)创新协同机制。团队建设学校要与师范院校建立合作互动关系,要以"四有"好教师团队建设,搭建小学(幼儿园)与师范院校之间加强联结的平台。协同发展既是团队建设重点突破的瓶颈，也是团队成果考核的重要内容。小学（幼儿园）要在开展师范院校开放课堂教学、接受学生见习实习、参与师范教育等方面有新举措和新效果，做到彼此基地互设、教师互派、发展互动、资源互享，有效促进高校师范培养模式的转变和中小学教师教科研能力的提升。

（5）建设团队文化。学校和团队要加强顶层设计，制定发展目标，加强自身建设。每个团队都要凝练个性鲜明的立德树人、教书育人理念，回归育人根本，实现知行合一。在此基础上，注重实践效果，构建行之有效的育人模式，最终形成师生共长、和谐健康、充满活力、特色鲜明的团队育人文化。

（6）加强引领辐射。团队建设要注重发展的前瞻性和引领的辐射性，团队建设要先行、先试，形成从团员到团队、从团队到全校、从一校到他校的蝴蝶效应，引导和带动周边学校和教师以德立身、以德立学、以德施教。

实施建议：

好教师团队组建要由教育情怀深厚、专业基础扎实、勇于创新教学、善于综合育人的教师组成，在聚焦做"四有"好教师的同时，还应优化团队结构，团队结构要符合以下要求。

（1）在人员构成上，每个团队在10个人以上，覆盖学校所有学科，每个学科至少要有一名优秀教师参加。

（2）在层次梯队上，克服唯学历、资历、帽子倾向，突出专业素养、专业水平、专业建树，参加人员具有发散思维、创新能力，主要由学校名师名校长、中青年卓越教师、优秀年轻教师三部分人员组成。团队负责人要有较强的开拓创新意识、团队建设本领、组织协调能力、服务奉献精神。

（3）在年龄结构上，形成合理梯队，重视优秀年轻教师的培养与锻炼。通过各类项目建设，实现教师在使用、提升、培养和储备上的有机结合。参加团队的年轻教师要求综合素质好、进取意识强、主动谋事多、善于学习、吃苦耐劳、成长和发展潜力较大。

（4）在引领帮扶上，学校和幼儿园要在本地区或其他地区的乡村选择一个或若干个同类型的乡村学校建设相同的团队，结对帮扶，定点带动，快步提升。在考核各校"四有"好教师团队建设成效时，将这方面实质性的进展作为重要内容。

好教师团队教师原则上主要由同一所学校各个学科教师组成，个别的也可以由多所学校同学科或不同学科的教师组成。

（5）各小学（幼儿园）要校长（园长）带头、班子示范，紧密结合"不忘初心、牢记使命"主题教育，组织广大教职员工认真学习习近平新时代教师工作的一系列重要论述，研读中央和省委关于新时代教师队伍建设的意见等一系列文件精神，结合学校实际，创造性开展"四有"好教师团队建设。要主动争取高等学校、教科研部门、教师发展机构的指导与支持，做到发展有创意、有新招、有实效，努力开创学校师德师风、教学改革等方面的新局面。

（6）将建设"四有"好教师团队，作为推进全区小学（幼儿园）高素质专业化创新型教师队伍建设的重要举措，抓实抓新，抓出特色。区教师发展中心会同有关部门组织培训、研究、交流等工作，切实做好我区"四有"好教师团队建设的指导服务工作。

（7）各校（园）要充分发挥"四有"好教师团队建设的平台与桥梁作用，将其作为创新师德师风建设、展示新时代教师师德师风建设的新进展；作为深化教师教育改革、提升教师能力素质的新任务；作为促进城乡教育一体、区域协调发展、推进教育均衡的新举措；作为实现教师教育推进教育行政、师范院校、小学（幼儿园）"三位一体"的新路径，做出专题研究部署，切实抓紧抓好。

（8）支持机制。要建立"四有"好教师团队建设工作支持机制，对建设有目标、有思路、有创新、有特色、有成效的好教师团队，给予项目支持，确保"第一资源"得到优先发展、优先支持。同时，姑苏区教师发展中心将加强对区"四有"好教师团队建设的指导和支持力度，不断推出典型、宣传典型、支持典型。

实施案例：

姑苏区"四有"好教师团队建设推进会

为深入贯彻习近平总书记关于"四有"好教师、做学生引路人等指示精神，帮助姑苏区"四有"好教师团队培育单位进一步明确工作方向和实践路径，3月5日，姑苏区教师发展中心举行了"四有"好教师团队建设推进会活动。

江苏省师干训中心副主任徐伯钧、江苏省师干训中心副主任陈玉乔、江

"苏式"教师发展服务品牌的姑苏实践

苏省师干训中心教师发展部主任韩益凤、苏州市教师发展学院院长唐爱民、苏州市教师发展学院副院长魏群、姑苏区教育体育和文化旅游委员会副主任唐丽艳、姑苏区教体文旅委组织人事处处长钟鸣等领导出席了会议。

1. 且行·凝聚区域力量

姑苏区教师发展中心李琴主任从"建设背景""实践路径""实践成果"三个方面，作了"'四有'好教师团队建设的姑苏实践"的主题汇报，她表示：要凝聚区域力量，全力打造一支"有理想信念、有道德情操、有扎实学识、有仁爱之心"的姑苏教师队伍，从而共同扛起建设"古城教育高地"的硬核担当，为古城教育的高质量发展助力。

2. 渐明·聚焦沙龙平台

金筑实验小学校蔡晓瑛校长从学校骨干教师不足、青年教师偏多的现实问题出发，以立德树人为核心理念，学习聚能为动力系统，以课堂革命为主要阵地，以科研助力为发展路径，畅谈学校在打造"禾阅稚友""四有"好教师团队建设上的思考与实践。

彩香教育集团朱晓芳总校长以建设一支"中国心·世界眼"的好教师团队，构建一条"中国心·世界眼"教师培育新路径，建设一所"中国心·世界眼"的样本学校为发展目标，汇报了学校在"四有"教师团队建设上所做的努力。

金阊实验小学校杨明媚校长聚焦研发"六专"特色课程、构建"六+"研修模式和建立多样态组织机构，通过系统化的建设，确保教师专业发展的科学性、规范性和系统性，继而提升教师专业发展的内驱力。

善耕教育集团张苾菁总校长立足党建引领，传承红色初心新风尚；立足素养导向，探索综合育人新模式；立足协同发展，打造纵横联结新格局；立足价值引领，生长百年老校新文化；立足效能集成，践行辐射引领新行动，牢牢把握"向善·勤耕"好教师团队发展方向。

平江教育集团金一民总校长聚焦"培元·大成"的文化内涵，从"寻找源问题""找准源队伍""发展源素养""建设源项目""实施源举措"五个方面出发，追本溯源，探寻如何建设"四有"好教师团队建设的基本路径。

沧浪新城第一实验小学校张瑾校长则通过营造"扎根·生长"团队文化，塑造"榜样·师楷"师德品牌，探索"学科·融合"教学体系，构建"融合·协同"的举措，以"四有"好教师团队建设为抓手，助推学校高质量发展。

3. 即刻·对话领域专家

各位专家针对六位领衔人的专题汇报做了专业点评。钟鸣处长首先肯定了姑苏区各校推进"四有"好教师团队建设的各项举措，点明了各校的发展方向逐步明朗化、清晰化的良好态势；并针对金筑实验小学校的实践提出了"聚焦团队、聚焦目标"的建议。

魏群院长针对金阊外国语实验学校的团队构成，提出了可以从"跨学科""跨骨干层级""跨年龄层次"三个维度构建团队；要立足难题，善于从"提炼难题""破解难题""攻克难题"三个层级构筑新样本。

唐爱民院长强调"四有"好教师团队建设首先要解决一个"会怎样"的问题，要厘清教师队伍建设所面临的困境和所做出的探索与实践是否有一一对应的关系，切忌太泛、太空。

韩益凤主任提出要明确四个定位，厘清四个关系，即指向团队项目的定位，要厘清团队建设和校园工作之间的关系；指向领衔人角色的定位，要厘清团队难题破解和课题研究之间的关系；指向文化涵养的定位，要厘清团队文化和学校文化之间的关系；指向教师的定位，要理清团队发展和教师发展之间的关系。

陈玉乔主任强调要区分好名师工作室和"四有"好教师团队建设的本质异同，明确教师团队建设走向何方，继而再将目标细化；要深入思考是"虚做"还是"实做"这一命题，在"实干"中找"支撑"，在"构建"中走向"深远"。

徐伯钧主任以"中国人民解放军兵种建设"为类比，形象地厘清了"四有"好教师团队与校本研修、区域教研、名师工作室、教育家型教师培养工程等之间的关系。他强调"四有"好教师队伍的建设问题一定是非个别性、非单科性、非前瞻性、非统一性的，并对如何走出"四有"好教师团队建设的实践误区提出了宝贵建议。

唐丽艳主任对这次的推进会做了总结，她首先向以上六所被评为市级"四有"好教师团队的学校表达了真挚的祝贺，并对帮助所有领衔人、校长、园长纠正思想偏差的专家们表示衷心的感谢。她希望所有领衔人将以今天为新起点，对各项操作层面上的问题进行深入思考，以实现认知的进阶、设计的进阶、实践的进阶。

高站位、高密度、高质量、高期待；深思考，深交流，深研讨，共成长。这次的姑苏区"四有"好教师团队建设推进会让各与会人员在思想的碰撞中收获，在收获中沉淀。相信，在"四有"好教师团队建设的实践道路上，姑苏区一定能且思且行，一路芳华！

第五节 全面科学提升教学质量的姑苏行动

教学质量是教育事业的生命线，也是衡量区域教育整体水平的关键指标。提高教学质量是姑苏教育发展的永恒主题。

多年来，姑苏教育全面贯彻党的教育方针政策，深入学习习近平总书记关于教育工作系列重要讲话精神，坚持立德树人根本任务，坚持"创新、协调、绿色、开放、共享"发展理念，以"全面科学提升教学质量"为中心，以"助力学生核心素养发展、助力学生终身发展"为核心，以"深入推进教学改革"为主线，狠抓教学管理，研究教学策略，优化教学过程，开展有效研训，强化科学监测，完善评价机制，不断促进姑苏教育内涵提升与品牌发展。

一、强化意识，牢固树立质量第一的认识

1. 牢固树立质量立区、立校的鲜明意识

姑苏教育全面聚焦质量提升工程，引领学校牢固树立"全面科学提升教学质量"的中心工作意识，树立"教学质量提升助力学生核心素养发展、助力学生终身发展"的核心发展理念。要求学校行政强化质量意识，亲力亲为，做到在其位、谋其政、任其职、尽其责，扑下身子抓教学，埋头苦干提质量，摒弃"花团锦簇"，种好"自家田地"，真正夯实"姑苏教育大区"的底盘与实力。指导学校依据学校发展和学生实际，建立具体可行的教学质量提升目标，将质量提升目标因时因人细化分解，逐级逐段推进落实，确保质量提升的步骤清晰、效果可见。全域营造在区域学业质量监测、学生素养展示中，龙头学校发挥优势、保持领先，薄弱学校循序渐进、迎头赶上的局面。

2. 积极营造质量第一的教学氛围

中心以《姑苏区学生阶段学养素质绿色达标项目》为抓手，通过项目化推进引领学校在内部高高竖起提高教学质量这杆大旗，通过多种形式，校长

带头，行政跟上，将教师的心思集中到提升教学上，行动统一到提高质量上。指导学校制订日常工作计划安排任务时，与提高质量有关的事要多做，无关的事要少做，不利于质量提高的事坚决不做。树立质量第一的管理理念，想着抓质量，争着提质量。行政班子对全体教师加强质量意识教育，增强教师的责任感和危机感，激发教师的使命感和成就感，形成人人要质量、个个抓质量的良好教学氛围。

二、细化举措，建立提高质量的管理机制

1. 积极探索提高教学质量的运行机制

中心近年来动态性修订、研制、下发《姑苏区小学各学科教师教学规范》《姑苏区小学教学备课、作业、课堂教学评价表》《姑苏区育人导向下的作业设计指导细则》《姑苏区小学学科学段过关监测指导细则》《2023年姑苏区新课标背景下各学科备课要求及样例》等各类助推教学质量提升的制度、细则，形成独特、稳定、和谐的提高教育教学质量的运行模式，用制度全方位、全过程管理教育教学工作，确保措施更加有力，操作更加便捷，成效更加明显，形成利于质量提升的教学管理长效机制。通过上述规范、细则，进一步加强对学校教学工作的目标管理、过程管理和课程计划管理，领导和指导教学工作的针对性和规范性，确保教学管理的科学性和有效性，促进教学质量全面提高。

2. 切实加强教学调研的跟进指导力度

中心以"全面科学提升区域教学质量"为核心服务目标，立足区情，助力决策，寻求突破，评价导航，指引路径，服务帮扶，监测助推，强化跟进，全面促进学校教学质量提升。自2013年起，中心以追求"高效课堂"为中心，以增强服务和效能意识为重点，本着了解教学动态、查找存在问题、发现典型亮点、加强指导引领为目标，开展了全学科、全覆盖的"润教"工作。基本项目包括课堂教学、备课、作业布置与批改、绿色学养常态监测等，以强化学校教学过程管控、有效提升教师教学能力为重点，实施"课堂教学我能行"教师教学能力全"润教"，通过掌握学校教师备课、作业、上课第一手资料，诊断、服务第一线，为切实提高教师教学能力和水平，全面提升姑苏教学质量奠定基础。五年来，全区所有学校年均获得学科"润教"服务10次左右，每次接受浸润式指导服务的教师2—4人次。通过扎实的"润教"工

作，中心对姑苏区各校教学管理的整体情况、学科教学质量的整体推进、教师素质的整体状况、学生发展的整体水平都有了比较全面与鲜活的了解，为加强教学管理工作、全面提升教学质量奠定了坚实的基础。

三、聚焦课堂，研究学生核心素养的发展

1. 更新教学理念，聚焦核心素养

中心紧紧围绕"聚焦学生核心素养发展"开展系统的教学理念培训，以此引领和指导教师专业发展。中心以"基于学生学科核心素养的'苏式'课堂中全面提升教学质量的研究与实践"统领整体工作，整体设计系列项目。各学科基于核心素养模型，探索不同学科对核心素养的独特内涵，形成基于学生核心素养在学科维度上的分解和落实，研制出台《姑苏区小学学科核心素养评价标准（实验稿）》，引领区域学科研究新视域。在此过程中，中心各学科在原有"主题教研"研修模式的基础上，着力聚焦提升教学质量策略的研究，据此推出针对性学科系列活动，推出针对解决教学难点、重点的策略研究成果，更好服务于课堂教学需要，服务于教师专业发展，服务于教学质量提升。中心各学科均围绕"基于学生学科核心素养的'苏式'课堂中全面提升教学质量的研究与实践"设计学科网络研修课程，引导教师改变单一的传统教学模式，着力探索双板、未来教室教学，探索更个性化、人性化的学习方式，引导教师通过参与网络研讨和学习，进一步准确把握学科核心素养评价标准，逐步改进学科教与学的评价方式，探寻发展学生核心素养的有效途径与方略，为深度落实学生核心素养培养、有效提升教学质量提供有力支撑。

2. 聚焦"学力"研究，提高教学效益

教师研究学生，是"育人"的起点，是提高质量的基础，是在教育中贯彻落实以学生为本和新发展理念的需要，同时也是办好优质多样、充满活力、人民满意的教育的关键环节。为此，中心以《姑苏区教育教学综合改革项目实施方案》文件精神为引领，以《姑苏区"教师研究学生"项目实施细则》具体要求为标准，依据学校发展现状和未来设想，精选实施项目，落实项目成员，深入开展真实、有效的项目研究，为区域教育综合改革提供借鉴经验。中心召开推进协调会，指导项目校开展内部讨论，依据校情确定一个或多个实施项目以及项目实施的重点学科。中心依据学校实施意向和专业人员情况，

进行统筹调配，会同学校项目组有序开展项目实施工作，精心制定实施方案，积极开展项目活动，详细做好活动记录，梳理初步成果。中心各学科研究着力聚焦课堂教学中的关键因素——教材、教师、学生、环境，关注学生积极学习情感的培养，关注知识系统的建构，关注学习环境的改善，关注解决问题的能力，关注针对每个学生的多元化评价，通过多维度、多途径的实践研究，让课堂成为学生培养学习自信心、获得学习能力、增强学习可持续能力的场所。

3. 探索课堂转型，立足学生发展

2022年3月，《义务教育课程方案和课程标准（2022年版）》正式颁布，中心紧扣《义务教育课程方案和课程标准（2022年版）》实施契机，以高质量育人目标为引领，准确把握学科教学新方向、新趋势，转变教学观念、角色行为，着力思考新理念、新模式的落地与实施，致力课堂教学变革、育人能力提升的转型与突破，持续推进区域课程改革走向深化。中心以"课标落地"为抓手，全面组织开展课标学习，引领教师准确领会课标精神，把握课标要求，做好教学解读的准度、深度和亮度，将教学信念、教学思维、教学方法从文本课标向行动课标转化。聚焦培育学生核心素养，落实立德树人根本任务的鲜明导向，引导一线教师对标课标，提升课程实施能力，助力新课标和课程方案在学校的真正落地。重视课标的落地实施，引导教师充分发挥在课程实施中的主动性和创造性，实现教学理念与行为的更新与转变，引领教师自觉发展。中心以"课堂转型"为载体，引领区域学校探寻学科教学与德育融合的结合点，探索从学科教学向学科教育迭代的突破点，展现从注重课堂到注重学科课程、从注重学科课程到注重课程育人的教学担当。基于"学为中心""苏式"课堂教学形态建构项目，以聚焦学生学习，提升课堂品质，优化作业设计，培育核心素养为主题，围绕"转型""创新""优质"等关键词开展教学研究与实践，从"学科教学"走向"学科教育"、强化学科整体育人功能。

四、确立标准，建立科学的质量评价体系

1. 加强标准研究，形成正确的质量提升导向

中心根据上级部门关于推进教学质量综合评价改革的相关要求，以立德树人为根本导向，围绕质量提升的中心任务，结合国家中小学课程方案、课

程标准、学校管理标准等相关要求，研究制定本区域学生学业质量检测标准和学生学科核心素养评价标准，以标准正确引导学校和教师充分关注学生学业提升、身心发展、兴趣特长养成、课业负担变化等情况，加强对学生核心素养培养的顶层设计和实践探索。中心历时3年，按照高、中、低学段顺序，逐步推出《姑苏区小学生学科核心素养评价标准》和《姑苏区小学生学科质量监测标准》。各学科核心素养标准建构着力于"学科核心素养具体描述""学科核心素养具体内容""学科核心素养评价标准"的研制，各学科质量监测标准侧重于从"内容维度"和"能力维度"两大领域着手研制，明晰了学生核心素养在各学科维度上的分解过程和落实要求，为引导教师深入开展"苏式"课堂教学研究，深度落实学生核心素养培养，有效提升教学质量提供了有力支撑，推动了姑苏教学生态、教师发展模态、学生成长状态的华丽转型。

2. 完善监测机制，构建科学的质量监控体系

中心高度重视质量监测机制的形成与完善，2013年9月至2023年1月，《姑苏区学生阶段学养素质绿色达标升级项目》已实施14轮，其间不断转型与升级，以适应新要求。14个监测环节规范化、专业化、科学化、实证化，环环相扣、融为一体，实现了依法监测、科学评价、素养为重、专业视角。创新推出"姑苏区常态专项监测实施项目"，形成全员与抽样结合、全面与专项交织的立体监测网络，进一步完善区域学业质量监测的体系架构。中心高度重视基于监测结果运用的校本化研究，定期进行基于实证的大数据分析专题培训以及基于数据平台监测结果的校本应用研究培训，引领学校认真针对监测结果表现出来的校际、班际、学科、学生等各种差异进行深入研究，充分挖掘数据背后的因果关系，坚持问题导向，制定务实、可量化的改进措施。中心不断完善项目式跟进机制，开展"大数据背景下的跟进式教学管理改革项目"的实践研究，形成区、校两级学科教学质量预警机制，依据监测结果反馈，对发展缓慢的学校、班级给予针对性扶持。中心精心编纂学科质量监测报告，全面公布监测标准、监测工具及双向细目表，还有更为详尽的监测数据分析和区、校学生在各个学科监测维度上的具体发展情况，以大数据为凭证，深刻剖析学生在各科学习过程中存在的问题，倡导教师要反思教学行为，聚焦课堂，研究学生，提升效益，推动学校管理层优化管理模式，改进管理策略，加快教学变革，促进学校教学可持续发展。

3. 用好数据分析，切实加强针对性跟进举措

中心扎实开展全区性的监测结果校本化运用案例评选，重点推送有创新举措、凸显大数据应用、带有独创性和前瞻性的优秀案例，并进行颁奖，有效促进学科教学质量提升。中心专业人员站位全区的学科建设发展情况，立足监测结果数据指向的知识维度、能力水平认真分析；立足区域学科教学实际，梳理不足，精选课题，深入思考，设计全区性的质量监测结果运用案例，切实引领全区学科教学的发展方向。通过基于标准的区域推进学科质量监测管理的实践，学生的学科核心素养发展迅速；根据监测结果的数据分析，学生在各学科知识维度与能力维度上的提升明显且均衡，实践能力和创新意识有了长足进步。监测案例研究方面成果丰硕，在大市评比中名列前茅；实践经验亮相苏州大市作优秀经验交流，并成功申报江苏省教育科学"十三五"规划课题。通过基于标准的区域推进学科质量监测管理的实践，姑苏教育的学科教学生态获得了极大改变，课堂教与学行为方式朝向基于数据驱动的"问题—分析—改进"的良性循环，区校两级均建成了基于过程的教学质量综合评价体系。姑苏教育全面形成科学、和谐、可持续发展的教学质量观。

 典型案例一

基于数据诊断的区域性学业质量监测的姑苏实践

为有效推进区域教育教学高质量发展，2018年暑期，姑苏教育与华中师范大学教育大数据应用技术国家工程实验室正式开展合作，共同实施"基于数据诊断的区域性学科评价项目"，构建具有姑苏区特色的学生学业质量指标体系和评估框架，对学生、教师、学校海量的过程性数据进行采集，并利用数据挖掘、深度学习等先进技术和手段，对采集的数据进行综合分析。通过应用智能化引擎，对学生个体学习、教师个体教学过程中的行为数据进行智能诊断，全面反映出学生学业状况，清晰呈现出教师教学现状，从而引导教师改善教学方法，引导学生优化学习方式，引导学校完善管理行为，全面提升区域学生学业质量和学校发展水平。

建设背景：

长期以来，学科监测的目标为选拔和甄别，内容局限在知识层面，功利化的监测目标忽视了学生全面发展，模糊化的监测内容羁绊了课改脚步，单

一化的监测结果忽视了学生个体差异。教学改革进程、教育生态环境、学生身心发展均受到不同程度影响。苏州市姑苏区教师发展中心为打破这种监测困局，开展了大量创新工作，通过倡导一种科学意识、建立一套质量标准、创立一个数据平台、形成一系列有效监测及结果应用机制，取得了一定的实践成效。

建设方案：

一、理念支撑建标准

学科教学质量如何监测，评价什么，不仅涉及课堂教学的改进，更对教师专业发展和学生成长起着导向作用。通过建构学科核心素养及学科质量标准，坚决打破"以分数论成败"的教学评价困局，高举"科学、和谐、可持续发展的教学质量观"的鲜明旗帜，通过构建综合评价指标体系，客观评价各学校的教学情况，并以此为依据提出有针对性的改进意见，促使学生学力发展最优化、教师教学实施最优化、学校教学生态最优化。

1. 以理念指引标准研制

要切实履行《教育部关于全面深化课程改革，落实立德树人根本任务的意见》中提出的"把核心素养和学业质量标准落实到各学科教学中去"要求，广泛宣传"教育是为了人的全面发展""学科质量标准必须符合学生成长规律和社会对人才的需求，必须明确学生应具备的必备品格和关键能力"等核心理念，始终紧紧围绕"学生核心素养"，秉承为学生而来，回归学生而去的宗旨，将学科质量评价从过度注重学科知识成绩转向关注学生素养的全面发展，从过度追求功利转向教育对人的发展的价值追求。

2. 以标准推动教学转型

各学科核心素养标准建构要着力于"学科核心素养具体描述""学科核心素养具体内容""学科核心素养评价标准"三方面的研制，各学科质量监测标准要侧重于从"内容维度"和"能力维度"两大领域着手研制。

二、信息支撑建平台

基于标准的监测，必须有强大的智能设备支撑。在高度现代化、信息化的今天，借助互联网、大数据、云计算等先进技术手段解读学科教学，真实反馈学生各类发展指标，深度挖掘学科监测结果价值，促进教与学方式变革已经成为现实。

1. 用数据实现定性定量分析

中心将建成"姑苏区学科质量监测数据平台",将原本单一的统计评价模式转变为多元、多维度的,为学生、教师、学校、管理者等提供更为智能化、深层次诊断、甄别的分析工具,并形成分析报告。平台提供不同权限的监测数据开放功能,辅助各个管理层级基于质量监测结果数据分析,发现问题,跟进改进,充分发挥监测数据运用的效度,为教育决策提供各个层级的科学合理的依据。平台能够聚焦每一个学生的微观表现,记录监测过程当中产生的各种数据,通过可视化数据的多样态呈现,让使用者能够以科学、审慎的态度进行每一个数据的整理、研究与分析,进行每一个现象的思考、审视与追溯,进行每一个行为的反思、跟进与实现。

2. 用数据探索多元个性评价

通过平台,实现学科质量监测的多维度诊断,既能通过各类数据的分布和各级指数的统计来辨析监测工具的科学性、合理性,提升监测工具的研制能力,也能通过细化指标分析,对获得的数据进行整理、汇总、概括,借助各种表格、图形的形象展现,使定性与定量的分析更加丰富、全面、系统和准确。借助平台数据的不断积累,还可以逐步实现对区域质量监测数据动态、持续地跟踪分析,对学生不同时期的变化进行多维度跟踪评价,逐步实现对学生个性与发展性的评价。

3. 用数据推动教师精准施教

通过平台,学校和教师能够透过大规模的数据群,着力进行数据"链接"与"比照",精准分析每一个学生的学科素养发展状况,切实找到学科教学和学生学习的薄弱环节,发现问题、跟进改进,开展针对性提优补差,实现对每一个学生的"精准施教",充分发挥监测结果运用的效果,让监测的落脚点真正回归学校、教师和学生,形成一个覆盖全区、主体多元、评价方式多样、评价手段具体、操作性强、具有姑苏特色和姑苏效能的学科质量监测评价体系,实现以质量监测促进学生成长、教师发展和改进教学实践的评价功能。

三、机制支撑抓应用

1. 质量监测机制

要重视学科质量监测机制的建设工作,力求通过监测来促进管理,营造明亮、健康的区域教学生态。中心内部对监测的程序、方法、途径等反复论证,确保机制全面、公开、透明。14个环节规范化、专业化、科学化、实证化，环环相扣、融为一体。

中心的学科质量监测要全面接轨省市学业质量监测，立足"全面科学提升教学质量"的"姑苏目标"，真正实现依法监测、科学评价、素养为重、专业视角。

要进一步完善区学业质量检测的体系架构，形成全员与抽样结合、全面与专项交织的立体监测网络，逐渐实现区域学业质量监测全覆盖。所有监测，要始终坚持立德树人的根本导向，以促进学生学科核心素养发展为根本点，着力把质量监测的落脚点回归学校，推动学校质量管理水平整体提升，推动姑苏教学质量全面提升，服务姑苏学生的全面发展。

2．校本应用机制

每轮监测过后，都要进行基于实证的大数据分析专题培训以及基于数据平台监测结果的校本应用研究培训。要精心组织关于工具与《姑苏区小学生学科核心素养评价标准》之间有效关联度的反思性研讨：组织监测与评价专题分析会，组织监测中典型案例跟踪研究与信息发布会……基层学校和教师在各类活动中逐步感受、接受、喜欢上学科质量监测应用培训，因为这个监测不再是"一张随意的试卷"，不再是"考的都不是要教的"；这个评价也不再是"分数排排队"，不再是"领导手里杀手锏"，而是学校与教师完成职业使命、成就学生成长的同行者与助推器。

要重视基于监测结果运用的跟进式改革举措，要求基层学校认真针对监测结果表现出来的校际、班际、学科、学生等各种差异进行深入研究，充分挖掘数据背后的因果关系，坚持问题导向，从解决短时间内必须解决、能够解决的小问题入手，制定务实的、可量化的改进措施。

3．项目式跟进机制

依据监测结果，要不断开展大数据背景下的跟进式教学管理改革项目的实践研究。在优化与验证中，以阶段性方式螺旋式逐级推进，不断推动区域学科教学质量与教学管理水平的提升。

要形成区、校两级学科教学质量预警机制。依据监测结果反馈，对发展缓慢的学校、班级给予针对性扶持，帮助学校查找关键问题，明确真正的"薄弱点"，必要时破除陈规，大胆改革，有序扭转学生发展缓慢的现状，促进薄弱学校学科教学质量的逐步提升。

要精心编纂学科质量监测报告，全面公布监测标准、监测工具及双向细目表，还有更为详尽的监测数据分析和区、校学生在各个学科监测维度上的具体发展情况。以大数据为凭证，深刻剖析学生在各科学习过程中存在的问题，倡导教师反思教学行为，聚焦课堂，研究学生，提升效益，推动学校管理层优化管理模式，改进管理策略，加快教学变革，促进学校教学可持续发展。

四、案例支撑促推广

1. 校级运用全面开花

每年都要举行全区性的监测结果校本化运用案例评选，组织各校各学科踊跃参与，提交大量案例申报。精挑细选参评案例，重点推送有创新举措、凸显大数据应用、带有独创性和前瞻性的优秀案例进行颁奖，并邀请部分代表作经验分享，有效促进学科教学质量提升。

2. 区级引领学科发展

在区级层面，中心专业人员更要站位全区的学科建设发展情况，立足监测结果数据指向的知识维度、能力水平认真分析，立足区域学科教学实际，梳理不足，精选课题，深入思考，设计全区性的质量监测结果运用案例，切实引领全区学科教学的发展方向。

关键行动：

一、导向树立——"全面科学提升教学质量"

姑苏教育历来把教学质量视为核心工作，不断探索区域教学质量监测与评价机制，明确提出"全面科学提升教学质量"的"姑苏目标"。自区教体文旅委提出"擦亮姑苏教育品牌，推动教育高质量发展"要求之后，更是将学业质量监测作为重要评价指标，不断研究和完善整个区域的监测机制，确保过程有序、公平，结果清晰、公正。

目前姑苏区已形成多级监测网络，区级专项监测强化严肃性、保密性、规范性；共同体级常态监测突出针对性、诊断性、跟进性；校级自主监测落实主动性、有效性和问题导向性。同时提出：各级监测均要突出数据分析，切实加强针对性跟进举措，对所有数据、信息进行汇总、甄别、分类和深加工，得出科学、全面、可信的监测结果，明确提出改进建议，形成各种形式的教学质量监测分析报告和结果应用方案，通过各种途径跟踪调查各项改进措施的落实情况和实际效果。对于相对落后、需要引起重视的对象，学校层面要第一时间跟进，区域层面要不定期的跟踪，要通过监测树立质量自觉、

第二章 探，涵育的路

质量自控意识，激发教师提升教学质量的主动性、创造性。

二、项目推动——"市区两级监测结果的校本化运用"

"姑苏区学生阶段学养素质绿色达标升级项目"是姑苏教育综合改革一项重点项目，目前已经实施了十多轮，监测标准全面建立，工具研磨不断优化，流程组织逐步成熟，分析研究全部基于大数据诊断，评价运用也基本实现全面铺开。每轮监测结束后，中心都要召开项目分析会，依据各项数据剖析各类学生学业发展情况，并结合区域教学实际详细提出教学管理及实施意见，下发学科分析报告。

同时，中心全面开放学业监测数据平台，指导学校在平台上查询本校学生各项学业数据，开展各种问题诊断与分析，科学制定发展策略，创新实施教学改革，并将各项举措落实到日常教学行动中去。

为进一步推动学校重视并做好监测结果校本化应用工作，中心还设立了教学质量预警机制，要求基层学校认真针对监测结果表现出来的校际、班际、学科、学生等各种差异进行深入研究，充分挖掘数据背后的因果关系，坚持问题导向，从解决短时间内必须解决、能够解决的小问题入手，制定务实的、可量化的改进措施。

三、系统跟进——"姑苏区教学质量提升工程"

为防止各校提出的教学改进停留在一纸方案中，姑苏教育实施了一系列教学质量提升工程行动。

成立姑苏区学业质量监测协同创新组。按照姑苏教育大数据项目建设进程，姑苏区成立学业质量监测创新协同组，分学科开展命题培训，从理念思路到题型分类，作出精准示范指导，最大限度提升学业监测聚焦点和能效度，同时为学校储备学业监测命题人才，助力各校自身学业监测工作质量提高。

实施基于数据诊断的区域学业质量监测项目。完善大数据题库建设，构建姑苏大数据平台第二套学科知识与能力训练体系，充实姑苏教育大数据题库。推进大数据题库的有效运用，出台相应机制督促全区各校借力题库资源科学实施学科指导与训练。

分学科开展"教学质量提升回头看"。随机选定一所学校为现场，另抽取十四五所学校学科分管行政一同进驻该校。通过全员化课堂观察，评估学业质量管理材料，以及分享各校实施的学科质量管理举措，汇报成效，分析难点，设想下阶段工作，为各校提供集思广益、相互取经的机会。

启动姑苏区"学科教学质量月研讨"。以"盯关键人，做关键事"为目标，全面聚焦学科分管行政教学领导力，通过组织开展示范教学、听课评课、举措交流、难点共议等研讨活动，切实提质"关键少数"，撬动全域发展。

构建姑苏区教师专业发展关键能力提升课程群。聚焦教师专业发展的精准化、体系化、实效化研训课程建构与实施，聚焦教师专业发展中的关键能力、亟待提升能力、缺憾能力等，瞄准问题、精准解惑、注重实操、短小精悍。2019年秋学期，"姑苏智慧云"共计推送近百节关键能力提升课程，成为姑苏教师丰实"教力"，提升本领的有力抓手与亲密伙伴。

启动"解析'高质量课堂'的教学密码"观察项目。观察的对象皆是来自大数据分析下的样本教师，这些教师没有光芒耀眼的学科头衔，但他们的课堂朴实无华，师生情感融洽，教与学有机融合，学生学习卓有成效。正是大数据，让这些素朴、可爱的姑苏教师的常态课堂教学样式成为姑苏学科教学改革的耀眼典范。"教学目标精准、教学内容精准、教学方法精准"这一系列课堂高质量的密钥在区域大力推广。

各项举措的推出和推进，有效助推姑苏教师教学能力提升，科学强化"苏式"学校质量管理体系，促进了姑苏教育高质量发展。

四、考核督促——"案例申报研究全员化目标"

姑苏区总结前两年区域实施学业质量监测结果运用优秀案例评选的成功经验，依据区域教育发展情况和学校发展需求，在2019年度提出案例申报研究全员化目标，要求每个学校都能依据2018年市级监测结果反馈以及区域绿色达标项目的监测结果，立足学校教学实际，梳理不足，查摆问题。从小问题着手，选准课题，深入思考，积极参与案例申报工作。中心明确要求每所学校的改进案例不得少于2个，并邀请有关学科专家组成评审小组，评选出区域优秀案例一等奖、二等奖若干。在此基础上择优推荐参加2019年度苏州市义务教育学业质量监测结果运用优秀案例申报评选，同时将此项工作纳入综合考评。

实践密码：

教育的高质量发展，离不开教师的高质量课堂，科学提升教学质量的主阵地是课堂。姑苏推出"解析'高质量课堂'的教学密码"观察项目教科研融合建设行动。聚焦课堂，探寻高质量课堂的教学特质，解析高质量课堂的教学密码，为区域广大一线教师"立足课堂，有效提升教学质量"提供朴素的榜样和有益的服务。

一、观察对象

项目的观察对象为在姑苏区学业质量监测中执教学科学业水平优异的10位教师代表。10位教师涵盖语文、数学、英语、科学四个学科,其中学校学科分管行政领导、质量提升"引路人"3人,具有区级及区级以上专业称号、质量提升"领航者"2人,普通学科教师、质量提升"奠基石"5人。5位普通学科教师中,有一位30多年教龄的老教师,有3位中青年骨干教师,还有1位教龄3年以内的新教师。

二、课堂观察

项目组对10位样本教师进行课堂观察,共计听课10节。为提升观察过程的真实性和有效性,项目组每次都是提前一天通知相关对象,依据自主设计的《课堂教学五级水平评价表》,对课堂真实情境中教师和学生的真实状态进行专项观察和评估。

通过课堂观察,结合课后访谈以及观察量表各项指标水平评价的数据分析,观察组一致认为,10位样本教师的课堂朴实无华,师生情感融洽,教与学有机融合,学生学习卓有成效,这些课堂无疑都是高质量的。这些样本课堂所呈现出的某些教学特质,可以为所有学科教师努力构建高质量课堂带来诸多有益的启示。

三、课堂解密

比照日常课堂观察中的事实材料,滤去10个样本课堂的一般性数据和课堂观感,有显著样本意义亦即感受最深的有两点,集中体现在以下两个关键词上。

(一)"情感性"

1. 样本课堂的学生是喜爱这样的课堂的

从数据上看,10个样本课堂学生"学习状态"的三项指标"兴趣度""专注度""参与度"都达到了4级及4级以上水平。绝大多数学生,都能以一种轻松的心态,在课堂上与老师、同伴亲切对话,甚至是"争论";都能兴致勃勃地投入教师组织的探究、实践活动中去。惊叹声、欢笑声、掌声会不时自发地在课堂上响起。他们是发自内心喜爱这样的教师、这样的学习样态、这样的课堂。

2. 样本课堂的教师是享受这样的课堂的

从访谈中得知，10个样本课堂的教师都很享受自己的课堂。他们总是精心专研教材，精心准备课件，精心组织好每一次常态教学活动；与学生平等地对话交流，共同合作探究；没有严厉的斥责，更多的是幽默的提示、会心的微笑；对于学习后进生，给予的是细致的引导、耐心的等待、亲切的勉励、热情的褒奖……"享受"课堂与学生的真诚相处，"享受"学生在自己真心付出后在学习活动中的成长，这是样本课堂教师的课堂真实样态。

"要学生喜爱我的课堂，首先要与学生做朋友，让学生真心喜爱我这个教师！""要学生喜爱这门学科，就要让学生增强学习的兴趣，有从学习中获得的成就感"这是在教师访谈中听到最多的话语。"老师很喜欢我们！""老师常常会给我们惊喜！"这些话语在学生访谈中反复出现。"敬业、爱学生、与学生打成一片。"这些是在校长、分管行政访谈中对样本课堂教师的普遍评价。

对教师这个称谓心存敬畏，真心爱学生；对执教学科保持一种发自内心的尊重和喜爱，对课堂始终充满情感。情感性，应该是高质量课堂的重要特质。

(二)"精准性"

1. 教学目标精准

10个样本课堂教师"教学目标"的四项指标中，"学科目标清晰""学段目标彰显""课时目标合理"这三项都达到了5级水平。学科"监测目标对接"这一项指标虽然有参差，平均水平也达到了4级。

学科、学段、学时目标的精准定位，这与所在学校长久以来注重校本培训、校本教研，教师对学科课程标准精神吃得透、教育理念有效转变密不可分。教师都很重视与学科"监测目标对接"，但在课堂教学中又几乎没有具体体现，而这10个样本课堂却不约而同地把"监测目标对接"落到了教学的实处，这应该是他们高质量教学的重要支撑。

2. 教学内容精准

听课中发现，10个样本课堂都非常注重对教学内容的精准把握，他们不是简单地把教材"照单全收"，而是合理剪裁教学内容，特别注重把握教学内容与教学目标的一致性，教学内容与学生学习的可接受性，教学内容对学生发展的独特性，教学内容的首因范例性，教学内容与课堂作业的顺应性。教学内容不仅着眼于开拓学生思路、增大信息量、加速知识的储存，还着眼于学生学了能用、学了会用、学了就用。最后，教学内容的所有"营养"经学生"孵化"后都在课堂作业上得到很好的"生长"。Z老师在访谈中说得朴素而真实，很有代表性："真正的减负，不是减去这些有效的作业，而是要避免没有方向、没有重点地瞎练。所以，我的教学是精准的，精准地教，精准地问，精准地练。在我看来，这就是走向高效课堂的第一步。"

3. 教学方法精准

在样本课堂，10位教师对教学方法的精准选择，引发了作为观察者的我们的啧啧称赞。"自行车上的简单机械"一课，自行车以实物的形式来到了讲台上，在一次次学生与自行车的亲密接触中，滑轮的驱动、杠杆的省力设计原理这些教学难点统统消失了。"光与影"一课，3次实验使学生轻松寻出了光源、遮挡物、影子之间复杂的变化规律。6个游戏活动就是课堂教学的全部内容，对四年级孩子来说比较复杂的"可能性"难题在欢声笑语中轻易被解决了。贴近生活，恰当使用教学材料；注重学生实践活动过程中真实体验的积累，注重对学生学习兴趣的激发，注重对学生预习习惯、阅读习惯、发言习惯、练习习惯等良好学习习惯的养成，让课堂生动化、生活化、思辨化，精准选择教学方法，这是提升课堂教学质量的法宝。

4. 教学语言精准

数据显示，10位教师的教学语言的精准性和启发性都在4—5级水平，"教学评价"指标达到4级水平，其中的3个二级指标"评价正面有积极性"为5级水平，"评价精准有引领性"为4级水平，"评价及时有时效性"为4级水平。访谈中，10位教师都有同感：当需要讲解一些教学内容的时候，我总是尽力地用精准的、简洁的或形象的语言来表述；当学生讲得不对的时候，我一定会明确地指出来；当学习后进生实在不会的时候，我会说一遍标准答案，让学生复述一遍、两遍甚至三遍。从现场听课中，我们深切地感受到，教师教学语言的精准是影响课堂教学质量的重要因素。实践证明，学生对简洁明快的语言反应快，能在大脑留下深刻的印象，而对冗长生硬的语言反应慢，难以记忆。如果教师在教学中信口开河，词不达意，模棱两可，含糊不清，就会造成学生抓不住要领，对所学内容难以正确理解，甚至还会越听越糊涂。因此，教师的教学语言要一语中的，使学生听得清、记得明。

当然，影响教学质量的因素是综合的、多方面的，家庭教育、社会环境、动机需求、个体差异等显性和隐性的因素还有很多，本次10个高质量课堂的教学观察与访谈，主要是基于课堂教学视角的小样本研究，由于观察时间的非连续性，对观察对象仅进行了一次性观察，仅是从操纵自变量，观察和记录因变量的变化做了数据采集和分析，而没能从撤除自变量，继续监测因变量的情况再做后续的完整性比对。因此，无法系统地测量自变量的效应，其外部效度很难达到精准的要求，我们将在后续观察中再做更多的验证性研究。还需说明的是，观察组自主设计的《课堂教学5级水平评价表》呈现的教师和学生维度"教"与"学"的9个一级指标、27个二级指标，是在满足教育原理一般要求的基础上，根据我区教育教学实际和10个样本课堂的观察需求而做的非典型性设计。

四、教学密码

不同的学科、不同的领域，每一位不同风格的老师，都有着自己独立的思考和创造性的个性化表达。"爱、专业、用心、坚持"应是教师打开高质量课堂大门的密钥所在，他们的课堂之所以受到学生、家长和同事的点赞，不仅有个性的彰显，还有共性的张力，学生对教师心存敬畏，教师真心爱学生。情感性，应是高质量课堂的重要特质。

教学目标精准，不约而同把"学科目标"落到教学实处；教学内容精准，合理筛选教学内容，特别注重教学内容与教学目标的一致性；教学方法精准，贴近生活，恰当使用教学资源。精准性，应是高质量课堂的重要支撑。

通过课堂观察，结合课后访谈以及观察量表各项指标水平评价的数据分析，姑苏区将样本教师课堂的朴实无华，师生情感融洽，教与学有机融合，学生学习卓有成效等教学特质，凝练成"爱、专业、用心、坚持"以及"教学目标精准、教学内容精准、教学方法精准"这一系列课堂高质量的密钥并在区域大力推广。"情感性"成为姑苏教师高质量课堂的重要特征，"精准性"成为姑苏教师高质量课堂的重要支撑。放大平凡"树榜样"、聚焦课堂"解密码"，是姑苏教育人在高质量发展背景下不断提升教师专业水平，从源头上治理违规办学行为，切实减轻学生过重课业负担，轻负高效实施教学改革方面的努力探索，为真正落实规范办学奠定坚实的基础。

典型案例二

"小初"衔接的姑苏思考与实践

九年制义务教育管理体系原先在苏州城区被分为市、区两级管理，小学阶段为区属管理，初中阶段为市属管理。小学和初中二元分治模式，客观上限制了小学和初中两个学段间的联系沟通，造成学生学习衔接不畅。有鉴于此，2018年姑苏区教师发展中心与苏州市教育科学研究院携手破题，瞄准小学、初中学段衔接不畅的现实痛点，以创新行动回应人民群众迫切需求。以"小初"衔接教育为抓手，催生区域教育生长点。编制"小初"衔接"桥梁课程"系列，构建"小初"衔接教育的课程体系、教法体系、学法体系、评价体系及研训体系；落地课程实施，丰富联盟校数量与品质，开展各级各类实践，形成上下贯通、有机衔接、相互协调、科学合理、质量保证的姑苏"小初"衔接一体化教学样态，辐射省、市，助推区域教育质量的不断提升。

建设背景：

一、"小初"衔接的现实困境

"小初"衔接的研究价值和实践意义对应于教育根本任务的主旨需求，即培育全面发展的人，全面发展的每一个人。它是真正从"人"的因素去考量教育。这是一种新的价值秩序，知识、技能必须服从于人的因素。事实上，这显然是对以往在学段教学中仅仅重视知识、技能学习的纠偏，是着眼人的全面发展、着眼九年贯通的教育。

儿童在某一阶段的发展变化总是在前一阶段积累的基础上发生，后一阶段的发展总是以前一阶段的发展为基础。先前的发展为以后的发展打下基础，是以后发展的前提；后一阶段既包含前一阶段的因素又萌发着下一阶段的新质。"衔接"就是稳定现有发展成果，寻求进一步触发质变的连接要素，发掘使学生学习能力与感悟世界的能力最终实现一种阶段性的提升的通达方式。"衔接"更是九年制义务教育内在的本质要求。

毋庸置疑，大多数学校是"六三"学制结构，将九年义务教育拆分为两个断裂且独立的教育过程，"小初"衔接的理念在实践层面上存在着诸多实施困境。

1. 学生缺乏过渡支持

其一,学生缺乏学习支持。无论是学习内容,还是学习方法、学习节奏、学习评价等,小学与初中的学习过程都有着明显的差异。

从学习内容上看,初中学科,不仅门类多,而且每一门学科的内容趋向专门化,并接近科学的体系。知识的常识性越来越少,而反映客观事物的规律性与知识性的严密性、逻辑性越来越强。从学习方法上看,随着学科的多样化和深刻化,中学生的学习方法更具有自觉性、独立性和主动性。从学习结果上看,初中毕业要面临升学、职业甚至人生(生涯)规划的选择。因此,初中生的学习更具有严肃性、目的性和竞争性。上述种种,势必造成小学生入学后学习上的不适应。

其二,学生缺乏心理支持。"小初"衔接阶段恰是学生身心发展剧变的"准青春期",即半幼稚和半成熟、独立性和依赖性错综复杂,充满着矛盾的时期。"小初"衔接不顺利,过渡期变成了"危机期""反抗期""逆反期""闭锁期"等。学生心理受挫、学业受挫、个体发展受挫,学习的趣味感和意义感荡然无存,不同程度地出现厌学、困学情态。

成就动机理论指出:成就动机是在人的成就需要的基础上产生的,它是激励个体乐于从事自己认为重要的或有价值的工作,并力图获得成功的一种内在驱动力。学生如果在学习过程中不断遭受挫折,其"自我实现需求"无法获得满足,自然会影响其学习的动力。最终其在面对任务的时候成为一名"避免失败者",在学习中往往选择易于完成的任务,而不愿意去选择具有挑战性的任务。

总而言之,对于刚升入初中学习的学生来说,亟需"小初"衔接的学习指导和心理辅导,学校、教师、家长协力配合,帮助学生顺利完成"小升初"的过渡。

2. 教师缺乏实践自觉

其一,教师缺乏"小初"衔接方面的理论自觉。囿于不同学段课标和教材缺乏"一致性、连贯性"系统规划,相关培训更多停留在"小初"衔接的个案研究和经验总结方面等,均造成小、初一线教师普遍缺乏九年教育大局观、整体观和可持续发展的教育观。教师日常教学计划缺乏小学和初中连贯一致的标准和检测方式,很少为学生提供螺旋式递进、高阶进级的学习图景。

其二,教师缺乏"小初"衔接方面的实践自觉。繁、累、忙的日常工作状态，唯分数、唯成绩的绩效评价，使教师缺乏参与"小初"衔接类具有教育长效价值活动的积极性和主动性。一般来说，教师被安排参与"小初"衔接教师研讨，其结果是探索止于理论研究，很少在实践中推行，更遑论在实践中完善，"小初"衔接工作活动难以从认知层面转向实践层面。

3. 学校缺乏实践互通

其一，二元分治模式，使学校缺乏搭建小学和初中教师间互动互学工作平台的动力机制。虽然市、区级教育部门在日常工作中确会存在交集，但这种交流内容更多体现在行政管理等宏观层面，真正涉及具体工作的不多、不深，有待进一步提升。

其二，学校的学段设置，容易让小学和初中学校局限于学段思考、学段实践的自我价值认同中，没有站在"人"的发展角度上来"一贯"思考，出现各自为政、各管一段的割裂、断层发展样态。不能在教育宗旨、教育使命、教育目的、教育理想、教育目标、教育要求、教育原则、教育评价等方面进行一体化统筹设计，不能够为"这一个"学生提供循序渐进、持续稳定的学习训练。

基于以上认识和现实背景，姑苏区积极投入"全面质量观引领的小初衔接"市级项目实施中，率先从教育、教学、心理三个方面进行"小初"衔接的实践尝试。通过"减陡度，缓坡度"的探索实现人的"持续发展"，通过"因材施教"实现"这一个"的有效实践实现人的"适合发展"，通过创设"平滑而顺畅的进阶通道"实现人的"自然发展"。姑苏区"小初"衔接的区域行动，正是在国家政策与"苏式"教育的宏观背景下，完成的一次区域整体教育改革实践。

建设方案：

一、"小初"衔接教学一体化课程建设

让学生享受完整贯通的九年一体化学校生活是义务教育的责任担当。我们从理论引领、机制创新、研究实践、评价导航、整体保障等维度对义务教育一体化进行顶层设计与全面思考。经过5年的实践摸索，基本形成了上下贯通、有机衔接、相互协调、科学合理、质量保证的"小初"衔接的区域实践样态。课程建设中，全面育人的课程设置，精准适需的课程内容，多维推进的课程实施；教学落地中，教学研究的紧密联动，教学方法的贯通融合，学习方式的升级转型成为具有鲜明个性的区域实践经验。

（一）全面质量："小初"衔接课程教学一体化设计的"定盘星"

《中共中央、国务院关于深化教育教学改革全面提高义务教育质量的意见》（下简称《意见》）是新时代我国深化教育教学改革、全面提高义务教育质量的纲领性文件，为新时代义务教育改革发展指明了方向，明确了要求。《意见》中"质量"一词成为高频词，共出现了28次，足以说明国家对义务教育"质量"的高度重视。《意见》中所说的"质量"，我们认为是一种"全面质量"观，包含：坚持立德树人，着力培养担当民族复兴大任的时代新人；坚持"五育"并举，全面发展素质教育，为学生终身发展奠基；坚持面向全体，促进全体学生的发展，促进每一位学生的全面发展，让学生成为学习和生活的主人。

为此，我们认为，全面质量观下的"小初"衔接课程教学一体化，绝不是知识、技能维度的"机械拼接"，而应是课程教学视域下"五育"并举的"贯通衔接"和"有机融合"，关注的是培育全面发展的人，全面发展的每一个人。换言之，从全面质量观出发，是通过"小初"衔接的课程与教学实施，实现从关注"每一个"走向关注"这一个"的转变。

（二）全面·精准·多维："小初"衔接课程一体化建设的"指南针"

课程是落实立德树人根本任务、实现全面育人的载体，也是教育教学的基本依据，课程建设是义务教育的一项基础性工作。在"小初"衔接的一体化课程建设中，在课程设置上以全面育人为指向，在内容安排上以精准适需为指要，在课程实施上以多维推进为指南。

1. 以全面育人为指向的课程设置

《意见》中明确指出，要坚持"五育"并举，全面发展素质教育，即突出德育实效，提升智育水平，强化体育锻炼，增强美育熏陶，加强劳动教育。因此，在推进义务教育课程教学一体化的进程中，我们坚持以全面育人为指向的课程设置。

"小初"衔接的课程设置，我们遵循"基于国家课程、补充区本课程、适度校本课程"的原则。在12所初中、20所小学的"小初"衔接试点联盟校中，基于小学、初中的知识能力、态度方法、情感心理等方面进行课程"一体化"的融通与对接。创生"小初"融合课程资源群、"苏·慧"线上课程，在区本课程教学单位时间内进行整体课程实施推进。各联盟校还基于实际设计研发校本特色"一体化"课程，作为有力补充并丰富"衔接"课程的外延。

以区本"苏·慧"线上课程为例,课程建设高举"五育"并举、课程育人的鲜明旗帜,涵盖全学科,以"发展性"为研发要义,以"专题化""模块化""衔接化"为呈现方式,为六年级学生核心素养发展服务。例如,语文课程关注文体学习策略及阅读素养提升;数学课程瞄准学科素养发展关键环节,分类涵育;英语课程突出指导实用性学习技巧;科学课程意在丰厚学生科学素养;信息课程精心创设主题情境,聚焦信息化能力;体育课程直指核心力量训练,全面强化学生身体素质;音乐和美术课程呈现艺术的不同表现与创造,涵育学生艺术素养;德育课程重在坚定学生理想信念;心理健康课程把"心理桥梁"架设到学生心田——让课程育人、全科育人成为"苏·慧"线上课程的核心要义。丰富的课程陪伴着学生自主、自由、自能地前行。截至2020年年底,"苏·慧"线上课程共上线138节,学生的上线学习量达144 588人次。

2. 以精准适需为指要的课程内容

从课程的内容维度来看,义务教育课程教学一体化旨在实现"小""初"教与学目标前后贯通、教与学内容自然对接、教与学效果融汇通达,切实发展学生核心素养。

我们首先开展了"小""初"学段"学"与"教"现状的广泛调研,征集初中教师对小学课程、小学教学、小学毕业生发展的建议,结合市、区相关监测对小学生、初中生素养发展状况进行数据分析,梳理问题,聚焦"问题解决",满足"适需","精准"定位课程内容。

"小初"衔接的课程内容基本从"贯通、对接、融合"三方面进行研发:贯通,厘清学段教学目标,实现"小""初"教学目标与教学内容序列化;对接,梳理必备知识、方法与能力,实现"小""初"学生知识与能力结构化;融合,从知识能力、态度方法、情感心理等"全面育人"维度打通空间、融通标准,实现"小""初"教与学方式与评价标准衔接化。

以区本研发的"小初"融合课程资源群为例,从知识能力篇、方法态度篇、情感心理篇等角度基于学生发展规律给予"衔接"成长有力帮助与进阶。有机融合、上下贯通,实现学生发展的"一体"提升。

3. 以多维推进为指向的课程实施

"小初"衔接的课程建设最终要落实到课程实施上,我们通过"亲密携手""线上+线下""专题+渗透""由点及面"等方式方法,让课程建设有序落地。"小初"衔接的课程实施得到区域初中、小学的普遍认同与主动参与。初中根据本校初一新生学情实际选择与优化"入学周""入学月""入学季"课程资源群,"伸出手",温暖关照每一位踏进中学大门的学生。初中教师与小学班主任、任课教师面对面的"恳谈会"活动成为拉近学生"成长距离"的有效路径。亲密无间、心手相连,一切为了每一位学生的全面发展,旨在落实关注"这一个"。

"小初"衔接的课程实施,既有线下的"深耕广积",更有"线上"的"丰富自主"。区本"苏·慧"线上课程、校本"苏·慧+"线上课程正是基于"苏州线上教育中心——姑苏区分中心"建设的优质课程资源。每个上线课程都由精心研制的"导学稿""在线直播""课后评估""课程答疑""我要评价"等模块组成,每一位参与的学生自主选择、自主学习、自主管理,不仅实现了学生学习方法的转型升级,更是育人方式的全面提档。

"小初"衔接的课程实施,既有在实施国家课程中的常态"渗透",更有拓展实施的"专题"设计,开辟了"专题+渗透"的多维路径。各种课程资源,教师可结合日常教学整合运用,渗透实施;也可每周安排相对固定时间,进行集中授课。灵活多样的选择使得教师拥有更多实践的积极性与主动性。

"小初"衔接的课程实施,不仅在"点"上下足功夫,更是在"面"上普遍着力,坚持"由点及面"的逐层推进。例如,从实施主体角度,建立试点联盟校,明确核心定位、职责及要求,引领市、区整体推进;从实施资源角度,由苏州市教育科学研究院、姑苏区教师发展中心专任教师联合研发相关课程规划、方案、样例等,引领苏州市、区、校的自主创构,外省、市、区的卷入跟进……辐射带动的方式使得教师拥有更清晰的朝向与更有力的行动。

(三)联研·助教·强学:"小初"衔接的教学一体化落地的"航向标"

"小初"衔接课程教学一体化的关键是有效的教学落地。我们通过教学研究的紧密联动、有力助"教"的教学指南来推动学习方式的升级转型。

1. 紧密联动的教学研究

日常教学中,小学、初中学段教学研究割裂现象普遍比较严重。小学教师不了解初中的教学内容、教学方法和学习方式,初中教师也不了解小学都教了什么,对学生习惯、能力状况更是一无所知,教学衔接出现诸多盲区。

紧密联动的教学研究是打破壁垒的有效手段，这里联动的载体就是苏州市教育科学研究院与姑苏区教师发展中心联合举办的"基于全面质量提升的义务教育一体化教学研讨展示活动"。经过5年的时间，我们举行的分阶段、有主题的推进活动达50余次，小学教师和初中教师全学科、全领域展开同题异构，共同教学交流，进行实践碰撞。课堂全部打开，研究全部放开，基础、习惯、能力、方式、情感、心理、需求等，成为小学、初中共同的话题与研究的目标。

2. 有力助"教"的教学指南

"小初"衔接教学落地的关键是教师。教师进行教学落地的关键是明晰3个关键问题：一是"教、学什么"，二是"教、学到怎样的程度"，三是"怎么教、学"。为让小学、初中教师在教学中打破学段阻隔，保持教与学的一致性与连续性，我们研制了《"小初"衔接学科教学指南》（以下简称《教学指南》），覆盖全学科，达成教学方法的贯通融合。《教学指南》引导教师整体把握两个学段的教学目标内容、特点方法等，明确"小初"衔接的教学内容选择、教学方法选用、教学资源开发、作业设计要求、教学评价建议等问题，为小学、中学教师教学有机统一提供参照与指导。

以《教学指南》中的语文学科为例：一方面，坚持"问题导向"，梳理分析小学、初中在学科教学上的分割点。例如，小学、初中语文教学在教学目标与内容上存在盲点、断点、交叉重复等问题，在教与学的方式上存在不融通现象。另一方面，着力"问题解决"。首先，回到原点，从课标中寻找一体化教学依据，进行"小初"语文教学目标内容序列化，即将《义务教育语文课程标准》（2011年版）中第三、第四学段的目标表述进行梳理，前后比照，厘清"小初"语文教学的目标与内容，实现学生能力、学力发展的序列化。其次，瞄准重点，从教材中寻找一体化教学价值，梳理出"小初"语文知识、方法的具体结构及具化落点，即研究与把握整个义务教育阶段教材编写理念，厘清学段间的联系与区别，明了知识、方法、能力之间的梯度，站在回顾梳理已学、为新学铺垫的角度设计教学，教与学的内容既不越位也不缺位，有效实现学段衔接。第三，打通断点，从互动中寻找一体化教学方式与评价标准，即通联研制"小初"语文质量评价标准，以"评"促"教"，以"评"导"学"，促进教学深度融合。

3. 升级转型的学习方式

学生是学习的主体，"小初"衔接的教学落地要坚持并充分体现学生发展立场。课程建设、教学创新，都是为了帮助学生厘清知识结构、养成良好的学习习惯服务，在循序渐进发展核心素养的同时，保护其好奇心、想象力和求知欲，培养自主探究、解决问题的意识与能力，为其长远发展奠基。

我们研制了《"小初"衔接学科学法指导》（以下简称《学法指导》），旨在通过比较小学与初中课程学习特点、学习方法和思维习惯的不同来解决"小初"衔接阶段在学法上、心理上容易出现的问题。《学法指导》供学生自学所用，不断完善与提升学生的学习方法、学习节奏、心理调适、综合能力等，实现"小初"学段衔接的无缝融合。

"小初"衔接课程教学一体化的区域实践，瞄准全面质量的"定盘星"，盯牢全面·精准·多维的"指南针"，依靠联研·助教·强学的"航向标"，尝试打破学制壁垒，衔接学段断层，探索构建"贯通·融合·协同"的"小初"衔接课程教学一体化机制，为教育高质量发展创建一条新路径。实践表明，"小初"衔接课程教学一体化的区域实践，在涵育学生学力素养方面效果非常明显，学生学习自信心倍增，幸福感满满。

二、"小初"衔接一体化研训体系构建

以"贯通、融合、协同：'小初'衔接的区域实践"为主题，围绕课程、教学、评价、研训四个方面进行中小学一体化衔接的探索与实践。其中，"研训"是指同时面向小学和初中教师，以小学和初中课程、教学、评价等如何实现顺畅衔接为主要内容的教师研讨和培训活动。作为教育教学的组织者和实施者，课程的建设者和引领者，教师无疑是"小初"衔接研究和实践中的关键因素。因此，在项目的推进中，针对小学和初中教师的衔接研训就显得尤为重要。

（一）分级协同，构建多层联动研训机制

为充分发挥教师研训的集聚效应，探索构建了"小初"衔接的"跨区域研训、区域内研训、校际研训、名师共同体研训"的多层联动研训机制。

1. 跨区域"小初"衔接研训

苏州市教育科学研究院主导，组建以市和各市（区）小学、初中学科教研员为主体的"小初"衔接教师研训工作小组，着力于各层级进行"小初"衔接研训的内容架构，制定苏州市"小初"衔接研训总体计划，并组织开展面向各市区"小初"衔接骨干教师的市级及跨区域研训活动。自工作组成立以来,在大市层面上组织了各学科"小初"衔接课程建设研讨、各学科"小初"衔接教学建议编制研讨、各学科"小初"衔接学生学法指导编制研讨以及衔接课程的教学展示活动;和姑苏区教师发展中心合作,每年组织一次姑苏区小学和直属初中的"基于大数据诊断的学业质量监测"专题研讨、"小初"衔接同题异构教学研讨活动。通过开展这些高规格、高品质的研讨活动,初步形成了市级层面的"小初"衔接研训机制。

2. 区域内"小初"衔接研训

苏州各市(区)以教师(教育)发展中心牵头,以各市(区)小学、初中学科教研员为核心,在区域内定期开展面向一线所有小学和初中教师的衔接研训,已经成为常态。比如,太仓市以"教科研训一体化"活动为驱动,通过主题化、实证化的区域"小初"衔接研修,培养骨干教师的循证能力、反思能力和提炼能力,打造一支兼有较高学术研究素养与实践研究能力的教师队伍。区域研训使更多教师了解这项工作、参与这项工作,扎扎实实地落实市研训计划,同时在各市区基于各自实践开展的研训活动,也有利于形成有特色的、活泼泼的区域研训经验。

3. 校际"小初"衔接研训

建设区域内小学和初中联盟校,以"1+N"的形式(其中,"1"指区域内的一所初中校,"N"指区域内的若干所小学校)开展校际衔接联合研训。比如,苏州城区区属管理的20所小学校和市属管理的12所初中校,根据初中校的学区划分组建了12所"小初"联盟校,在每年的6月、9月由初中校领衔开展校际"以课代训"的研训活动,不仅让小学教师的视野得到充分开放,而且尽力把"小初"衔接的视点落在每个学生身上,实现从关注"每一个"到关注"这一个"的转化。

4. 依托名师共同体开展"小初"衔接研训

发挥名师共同体的研究、引领、示范作用,对区域内各学科名师进行"小初"配对,每个名师共同体由初中和小学各1位名师共同领衔,成员为若干小学、初中骨干教师。名师组合根据苏州大市衔接研训工作计划,结合各自兴趣、专长,进行衔接的专项研究和培训。目前,苏州城区已有9个"小初"名师共同体参与衔接研训工作之中,他们有的围绕衔接课程开发,有的针对衔接教学,有的聚焦学生适应性发展,有的指向学生心理调适等内容进行联合研训。

以上四个层级的衔接研训，在市"小初"衔接教师研训工作小组的统一领导下，按照市衔接研训计划分阶段、有步骤地开展活动，在运行过程中调动各方力量参与项目的探索实践，面向所有小学和初中教师组织研讨培训，有统有分，统分结合。当然，机制运行中也暴露了一些问题。比如，"行多思少"，研讨培训等活动结束后的总结思考，以及由此产生的对项目进一步优化调整的思考比较少；"研多评少"，研训活动后教师的收获、活动效果的评价还有欠缺等等，需要在后续的研训活动中不断优化和改进。

（二）基于问题，设计多元开放研训内容

我们知道，教师工作主要是以实践取向为主。因此，面向实践，基于问题的研训才能真正走近教师，发挥作用。通过对小学和初中教师的调研发现，从教师角度看，影响小学和初中教师开展衔接教育的主要有以下几个问题。第一，思想认识不到位。对"小初"衔接的重要性认识不足，有的教师不认为"小初"衔接是个问题，甚至觉得学生会自然适应，不需要进行衔接教学。第二，学科知识衔接点不清楚。小学和初中教师互不了解对方学段的学科知识内容，对两个学段间学科内容的割裂、重复和交叉部分不清楚。第三，教与学的方式方法存在差异。小学教学形象、直观，教师课堂讲解、对学生指导细致，要求全面，管理严格；而初中教学注重发展学生的总结归纳能力、抽象思维能力，加之教学任务重，时间紧，课堂讲解更突出重点，在学习和行为规范上更强调学生的独立、自主、自觉。因此，小学与初中教师在教学方法、学法指导以及学生日常行为管理方面差异比较大。第四，对教育对象——学生认识不充分。"过渡期"阶段的学生正处于其人生的第一个转折点。这一阶段的学生身心发展迅速，认知心理、认知风格甚至行为习惯都处于转型阶段，因此，"小初"教师在衔接教育中的困难比较大。针对以上问题，我们设计了4个教师衔接研训的主题。

1. "明理"主题——树立衔接意识，明确衔接要求

"明理"即明确道理，提高认识。明理是前提，只有明白道理，认识才能真正提高，行为上才能跟进。

（1）理论引领，改变思想观念，提升教育视野。开展理论、政策文件的学习，旨在让教师充分认识九年义务教育是一个完整的整体，教育者要着眼义务教育的全程，树立全局观念，在总培养目标的引领下分层制定子目标，

让学生在各层级目标的达成中实现持续的、渐进的发展,从而一以贯之地落实"立德树人"的育人任务,培养德性、学力、身心、个性等素质全面发展的学生。

(2)数据分析,认清存在问题,重视衔接教育。结合苏州市教科院对小学、初中学段学与教现状的调研报告和苏州市基于大数据诊断的学业质量、体质健康、心理健康、学习品质等的监测报告,组织教师进行研讨。通过对监测内容以及数据的分析,让教师们自主发现小学高年级学生在思维方式、思维能力、学习习惯等方面和初中起始阶段学生的要求还是存在断层的,从而认识衔接教育的价值和意义。在研讨中各学科教师还梳理了小学、初中之间的"断点",形成了问题清单,用以指导这一阶段的教育教学。

2."启智"主题——对接学科知识,整合课程内容

"启智"即启发智慧,也就是通过"小初"衔接知识内容的梳理,让小学和初中教师获取衔接教育的智慧,进而更好地开展"小初"衔接教育。

(1)任务驱动,贯通学科知识。以编制、落实《"小初"衔接教学建议》为抓手,推动初中教师研究同学科的小学课程标准及教材,小学教师研究同学科的中学课程标准和教材,如此实现学科知识体系的贯通,实现义务教育阶段学科教学内容的贯通。在这个了解、熟悉不同学段教材内容的过程中,教师们对义务教育阶段教材体系的内在联系有了把握,也发现各自学科在小学和初中阶段教学目标、内容上的盲点、断点和交叉点,为学科衔接教学做好知识体系上的准备。

(2)建设课程,整合教学内容。围绕"小初"衔接课程的建设对小学五、六年级与初中一年级教材开展研究,扫除盲点、连接断点、删减、整合交叉点,编制完成了纵向融通、横向整合的"小初"衔接"桥梁"课程,并在姑苏区学校中进行了两轮教学试验。在这个过程中,研—训—教一体滚动推进。

3."传法"主题——交流教学方法,搭建衔接台阶

"传法"意在传递方法,这里指设计以教与学的方法为主题的研训活动。

小学教师和初中教师的课堂教学是有较大不同的,小学课堂氛围和初中课堂氛围也有着很大不同,在各层级"小初"衔接的教学研讨和展示活动中,通过小学和初中教师相互交流教学方法,展示各自的课堂教学,教师们真切地感受到两者之间的差异,相互学习借鉴,取长补短,进而进一步思考、研

究如何在这两者之间设置适度的台阶,以帮助学生顺利地从一个台阶迈向另一个更高的台阶,最后在"渐变"中顺利完成"小升初"的过渡。

4. "塑品"主题——把握身心特点,引导学生成长

"塑品"意指塑造品行,这里主要是设计关注学生心理的研训活动,通过研训活动的开展塑造学生品行。

"小升初"阶段是孩子生理和心理急剧变化的阶段,升学又带来环境的改变,而且小学和初中教师的管理方式以及与学生的交往方式是不同的。小学教师语言亲切,鼓励较多,往往事无巨细,事必躬亲;初中教师则更多以规则、纪律要求学生,有时还比较严厉,学生可能会不适应而出现一些问题。因此,老师们要了解小学和初中教师在学生管理、师生交往等方面的不同,把握学生身心发展的规律,理解学生的心理变化,相互学习,调整各自的管理方法和师生交往方式,在小学和初中之间架设一条平缓的衔接坡道。

(三)讲求实效,探索多样灵活研训方式

"小初"衔接的教师研训面向的是两个学段的教师群体,只有小学和初中教师共同参与才能真正发挥研训的作用。因此,除了常规的研训形式外,更注重小学、初中教师相互之间的交流、分享、探讨。

1. 以学代训——互动教研,交流教学

在市、区教研室组织的"小初"研讨之外,联盟校之间还定期开展校际教研,互相学习,实施"以学代训"。教研内容有课程教材的分析探讨,有课堂教学的交流展示,也有学生学习情况的个案分析。2020年上半年,虎丘实验小学和叶圣陶中学校进行了英语命题能力提升的学习研讨;金阊实验小学和草桥中学校共同进行了语、数、英三科的教学展示活动;南环实验小学和南环实验中学开展了"小初"衔接课程的教学研讨等。

2. 以课代训——同题异构,双向听评课

"以课代训"就是将"小初"衔接的研训工作放到课堂上,增强实践性。每年的5—6月,我市初中老师会走进小学和六年级老师同题异构开设"小初"衔接课程的公开课;而9—10月,则是小学老师走进初中和初中老师同题异构,并进行评课研讨。这样的研训方式,不仅使小学和初中教师了解不同年龄段孩子的身心特点,而且能直接感受和把握中小学教学方法的各自特点。

3. 以会代训——班主任恳谈会，关注"这一个"

"以会代训"就是通过定期召开恳谈会，将研训工作进行双向延伸。义务教育就近入学的政策使得同一学区的小学和初中面对的基本是同一批孩子，因此，每年的 6 月份，我们组织初中学校的老师到小学去召开小学班主任恳谈会，通过这种形式了解即将进入初中的这届学生的整体情况，了解这些学生的个性特点、兴趣爱好、特长潜能等，助力初中教育教学工作的开展。而每年的 9—10 月，这些刚升入初中的学生的小学班主任们则会到初中学校和学生现在的班主任进行恳谈，了解进入初中后这些学生的发展情况。这样的恳谈会既有利于初中班主任加快对学生及其家庭的了解，也有助于小学班主任对自身工作进行反思、总结。

4. 以研代训——课题研究，提升衔接品质

围绕"小初"衔接主题开展课题研究，也是一种"以研代训"的研训方式。自 2016 年以来，已立项 10 多个省市课题。例如：苏州市振华中学校的省级重点资助课题"基于适应性发展的小初学段课程衔接实验项目研究"、太仓市教育局的省级立项课题"整体改革背景下中小学科学课程衔接的区域实践研究"、苏州工业园区青剑湖学校的市级课题"中小学语文课程有效衔接的行动研究"等。这些课题的研究为"小初"衔接工作提供了重要的科研支撑，促进了"小初"衔接研究和实践深入推进，也促进了教师的专业成长。

实践表明，"小初"衔接研训，可以在小学和初中教师之间架起桥梁，使他们在教育教学的交流研讨中彼此了解，逐渐达成共识、形成合力；可以在一定程度上补齐因师范教育分段培养造成的教师知识短板，使教师能以整体的视角看待学科教育；可以引导教师关注处于小学阶段与初中阶段的学生不尽相同的身心发展特征，从而以发展的眼光、适切的教育教学方法对待这一阶段的孩子。

行动方略：

一、"小初"衔接学生的心理调适实践路径

从小学升入初一，由于环境等因素的变化，学生和家长容易出现焦虑、苦闷、心情失落、人际关系不适、学习忙乱、成绩下降等一系列不适应的症状，这些症状在不同程度上影响着他们心理和学业的健康发展。处于从小学到初中"过渡期"的学生具有不同的年龄特点、心理特征、认知水平和思维方式，由于缺少与之连接的提升其成长适应性的有效方法，他们在学习、心

理、生活等方面普遍存在不适应问题。主要表现为：产生情绪障碍，出现焦虑、恐惧、抑郁、孤独等不良情绪；自我评价下降，产生自卑心理；注意力不集中，学习兴趣丧失，学习成绩下滑；出现行为问题等。目前对于初一新生的适应性辅导主要在进入初中后进行，等出现问题才来想解决的办法，学生处于被动地位。因此，在小学六年级开展"小初"衔接的心理调适辅导，使学生尽快适应初中阶段的学习，发展智力，形成健康、良好的个性品质，顺利地完成整个初中阶段的学习，具有重要意义。

（一）深入调研，梳理"小初"衔接学生普遍问题

我们对六年级毕业班学生和家长进行了"进入初中你最担心的问题问卷调查"，结果分析如下：

1. 学习不适应问题

（1）思维方式不适应。中学学科门类增多，学科内容扩大、加深。面对突然增多和加深的课程内容，很多学生理解不了、接受不了。

（2）学习方式不适应。许多学生习惯于小学阶段的教师的教学方式。而初中课程的知识点繁多，学生不适应初中老师的教学方式，成绩会明显下降。

（3）知识检查方式不适应。在小学每学期只有一次考试，只涉及语、数、英学科。到了初中，多门学科要进行阶段性检测，三年后还要面临中考，很多学生和家长心理承受能力差，想法顾虑多而产生焦虑。

2. 人际交往困难问题

（1）同伴相处不和谐。从小学升到初中，同学结构重新组合，许多学生在新的环境里失去了原来的"地位"，这些学生因失去了原有的优越地位，感到心理不平衡，产生嫉妒心理和对抗心理。有些学生过分留恋小学时期的朋友，难以与新同学建立友谊，在新的环境中产生孤独感、失落等。

（2）青春期心理变化。初中阶段学生进入青春发育期，伴随着身体的变化，情绪、情感随之发生改变，而这些改变似乎又不受自己意识的控制，伤害到自己、家长和身边的人，这些会让学生和家长都感到迷茫、不知所措。

（3）受挫抗压能力欠缺。学生对自我认识不足，成绩下降，就会灰心丧气，失去信心。与家长产生意见分歧时，内心郁闷难过。学生没有学会承受压力与应对挫折的方法，有些家长也没有有效的方法帮助学生抵抗化解压力。这种压力和挫折，会给尚不成熟的刚刚升入初中的学生以极大的心理负担。

（二）搭建桥梁，促进"小初"衔接两端无缝对接

1. 直观体验，在学习环境上做好"上拓下延"

基于学段融合的"整体性"和"衔接性"，我们主动联系对口初中，利用初中的开放日活动，让毕业班的学生和家长都能进入初中参观校园、体验课程，真正触及学生的内在意识，感受初中学习氛围的不同，感受作息时间的不同，感受学习方式的不同，感受大课间活动的不同，体验初中学习生活是最切实际的衔接方法，帮助学生和家长储备"小初"衔接的认知性知识。同时，苏州市立达中学、苏州市沧浪中学校的领导、教师也会为毕业班家长和孩子作毕业升学规划答疑解问，为"小初"衔接做好良好的过渡性准备，从而对初中生活充满期待和向往。

2. 积累经验，在学习方法上做好"上拓下延"

（1）"学长传经"活动。六年级毕业前期，吴门教育集团开展"学长传经"传统活动，邀请以往伟长班的学长或者初一优秀学生代表，面对面地和学弟学妹们进行进入初中尽快适应学习的经验交流，传授如何养成良好的学习方法、学习习惯和提高学习成绩的经验，中学学长们还会向他们展示自己的优秀作业和笔记，这是帮助小学毕业生获得成长、坚定信心的重要途径。

（2）"学科研讨"活动。吴门教育集团邀请初中教师来到小学校园，与六年级老师同上课，让学生真切感受小学、初中老师在教学方式、教学要求等方面的差别，提早做好适应准备。学科的衔接教研，主要包括学科知识的纵向衔接和横向整合。六年级的语、数、英科老师定期学习观摩中学老师的教研课、常态课，开展相同学科跨学段的教学研讨，明确了初中阶段的学习方法，习得相应的学习策略，为适应初中学习搭桥铺路。

每次活动集团都向学生进行"中学，你好！"感言征集。曾经有一位六年级学生在"走进中学我的收获"中写道："初中的生活丰富多彩，我很向往。学长那满是笔记的课本上，我看到了初中学生的汗水和不易。老师讲课的速度也出乎你的意料，你必须认真听讲，积极思考，才能走向成功。"

（三）心育先行，构建"小初"衔接心理健康体系

小学六年级处于身心发展的特殊时期，良好心理素质的培养尤为重要。他们面临身心发育、学习、前途、选择等各种心理发展任务。学生从小学到初中是一个飞跃，课程的增多、教法的改变、教师的增加常使他们无所适从，有的甚至产生一种心理上的失重。因而如何引导他们尽快熟悉初中学习生活，

适应新环境，增强自学与自制能力，顺利渡过衔接难关，是至关重要的。

1. 开展心理讲座，关注学生心理调适能力

青春期教育、生命教育等已成为吴门教育集团多年以来坚持的心理健康教育内容。由心理教师或校医、班主任主讲的青春期讲座分男生、女生专场，引导学生科学认识身心发展规律，以科学态度应对焦虑和烦恼。通过青春期心理、生理健康教育讲座，教师教会学生正确认识自己、了解自我调节的方法，及时解决学生中存在的各种困惑，使学生健康成长，积极生活。

关注学生情绪管理及人际交往，尽快调适好良好心理状态投入初中学习生活。我校邀请教育专家以及心理专家为小学生开展"名师面对面"讲座，以真实的案例、直观的画面和具体的做法帮助学生学会情绪的管理与心理状态的调整。例如，江苏省教育专家刘霞博士的讲座"我自信，我能行"帮助学生正确看待自己与他人的优点与不足，初步学会调整自我的方法，不断完善自我；苏州市立达中学心理健康名师孙昊老师的讲座"挫折让我变得更勇敢"帮助学生理解遇到挫折是人生中正常的事，学会用积极的方法面对会变得更加勇敢、坚强。

2. 创设心育课程，促进学生心理健康发展

小学六年级，吴门教育集团开展丰富多彩的"沧浪起航毕业课程"之"心育课程"，通过课程体系让学生发挥榜样力量，学会感恩，树立理想。第一课"感恩母校"——十月枇杷节，学生亲自采摘成熟的枇杷，献给老师、低年级的同学、保安叔叔、食堂阿姨。让学生学会感恩，明白一个人的成长离不开集体的帮助。第二课"生命生长"——三月种植毕业树，学生在校园种下一棵棵树苗，取"生长"之意。作为毕业课程系列活动之一，种植毕业树是即将毕业的学生朴实、真诚的表达，也是学校期盼学子能像这些树一样成长为建设祖国的栋梁之材。第三课"精神传承"——入队仪式，六年级的学生庄严地给一年级的弟弟妹妹们戴上红领巾，将集团培养"向善、求真、尚美、弘毅、乐群"的时代新人的精神一代一代传承。不仅增强了六年级学生的自信心和自豪感，发挥六年级学生的榜样作用，还让六年级学生意识到自己的责任和担当。第四课"沧浪起航"——毕业典礼，集团每个成员校都会呈现一场精彩的会演，展现集体的风采；一张张时光剪影，留下美好的回忆，他们用自己的方式表达对母校的感激之情和报答之心。学生从校长手中接过毕业证书，更激励着他们今后为学校增光，做有益于他人和社会的人。

3. 进行心育辅导，针对特殊学生个别帮扶

吴门教育集团对于融合教育的特殊毕业学生特别关注，个别帮扶。暑假期间，班主任老师和学校心理健康教师，结合学校"心育辅导"方案对他们进行跟踪观察及个别指导，同时借助初中心理老师的专业力量，为学生提前做好"小初"衔接铺垫，假期平稳度过，初中逐步适应。处于青春期的学生，自尊心强，心理敏感，有许多烦恼却无处诉说，对此，集团建了一个"心里话信箱"。学生可以给学校"心里话信箱"或班主任写悄悄话，诉说烦恼，老师们做好个别心理辅导。

（四）家校合力，提升"小初"衔接家长心理调适

在"小初"衔接过程中，不仅学生会出现不适应状态，家长也会出现焦虑情绪。焦虑是一种指向未来的不确定性的情绪，处在焦虑中的家长会有很多的担心，担忧孩子未来不确定的学习成绩、在校表现、将来工作、收入等。其实适度焦虑很正常，这说明家长对孩子关注，有利于家庭教育的良性发展，但是过度焦虑就会影响亲子关系和身心健康。

1. 立足暑假，把握好"小初"衔接适应调节期

从小学毕业到正式进入初中学段，要经历一段长达两个月的暑假。用好这两个月，对家长和学生一起进行心理、情感和身体上的指导，为学生正式走进初中学习生活奠定基础。

家长在家庭中的言行习惯以及所表现出来的认知理念，对孩子的影响是巨大的。因此，在毕业季之后的这个暑假，任课教师会布置一些陪着孩子们一起完成的"小初"衔接的学习任务。比如，在学科方面，让家长和学生共同阅读必读书，做好诸多课程的知识衔接；在体能方面，让家长和孩子一起坚持学习一项体育运动；在心理上，让家长和孩子们一起参观历史博物馆、苏州园林等。班主任在假期依然保持适当的电话或家访工作，一方面了解孩子在家的情况，另一方面相机与家长进行沟通，请家长给予孩子适度的管理和陪伴，这是亲子关系良性发展的开始，为后续的变化和实践奠定了更加坚实的基础。

2. 着眼家庭，通过家长辅导寻求问题解决

学生从小学升到初中的过程中存在着一定的特殊性，由于学生的生理、心理以及外在环境和人际关系的改变，这一时期学生很容易产生心理和行为变化。学生能否顺利适应初中学习，家庭教育起到非常关键的作用。但是很

多家长不懂得如何帮助孩子适应初中学习和生活。因此，在对学生进行辅导的同时也要对家长进行辅导，帮助家长了解这个年龄段孩子常见的心理问题和出现的行为偏差，掌握帮助孩子疏导心理问题、解决问题的方法。家长是帮助学生尽快适应初中学习的直接力量。

吴门教育集团开展"小初"衔接家长团队辅导。针对目前家长最为关心的两个问题进行探讨，即如何管理好自己的情绪以及应对孩子逆反情绪；家长如何管理好孩子的手机，避免"手机鸦片"给孩子带来的伤害。通过专家讲座，充分利用"姑苏区家庭教育线上学习课程"等资源，请优秀家长进行经验交流，有效指导家长以包容的心态对待孩子的不良情绪，避免冲突；学会沟通技巧，化解矛盾；制定规则和奖励机制，加强孩子管控的意识和能力。

"小初"教育的有效衔接，立足于为学生美好的未来奠基，是深化基础教育课程改革的重要内容，是破解教育问题的有益尝试，是全面提升教育质量的有效途径。吴门教育集团的探索才刚刚起步，任重且道远。我们每一位小学老师也将同心携手，把整体育人的接力棒交到中学教师的手中，实现学生小升初的平稳过渡，努力做好"小初"衔接这篇大文章。俗话说，路遥知马力，吴门教育集团把"小初"衔接这个"马力"准备充分，让学生在人生之路上越走越宽广，顺利迈向美好的未来。

二、"小初"衔接课程教学的集团化实践路径

新的时代背景下，先后涌现出的教育集团给"小初"衔接工作提出了新的课题：如何在原有经验的基础上，充分利用集团化之后的教育资源群，使"小初"衔接更有质量；如何借助中学资源，为各类学校提供有针对性的教育帮助，使"小初"衔接更具个性化。苏州市平江教育集团所带领的百年老校群通过理论研究与积极实践，完成了"小初"衔接背景下课程教学的集团化实践路径探索，实现了一个集团、多个学校的"小初"质量跃升。

（一）课程教学"1+1"：探索校际交流、教师互动的基本路径

苏州平江教育集团以苏州市平江实验学校与苏州市平江中学校作为基本架构，确立"小初"衔接课程教学的基本形式——探索。学校立足分段教育现实，打破学段束缚，形成"校际交流、教师互动"的行动方略。

为使"小初"衔接工作能够有序、有效地开展，苏州市平江实验学校相关领导带领行政班子及学科教研组长与苏州市平江中学校的领导班子在前期准备阶段进行了座谈。双方在就各自的教育教学理念进行交流与探讨的同时，

听取了双方教师对各自学段的介绍。小学和中学教师从学生身心发展的特点、学科教学的重点、课堂教学的模式、家庭教育的现状以及师生关系的构建策略等方面交换了看法,苏州市平江中学校的老师更是就初一学生的学习要求向小学高年级教师提出了相关建议,希望小学毕业班教师在课堂的教学、作业的布置和评价、学生学习习惯的养成等方面能尽快和初中接轨,提高相对应的要求。因为从历年的初一新生入学后的表现来看,学习科目的增多,让他们普遍觉得初中的学习任务重,课堂容量大,要掌握的知识多,方法又灵活多变,教师的教法也不再是反复强化。通过座谈,初中和小学学校的领导和教师统一了思想,一致认为定期开展校际教研活动,加强小学与初中教师之间的沟通与交流,彼此支持,取长补短是非常必要的。他们还认识到:只有营造有利于小学生快乐成长、初中生健康成长的良好氛围,才能提高义务教育的质量,只有实现小学、初中教育的有效衔接,才能促进学生的幸福成长。因此,苏州市平江实验学校与苏州市平江中学校决定从课程教学的角度入手,开展衔接教育工作。

苏州市平江实验学校与苏州市平江中学校组建"小初"衔接教育联盟校,初步确立"小初"衔接的基本路径:常态化推进"入学周、入学月、入学季"及"恳谈会"等教学交流互动活动,为学生提供了平滑适切的进阶线路,开拓了"小初"学生适应性发展的成长路径。

(二) 课程教学"1+N":发展一点多校,资源共享的多向提升

"1+N"是指以苏州市平江实验学校与多所中学进行联合教研为形式,完成"小初"衔接课程教学的多种优质资源共享、发展。学校立足自身课程与教学特色,与多所中学进行交流互动,汲取各校优质资源,完成"小初"衔接的多向度提升。

苏州市平江实验学校在原有的"小初"衔接基础上,增加了衔接中学的数量,与苏州市立达中学、苏州市振华中学校、苏州市草桥中学校形成项目共建基地。我们立足与苏州市平江中学校进行有效合作的经验,按照"每周一研讨""半月一教学""一季一总结"的形式完成一个小学对接多个中学的衔接尝试。"每周一研讨":以周五下午为固定时间,组织小学主课教师与初中主课教师进行交流研讨,为阶段性的课程教学活动制定活动的目标与形式,根据初中学校的校本优势,确定活动地点;"半月一教学":在活动目标、形式、地点确定的情况下,每半个月进行一次"小初"衔接的课程教学研讨,

研讨活动要求小学与初中相关科目的教研组长与教师一同参加，从课堂教学到课后研讨，小学和初中教师同场展示、同室研讨，从教学目标、教学方法、教学评价以及学生的课堂表现等方面进行分析，使小学和初中教师对小学高年级与初中学生的学情特点有了更全面的了解；"一季一总结"：我们以一个学期为节点，聚合小学与所有项目中学，通过课例、案例与视频资料的整理，对所有课程教学活动的开展情况进行总结，填补实践过程中疏漏，对课堂教学进行复盘，完成对后续教学的调整。

以苏州市平江实验学校与多所中学联合教研为形式进行"小初"衔接的实践探索，可以使小学获得更多类型的教育资源，更重要的是可以通过交流研讨的方式，获取中学某门学科的最优资源，将其与小学自身特色进行结合，使"小初"衔接的课程教学获得多向度的最佳提升。

（三）课程教学"N+N"：实现多校交互、课程创生的精准跃升

平江教育集团由苏州市平江实验学校、苏州市大儒中心小学校、苏州市桃坞中心小学校三所百年老校和与苏州市平江实验学校一脉相承的苏州市平江中学校分校组成。"N+N"即以平江教育集团所下辖的百年老校群与多所中学进行交互式研讨，通过教研互通、教师互动、资源互享使每一所学校找到适合自己的中学进行集团背景下的校际共建，从而进行深度的纵向合作，实现课程创生，完成"小初"衔接的精准跃升。

平江教育集团下辖的三所百年老校，均有自己的历史文化与校本特色。苏州市平江实验学校建于1265年长洲县学原址，距今有750多年的办学渊源。校内500年古殿、18棵古银杏、23块古碑，于静穆中体现出教育的正雅气质，使它成为一所最"苏式"的学校。始建于1906年的苏州市大儒中心小学校地处大儒巷，因被誉为"大儒"的明长洲（苏州）人王敬臣家居于此而得名。1952年秋季，由陶行知先生亲自指导办学的从云小学并入该校，形成了儒雅大气的办学风格。苏州市桃坞中心小学校所在的桃花坞片区，历来是文人汇聚、风雅读书之地，当地商业的繁荣，促进了以四大才子为代表的"吴门画派"和传统工艺"徽州木刻"的融合，诞生了"木刻年画"这一著名的非遗文化，成为了桃坞小学的品牌特色。因此，百年老校群与多所中学开展"小初"衔接项目实践，双方在活动中感知彼此的办学理念与办学特色。在各自百年历史文化的助推下，小学与初中形成了相互认同的价值观、教育观与育人观，从而促发了相关课程的创生。例如，苏州市大儒中心小学校结

合自身条件，融合苏州市草桥中学校优势资源，构建了语文项目的"广域阅读课程"，致力于培养全息阅读者。

"广域阅读课程"立足教材阅读内容，着眼精神世界的发展，实现阅读素养提升，同时注重学生思维培养和创新精神的全面提升。阅读内容全覆盖：苏州市大儒中心小学校基于与苏州市草桥中学校的合作研讨，制定出了适合毕业生的阅读书单，该书目立足于统编版小学阶段的单篇名著课程，链接的是初中三年的必读名著，内容包括了文学、艺术、科学、幻想等多种阅读类型。阅读时空全覆盖："小初"联合，实现了时时处处、线上线下、校内校外、小学初中皆可阅读的物型环境。我们邀请小学与初中骨干语文教师录制10—20分钟的线上阅读微课，在学生进行前期阅读的基础上，对单篇课文、整本名著进行了剖析与解读，提出相关的阅读要求，进一步提升了学生阅读后的知识含量与阅读兴趣。另外，苏州市草桥中学校为苏州市大儒中心小学校的学生提供了图书馆借阅卡，开拓了阅读的广度，挖掘了阅读的深度，开辟了阅读的场域。阅读对象全覆盖：在各科教师、全体学生、全体家长中营造浓厚的阅读氛围，开发"校本、班本、家本"阅读序列，通过"阅读存单""阅读能力综合评价表""阅读家庭""阅读标兵"等评价措施，推动广域阅读课程的有序、稳定发展。

"广域阅读课程"的开发提高了小学生的阅读容量与阅读质量，不仅巩固了小学阶段的阅读内容，也为升入初中后的阅读打下了基础，使他们在小学阶段就能获取初中阅读能力的"优先提升权"。不仅如此，在"小初"衔接的课程教学基础上，小学与初中开发了"学习资源中心""沉浸式体验课程""项目化课程""心理衔接课程"等，以校本社团课程的形式完成了学生"小初"知识与身心发展的对接。

"小初"衔接背景下课程教学的集团化实践强化了教学承前启后的作用。中、小学教师的沟通，使小学教师清楚小学的知识为中学的哪些知识服务，明确要达到的具体要求，也让中学教师明白中学所教的知识是基于怎样的小学知识储备而进一步学习的，中学教师在处理教学内容时，不需要让学生对已经学过的、已经掌握的知识再探索或者再讲解，有效地实现了小学教学与初中教学的关联性和完整性，强化了承前启后的作用。通过"小初"衔接，我们打通了小学到初中的教育盲区，与初中教师携手，让学校教育更加符合学生成长规律和教育教学规律，让小学生能够轻松、愉快地迈入初中的门槛，实现小学和初中教育的无缝对接，促进学生幸福成长。

实践成效：

在苏州教育的整体规划下，姑苏区每年都会开展大市范围的衔接教学展示研讨，用活动推出一批精品课例和有较高"衔接教学"专业实践经验的骨干人才。2019年5月6日，联盟校阶段研讨活动如火如荼，15所联盟校校长共聚一堂，回头看，展未来。2019年9月16日，"苏州市教科研融合基地建设项目推进活动"激情昂扬，8所学校被新命名为"教科研融合建设基地实验校"，课堂教学以数据分析为起点，呈现珍贵的实验样本。2020年12月9日，"苏州市幼小初学段融合教学展示"，小学和初中教师同题异构，直观呈现学段的"相通"与"不同"，探索学段"学力"通融。2021年4月16日，"贯通·融合·协同：小初衔接区域实践"新增8所学校为"小初衔接课程建设联盟校群"，小学和初中教师共同呈现10个学科、48节同题异构课堂教学。2021年5月26日，"全面质量观引领下的苏式课堂"展示呈现以红色主题为内容的"小初"衔接"主旋律"课堂……

实践证明，基于育人价值和时代意义的"小初"衔接姑苏实践，内涵丰富，绵长隽永，惠及万千学子。学生成长适应性明显增强。最近的问卷调查显示：95.7%的学生进入中学一段时间后很快适应，94.15%的初一学生人际交往融洽。教师和家长问卷反馈显示，学生在学习动机、学习信心、情绪控制等方面较前两年都有明显提升，学段之间贯通性逐步增强。

"小初"衔接的姑苏实践已形成了可用、可评的系列成果。目前，姑苏教育以区内19所百年老校为基点，全面聚焦育人环境提升，丰富资源载体，创新实践行动，凸显品牌价值。随着苏州历史文化名城保护提升总体方案的正式出台，保护区"一中心、两高地、一典范"总体定位的明确提出，姑苏教育也全面启动"百年老校跃升行动"，通过对"小初"衔接机制体制的深化、课程资源的优化和研究成果的推广，全面提高学校办学品位，全面提升教育内涵发展，奋力书写姑苏发展新篇章，全力打造新时代教育新高地，让名校与名城交相辉映、相得益彰。

第六节　智慧教育生态的姑苏创生

大数据时代，每个人都在享受大数据所带来的空前便利。如何将这种"动力"赋予传统教育，挖掘教育现代化的巨大价值，是每一个教育人思考的问题。依托于千年古城的姑苏教育，也在不断尝试用大数据驱动教育发展。

姑苏教育始终秉持着用"先进"技术赋能"传统"教育的发展宗旨，镕古铸今，挖掘教育信息化的无限价值，在长期的教育现代化应用探索中，逐步形成了以教育大数据为核心，多维应用平台为载体的"苏·慧"智慧教育体系，在教、学、考、评、管、保六大过程中进行数据积累，对区、校、师、生四个板块进行分层管理，全面打通数据底盘，搭建一个中心多业务系统的支撑平台。

一、明晰功能定位，追求技术与教育目标适度整合

2012年10月26日，原苏州市沧浪、金阊、平江三区合并成立姑苏区，至此，姑苏智慧教育建设踏上新征程。随着《国家中长期教育改革和发展规划纲要（2010—2020年）》《教育信息化十年发展规划（2011—2020年）》《教育信息化2.0行动计划》《中国教育现代化2035》等相关文件的印发，姑苏教育制定了智慧教育建设规划，顶层架构了姑苏智慧教育整体框架，明确了智慧教育建设方向。

首先，明确了区域智慧教育的功能定位，即站位区域层面，搭建起基于大数据的智慧教育教学生态，为区域教育决策管理服务，为区内各学校的日常教学服务，同时消除各学校数据之间的壁垒，实现区域数据共建共享，以此推进区域教育教学的质量，促进教育公平；推进学生学习方式的创新变革，打造用数据说话的全新教育教学模式，最终形成区域教育数据大脑。

其次，制定了以大数据处理为核心的智慧教育平台建设规划，确定了智慧教育建设目标：一是搭建一套基于大数据的智慧教学生态。构建满足智慧

教育应用的先进、高效、实用的姑苏教育城域网基础，建设"一数一源"格局的智慧教育数据仓，搭建一套满足全区各学校日常教学数据采集的数据中心，并基于此构建完善的数据采集系统，实现对学校管理、教师专业成长、学生学习数据的常态化、伴随性采集，形成区域教育大数据，消除数据孤岛和数据沟壑，实现数据的共享。基于采集的海量数据，利用大数据分析，实现对区域各校师资均衡配置、学生核心素养、学校教学质量等方面的精准描述分析，精准推荐改进措施和方案，从而提升教师的教学质量和学生的学习效率。二是促进学生学习方式的变革，探索区域高质量教育均衡。加强区域教育大数据深度应用研究，致力于构建区域大数据分析中心，帮助教师智慧教学、学校智能决策，建立学生成长档案。同时，面向区域学校进行应用示范，探索基于大数据的教育创新模式，变革学生学习方式，对师生进行综合质量评估，满足各级教育行政部门、学校、教师、学生群体的常态化教育教学和管理需要，推动信息技术与教育全面深度融合，提升教与学的效率和效果，促进教学、学习和管理方式创新。三是打造基于大数据及人工智能的智慧教学应用示范。通过在区域构建教育大数据中心以及区域办学模式及教学模式的创新与变革，将区域"人工智能+智慧教师建设"工作打造成示范性工程，让区域学校成为智慧教育示范窗口，通过数据价值的挖掘，为区域教育公平、提升教学质量提供决策依据。

二、数据与教育改革高度啮合——姑苏智慧教育的实践路径

经过多期建设，姑苏教育以面向区域教育教学全流程数据汇集的教育数据仓为基础，构建区域常态化测评数据的采集与汇聚系统，通过面向教育大数据的诊断分析引擎来引导区域教育质量的分析，推动资源体系建设，发展数据驱动的智能决策与管理。全区教育数据的全纳入，教、学、考、评、管、保六大方面数据的深度分析，为促进区域教育公平、提升教育质量提供有力抓手。

1. 夯实基础建设，构建数字化教育环境

以建设智能化校园，统筹建设一体化智能化教学、管理与服务平台为目标，通过教育城域网升级改造、搭建基于大数据的智慧教学生态等措施，形成具有姑苏特色的学习空间。一是通过对现有教育城域网进行升级改造，引入新型智慧教育基础技术与设备，以"双网双芯"模式建设，形成覆盖区内

所有小学、幼儿园,全面支撑智慧学习、安全畅通的教育城域网。所谓"双网",即在连通所有小学、幼儿园的教育城域网基础上,加建新一代高安全性的虚拟隧道技术,扩大教育城域网应用范围。所谓"双芯",即建设安全可靠的私有云,为区域小学、幼儿园提供核心数据服务;建设面向全体师生的互联网公有云,为全区师生提供全天候不间断应用服务。二是借力省、市智慧校园创建项目,加速校园信息化设施的配备与应用研究,优化师生教学资源配置,从共建共享走向共治共赢。三是通过区域教育信息化相关制度的制定与完善,推进小学、幼儿园的整体规范建设,使之有据可依、有章可循。

2. 建立智慧教育数据仓,提供精准化信息支撑

建设"苏·慧"智慧教育云平台,并以此为基础,汇集区域教育数据,构建全过程、全方位、全人员的信息化教学管理体系。一是通过搭建智慧教育大数据仓,采集与汇聚各类基础数据以及教、学、考、评、管、保六个方面常态化应用产生的大量数据,将不同来源的数据进行采集、整理后,以统一数据标准进行管理,解决数据多源、准确性的问题,以满足教育行政部门办公、教学、管理、分析、决策等需求。二是围绕着区域精准数据,通过建设师生基础信息管理、人事档案管理、教师研训、线上教育、学业大数据、学生成长写实、大数据决策分析等分布式架构各业务子系统,形成高效流转的智能化数据业务管理体系,实现高效智能化数据业务管理。三是充分利用大数据来勾画教师发展、学生学业水平、核心素养发展走向,为教育决策、教学管理提供支撑。

3. 数据驱动未来,促进本土化教学变革

推进大数据在教育教学中的应用研究,深挖数据价值。一是基于学业大数据综合分析系统,建立多级学业大数据体系,支持全方位教学质量监测分析,进一步深化数据价值;二是充分利用智能技术来重塑教学环境和教学模式,建立校内外、线上线下全时空学习空间,以数据驱动姑苏教育走向精准化、精细化、精确化,形成崭新姑苏教育模式。

4. 技术改革手段,推进个性化教师发展

以信息技术手段改革人才培养模式,精准推送,促进教师个性化发展。一是推进姑苏教师专业发展体系相关课程资源建设,用更贴合、更丰富、更聚焦的课程为教师提供前进动力;二是进一步规划好"课堂与在线融合"的教学场景,丰富教育服务的供给模式,按照教育发展的需要、学习型社会建设的需要，推进人人可学、时时可学、处处可学的教育服务网络建设。

5. 智能融入生活，形成多元化学生成长

积极应用人工智能技术，推动师生减负增效，形成学生多元成长路径。一是积极开展STEM、人工智能、信息技术与学科融合的研究，全面提升学生信息素养，让学生学会学习。二是将人工智能技术充分融入课堂教学，减轻师生学习负担，掌握新兴技能，让学生享有面向未来的能力。

三、平台与教育教学稠度聚合——"苏·慧"智慧教育的应用生态

姑苏教育紧抓"学业"与"素养"两个关键词，将之作为大数据、云计算等技术的首要作用域，把应用与智慧教育深度融合，发挥其积极引领作用。

1. 为教育要素服务——区域全面纳入

经过智慧教育三期建设，姑苏教育建成七大应用系统，将区内16所初中、49所小学（含民办学校、特殊教育学校）、65所幼儿园、6 500多名教师、7万多名学生数据全纳入，实现了区域层面上教、学、考、评、管、保六大方面的横向数据分析，区、校、师、生四个板块的纵向分层管理。

2. 为精准教学服务——学科知识图谱

姑苏教育率先引入"学科知识图谱"概念，并以此作为开展精准教学的智能诊断分析引擎。"学科知识图谱"由区内优秀教师、教研员与学科专家共同研讨构建，通过对学科知识进行系统梳理和归纳，实现大数据时代高效的知识管理、知识获取和知识共享，为面向教育大数据的诊断分析引擎提供数据基础，为教育管理者、普通教师、学生提供教师教学指数、学生发展指数、学养水平指数、学科素养指数、学养完成指数等可视化数据分析。同时将区域所有资源都与知识图谱关联、标注，各学校进行校本、班本使用后，便可生成精准详尽的学养分析报告，形成"自上而下""自下而上"的双向资源建设机制，有效地满足了学校及教师的个性化教育需求。

3. 为质量提高服务——学业大数据

姑苏教育通过构建区域常态化教育数据的采集与汇聚系统，将教、学、考、评、管五方面的常态化应用中产生的大量数据进行科学化分析。在区域层面组织学生阶段学养素质绿色达标项目，借助学业大数据平台自动阅卷汇总，实现区本详尽而多维的分析；集团校际、跨集团或者单校开展的各类练习、学业评估，让教师及时获得数据反馈并及时改进教学策略，既为后续教

育提供了依据，又切实减轻了学生学业过重的负担，有效避免了重复劳动，让素质教育成为可能。同时，多层级的数据积累，为区域教学决策、评估提供模型，为学科教研提供可量化的数据基础依据，为教师教学干预提供可视化指引，为学生有效学习提供个性化指导。自智慧教育项目实施以来，区域学生学业质量得到了显著提高。

4. 为素养提升服务——写实师生成长

杜威说："教育的目的在于使人能够继续教育自己。"姑苏智慧教育以精致、内涵的"苏式"教育为愿景，聚焦于以教育大数据深入师生专业发展和成长的全过程。一是构建"姑苏教师专业发展课程体系"。根据教师不同发展阶段，定制专业在线课程服务，提供指向"教师专业发展关键能力"要素的课程资源，提升我区教师队伍的专业素养和执教水平，助力我区教学质量的整体提升。二是打造"苏·慧"学习品牌。建设苏州市线上教育中心姑苏区分中心，为区内学生打造了独具姑苏特色的"苏·慧"在线学习课程，助推教与学全新模式的生成，助力信息技术与学科教学的深度融合，贯彻线上教育的服务宗旨，推动姑苏区分中心疫情后常态化应用。三是成长写实。以教育大数据采集的学生泛在数据汇聚成个人成长档案，提供精准学习题库和错题分析等，让师生的成长有凭可依、有迹可循。四是结对帮扶，助力薄弱学校提质增效。姑苏教育依托"苏·慧"智慧教育平台，采用区内龙头学校与区内薄弱学校、民办学校结对共进的方式，通过开展结上同城教研，集体备课活动，帮助薄弱学校教师共同提高。多时空学习方式的探索，优质师资的区域共享，推动了区域教育质量的整体提升。

5. 为管理决策服务——构建数据大脑

基于教育大数据应用优势与实践，姑苏教育站位区域层面，打通区域数据流转链路，搭建起基于大数据的智慧教学生态，形成区域数据"一盘棋"：着眼学校教学模式的创新变革，消除各学校数据之间的壁垒，借助大数据辅助教育决策，打造用数据说话的全新教育教学评价模式，为区内各学校的日常教学管理服务提供科学依据，实现科学管理。目前，借助大数据决策系统能清晰呈现区域学校、优质师资的分布情况，在接入区域居民数据后，各校招生压力、师资配备预警情况均一目了然，为区域教育管理者决策提供了数据支撑，为实现区域教育公平提供了有力保障。

四、变革与智慧教育深度融合——姑苏智慧教育的未来朝向与愿景

姑苏教育通过教育大数据的有效实践,将数据与教育改革高度啮合,让数据产生价值,在行动中逐步促进区域教学、管理方式的变革。

1. 学习方式的变革

学生从被动接受向主动学习转变,从以往共性化学习向个性化学习转变,从常规课堂的低效重复向高效多元转变,让"减负增效、因材施教"掷地有声!

2. 教学方式的变革

借助于智慧教育,教师更聚焦每一位学生,实现规模化前提下的差异化教学、综合素养的提升,教师更具备数据解读能力,能够更准确预判,及时施加教学干预。

3. 管理方式的变革

区域层面管理的系统性和实效性得到增强,从原本统一性管理转变为针对性管理,从粗放式管理走向精细化、人性化管理,朝着高效管理前进。

经过历年建设,姑苏教育已基本形成了"一网三链一融合"的智慧教育生态体系。其中"一网",即以新型教育城域网为基础、"苏·慧"姑苏教育云平台为支撑、数据中台为底座的新型教育信息化基础网络;"三链",即以学生为中心的成长链、教师为对象的发展链、学校为主体的管理链;"一融合",即以区域教育高质量发展和优质均衡为目标,通过汇聚融合成长链、发展链、管理链产生的各类数据,输出多层级、多维度教育发展态势,为区域智能决策提供参考依据。

变革意味着新生,姑苏教育将深耕构建服务于师生发展的智慧教育体系,形成新时代下数据驱动的智慧教育新模式,为姑苏师生持续发展供能。

 典型案例一

智慧教育示范区创建的姑苏教育大数据实践探索

2019年11月30日,"国家智慧教育示范区教育大数据主题研讨会"在苏州市隆重举行。此次盛会由教育大数据应用技术国家工程实验室、苏州市教育局主办,姑苏区教育体育和文化旅游委员会承办。

第二章 探，涵育的路

活动背景：

为深入贯彻习近平总书记关于教育的重要论述，以及全国、全省教育大会精神，进一步落实全市教育大会关于智慧教育各项工作部署，推进苏州智慧教育示范区培育创新工作，探讨利用教育大数据、人工智能助力教育现代化的路径与实践，2019年11月，姑苏区承办了"国家智慧教育示范区教育大数据专题研讨会"。

活动掠影：

2019年11月30日，全国智慧教育示范区教育大数据主题研讨会在苏州市会议中心举办，来自全国教育系统的专家、苏州市教育行政部门以及中小学负责人代表等300余人，为苏州创建全国智慧教育示范区建言献策。时任苏州市副市长的曹后灵出席会议。

本次研讨会由教育大数据应用技术国家工程实验室和苏州市教育局共同主办，由姑苏区教育体育和文化旅游委员会承办。会上，教育部智慧教育示范区建设专家组专家杨宗凯、郭绍青、王珠珠、顾小清等相继作了主题报告，苏州市教育局副局长高国华介绍了苏州智慧教育概况，姑苏区教育体育和文化旅游委员会、姑苏区教师发展中心及苏州市沧浪实验小学、苏州市平直实验小学分别交流了实践经验。

姑苏智慧教育的实践路径：

大数据时代，每个人都在享受大数据所带来的空前便利。如何将这种"动力"赋予传统教育，挖掘教育现代化的巨大价值，是每一个教育人思考的问题。为此，姑苏区立足于区域特点，着眼于未来发展，制定了智慧教育及大数据中心的构建与发展规划。探索和建设大数据中心完善服务环境，同时在过程性数据采集、教学深度融合等方面制定了更高的目标要求。明确了利用大数据技术为学习者提供海量、适切的学习资源服务；以深化教育大数据应用，助力教育教学、管理和服务的改革发展为目标，不断尝试用大数据驱动教育发展。"平台＋师资＋专家"的三维组合，让姑苏智慧教育得以在高平台上继续扬帆起航。2018年6月，姑苏区携手华中师范大学牵头成立的教育大数据应用技术国家工程实验室的专业团队，进一步提出了以教育大数据促进教育教学变革、弥补教育短板、提高教育治理水平的探究方案，让教育大数据成为促进教育质量提升，维护区域教育公平的重要举措。经过建设，姑苏智慧教育初步成型，大数据应用成效得以体现。

姑苏区以搭建面向区域教育质量监测的教育大数据支撑平台为基础，构建区域常态化测评数据的采集与汇聚系统，通过面向教育大数据的诊断分析引擎来常态化进行区域教育质量评价分析，推动资源体系建设，发展数据驱动的智能决策与管理。

1. 构建面向区域教育质量监测的教育大数据支撑平台

基于支撑平台，2018年11月，借力于苏州市"古城保护和管理大数据中心项目（一期）"建设，姑苏"智慧教育（一期）"项目正式启动，"智慧教育"是我区"智慧姑苏"子项目之一，在姑苏区古城保护和管理大数据中心的统一规划和指导下，"智慧教育"项目的建设和应用有序推进，实现了与"智慧姑苏"项目的数据共建共享和协同应用。

在支撑平台基础上的教育大数据云平台，搭载了智慧教育项目中的7大平台、36个功能点的建设，实现了区域内16所初中、49所小学（含民办学校、特殊教育学校）、65所幼儿园、6 500多名教师、7万多名学生数据的全纳入，实现从教、学、考、评、管、保六大方面进行数据分析，从区、校、师、生四个板块进行分层管理。

姑苏区对数据采集及同步过程中的数据实施集中治理，统一数据标准和数据资产管理，兼容全类型应用数据，扩充应用。这些数据基本能够满足教育行政部门办公、教学、管理、分析、决策等需求。

2. 构建区域常态化教育数据的采集与汇聚系统

教、学、考、评、管五个方面的常态化应用中产生了大量的数据，通过采集与汇聚，为深入进行科学化分析，为教育教学指标体系建设、学习预测与干预、教学决策支持、评估模型建设提供基础数据支持。

这里以学养数据综合分析平台为例，学校可以使用该平台的智能组卷功能从资源库中选择资料，编制学养监测工具，一键生成答题卡，打开纸质评价、有痕阅览模式，再通过高速扫描仪进行数据采集与分析。

3. 构建面向教育大数据的诊断分析引擎

诊断分析引擎基于姑苏区教师发展中心教研员与学科专家共同研讨构建的多学科知识图谱，实现大数据时代高效的知识管理、知识获取和知识共享，并明确教学方向，统一教学思路，诊断教学问题。

面向教育大数据的诊断分析引擎，为教育管理者、普通教师、学生提供教师教学指数、学生发展指数、学养水平指数、学科素养指数、学养完成指数等可视化数据分析。"支撑平台＋采聚系统＋诊析引擎"的三组合,为推进区域教育教学高质量发展提供有力抓手。其中:

区域教育质量评价分析。由区域层面组织的学生阶段学养素质绿色达标项目借助系统工具实现详尽而多维的分析,为区域学科教研提供可量化的数据基础依据。

区域资源体系。通过构建满足个性化教学需求的区域资源体系,对所有资源都有效关联了知识图谱进行了精准标注,且为姑苏自建。资源进行校本、班本使用后便可以生成精准详尽的学养分析报告。该项自上而下与自下而上的双向资源建设机制,有效地满足了学校及教师的个性化教育需求。

数据驱动的智能决策与管理。利用学校数据开展区域监测和管理,教师教学教研更加科学化、精准化。对于教师而言,各类分析报表提供多维度的教学干预策略,满足了教师的个性化教学需求。对于学校而言,各类分析报告展示了丰富的指标数据,学校管理者能够将其运用到本校的相关业务,数据决策有效提升了管理水平。

典型案例二

姑苏智慧教育决策管理系统建设与应用

随着教育信息化应用的不断推进,姑苏智慧教育建设日趋完善,海量的教育大数据的汇聚,为区域教育均衡发展提供了新的思路。为此,苏州市姑苏区充分利用区域教育大数据,通过研制姑苏智慧教育决策管理系统,对汇集的数据进行建模分析,从教育环境均衡、教育资源均衡、教育机会均等和教育质量均衡等四个方面为管理层科学决策提供数据依据,进而促进区域教育均衡发展。

建设背景：

"十三五"以来,全球新一代信息产业处于加速变革期,大数据技术和应用处于创新突破期。如何抢抓机遇,推动大数据产业发展,对提升政府治理能力、优化民生公共服务、促进经济转型和创新发展有重大意义。2020年,苏州入选教育部2020年度"智慧教育示范区"创建区域,标志着苏州教育信息化建设迈上新台阶,对区域智慧教育提出了新的挑战。

姑苏区在促进区域教育公平的道路上进行了很多的探索，集团化办学、师资均衡配置等一系列举措彰显了区域推进教育公平的决心。但在推进过程中，也发现存在一些亟待解决的痛点、难点问题，如：如何应对未来发展对未来布局进行预设的跟踪与监测评价，解决教育均衡布局问题；如何合理配置师资，实现均衡配置；如何合理分配优质教育资源，实现教育公平；如何使用量化手段对教育绩效进行科学有效的评价；如何在决策过程中提供数据支撑……为此，姑苏教育研制了基于大数据分析的姑苏智慧教育决策管理系统，对海量汇聚的数据进行碰撞分析，通过对各类数据进行可视化展现，协助管理层宏观了解区域内各个方面的运行状况，通过对大数据信息的掌握和分析，为分析决策提供数据支撑。

建设方案：

作为姑苏智慧教育驱动大脑，姑苏智慧教育决策管理系统在夯实动态资产库的基础之上，以各层级教育管理者切实需求为导向，通过对全区教育教学大数据进行智能化决策建模分析，开发建设了资源均衡模型、校园规划决策、办学条件趋势分析、招师压力预测分析、招生压力预测分析、教师专业发展预测分析、学生综合素质均衡分析等决策模型。多维度、全方位、可视化呈现区域、学校、教师、学生的整体态势和变化趋势，动态呈现师生个人发展状态和行为分析，辅助区域、学校管理者进行教育均衡发展决策，助力智慧管理。

在前期建设过程中，姑苏智慧教育完成了智慧教育数据中台的构建，对已有数据和新业务数据需求进行梳理、整合、汇聚，打通各应用间的数据壁垒，实现数据共享，同时利用面向教育场景的数据建模与智能分析手段，形成数据驱动的智慧教育业务数据闭环。

姑苏智慧教育决策管理系统则是建立在大平台基础之上，基于数据中台的数据汇聚和计算能力，结合业务处室实际管理需求构建决策模型，破解部门决策难题，依托大数据提升部门今后对教育预警分析、问题识别和处理、日常线上办公能力，能够提升产能。通过沉淀动态数据资源，基于数据挖掘智能应用反馈给教育群体，最终达到经济效益最大化。系统分为两大模块，其中：

（1）区域教育综合监测模块。提供区域学校整体布局决策分析，以地图方式展开学校规划决策分析功能；提供师资均衡发展决策分析，对区域骨干教师、教师荣誉、教师年龄、师生均衡比进行决策分析；提供学生管理决策分析，以区域学生数量趋势、学生班额数据、学生升学情况、综合素养等进行决策分析；提供区域决策压力分析，以学校布局、师资发展、学生管理三个决策分析计算出区域管理压力诊断，以地图的形式给出决策依据分析。

（2）学校管理者决策模块。根据学校经营管理数据和办学条件数据分析变化趋势，对在校生变化趋势和学生素养发展进行基本分析；对学校教师基本特征进行分析，包括基于教师年龄、工作变迁、教育历程等数据的综合分析；对教学行为进行分析，包括资源建设和学习质量研判数据分析。

作为姑苏智慧教育驱动大脑，智慧教育云平台决策系统在坚实动态资产库的基础之上，结合各层级教育管理者切实需求，利用智能化决策模型管理工具，实现多角色多层级多维度的数据输出，为各业务条线主管部门提供精准牵引与决策依据。

关键技术：

1. 微服务架构

平台基于斯普瑞布特（Spring Boot）微服务架构提炼而成，涵盖 Spring Boot 的所有必要的核心功能，具备快速集成、快速开发、快速启动的特点，且可实现分钟级别的快速部署，相对于使用原生的 Spring Boot 框架，开发效率大大提升。

2. 负载均衡

针对系统应用程序编程接口（API）内置负载均衡算法，减轻 API 分发压力，针对不同的路由规则可以选择使用不同的负载均衡算法。

3. API 生命周期管理平台

自研 API 生命周期管理平台，支持在线无代码化来统一编排和调度 API 服务，支持决策平台 API 文档自动生成、自动测试，在线发布等功能。

4. 流程引擎

自研基于微服务的流程引擎，支持通过可视化的拖、拉、拽即可完成数据集成流程的构建并实现数据抽取、转换、清洗、脱敏、加载等功能。

5. 日志中心

基于 MongoDB 集群方式进行大数据日记采集及分析，通过异步多线程方式进行日志的写入并异步同步到 MongoDB 中进行分片存储，同时提供统一的日志监控和管理中心模块来分析和审计日志数据，便于追溯决策全流程数据流转。

6. 前端框架

基于开源 React、VUE 框架进行混合式开发，提供丰富、灵活的数据形式化组件，为决策平台提供动态的决策呈现效果。

应用效果：

姑苏智慧教育决策管理系统当前已在姑苏区全区推广，覆盖姑苏智慧教育系统各单位，当前系统运行良好，并得到多部门的高度认可。

系统按照姑苏教育特色和各业务条线日常需求锻造而成。以区域教育机构分布、各阶段教育特色、学校综合发展、学校办学条件、教育均衡度、师资均衡度、学生成长轨迹、教育经费等教育监测评价指标体系为基础，将不同业务系统之间的数据集成共享。在此基础上，教育管理者不仅可通过各级领导决策空间和驾驶舱直观获取教育监测数据，还可基于现状分析发展趋势，实现区域内横向、纵向对比及综合预警，激发内生动力，为教育决策提供科学辅助作用。

区域层面为决策者提供了包含但不限于教育均衡、学校综评、人才选培、师资压力、学生成长历程、学业水平、经费均衡等的趋势与决策分析。其中，对区域教师数据进行了全方位、多维度采集，汇聚教师基础、教学过程、研训过程等数据，实现横向和纵向精准选拔、个性化发展规划、智能职称晋升、师资压力预测及预警；学生数据则从学生基础、学业监测、体质健康和招生压力四个维度细化展开，构建覆盖德、智、体、美、劳的过程性评价体系，实现学生客观评价、过程评价、增值评价，助力完善综合素质评价体系。

学校层面为学校管理者提供了双评关联、学校发展、荣誉选评、人才预判、学生综评、资源均衡、安全指导等的趋势与决策分析。除此之外，系统支持多层级下钻及关联分析，能够精准定位到学校、教师和学生层级，详细分析个人专业发展情况，便于学校管理者分析决策。

在实践中，我们深刻感受到，打造数据驱动的智慧教育新模式带来的是学习方式、教学方式、管理方式的全方位变革。我们相信，通过汇聚常态化的各类数据，进行多角色、多层次的精细分析，一定会满足智能决策、精准教学、个性化学习等应用需求，智慧教育将有效促进区域教育公平。

典型案例三

智慧赋能：学习方式变革新范式
——以苏州市金阊实验小学校信息化建设为例

教育信息化2.0时期来临，信息化已经成为教育变革的内生变量，融合创新、智能引领是其主要特征。随着5G、虚拟现实、数据分析等新技术的深度应用，海量学习资源触手可及，不同个性学习场景多重交互，学习者的主体性得以充分发挥，给教育带来了一系列学习方式变革。尤其是2020年出现新型冠状病毒感染的疫情以来，智慧赋能的学习方式变革从个体学习转向课堂教学，对学校发展产生了实质性影响。苏州市金阊实验小学校开展"基于智能化教育场景的智慧课程建设"，充分发挥信息技术与人工智能的课程性优势，营造"学生—教师—课程—环境"之间的多维交互，打造"互联网+"时代学校信息化发展的新样态，诠释了智慧校园建设的示范意义。

建设背景：

随着互联网+时代的到来，技术对学生学习方式的影响是全方位的。就学习主体而言，学生思想观念、思维习惯、学习行为均发生了改变，多渠道的知识获取，打破了传统意义上的师生间的传道、授业、解惑路径，学生自主化、个性化学习成为可能。就学习中介而言，随着数字技术的深度应用，虚拟场景真实化应用，学生的学习空间被赋予多场景智能化用途，需要为学生的个性化学习提供支撑。而作为学习的客体，就学习内容而言，海量网络资源的推送，让学生获取知识的路径不再局限于学校、课堂。此时，如何选择正确的学习内容则对学校教育教学提出了新的考验，成为当前亟须解决的问题之一。就学习效果而言，数据的应用改变了传统的教学评价方式，多点互动且直击痛点的评价方式将大幅提升学习效率。传统的以"教师、课堂、教材"为中心的学习方式，将被以"学生、场景、资源"为中心的教学供给方式所取代。如何应对"互联网+"时代的挑战，把握智慧赋能，在时代变革中占得先机，对学校发展提出了新的要求。

建设方案：

1. 智慧场景建设，把握技术与育人间的关系

借助信息技术，采取集约化建设手段，智慧教室的建设呈现出一室多用

的态势，集中整合机器人创客空间、VR创意空间、网络教室并扩大规模，形成一体化管理的儿童乐创课程中心。为学生创设集成化、智能化、开放性的学习场域和互动式虚拟情景，将学校变成一个全时空的学习、研究场域，实现了智能化教育场域内学习者、学习内容、创新方式等全方面的链接，变革学生的学习方式，促进学生能力的全面发展。

2. 多维课程开发，厘清信息技术与学科发展的关系

以开发多维度课程体系为抓手，厘清信息技术与学科发展的关系，从国家课程的校本化实施和校本课程特色化两个层面，开发独具特色的智慧课程。一是创造性地从落实国家课程入手，引入项目化学习概念，将信息技术与学科课程进行深度融合并尝试跨学科融合教学，形成人文、科学、思政三个融合课程模块；对低、中、高年级开设不同层次的课程，在内容上从生活实际出发，如开设智能温水机、智能头盔、智能小农场等相关课程，结合各类比赛不断完善课程建设。二是建立基于校本的拓展智慧课程，使之成为国家课程的深化与延展，以满足学生多元化需求，全面提升学生的信息素养，如学校采用乐高EV3、乐高WEDO校本电子教材及智能互联三级教程，实现校本教材与校外拓展材料相融合、互促进的教学。

3. 大数据应用与分析，优化教学管理

一是教师利用数据分析平台收集教学过程性数据，帮助教师精准分析学生学业水平，寻找教学痛难点问题，及时调整教学策略；二是充分利用线上学习平台，开展学生个性化自适应学习，学生通过平台全面了解自身发展，在学习困难时，及时在线寻求帮助；三是学校管理者运用平台及时掌握学校教学生态，全面把控教学质量，及时统筹规划教育资源，实施教育管理干预，提升教育质量。

关键技术：

1. 虚拟现实技术

将虚拟现实技术与教学情景相融合，以优质VR教学资源为核心，将抽象的知识、概念情景化，提供给教师轻松、便捷的智能化教学互动操作，为学生打造高仿真、沉浸式、可交互的智慧学习空间，是实施科学教学活动的最佳方式。

2. 人工智能技术

通过数据采集，机器学习，对图像、语音、语义进行识别分析，了解学

生个性化的需求，并通过网络提供个性化的教育教学服务。

3. 大数据分析技术

对教育大数据进行收集、存储与管理、整理和分析得到分析结果，利用可视化技术将教育大数据分析结果以图形、表格、图画等可理解的形式呈现给用户，可以辅助教育管理者作出更为科学、智能的教学决策，帮助教师发现存在学习危机的学生，并向其发出学业预警信号、提供适当的教学干预，同时依据学生不同的学习需求为其推荐个性化的学习资源，促进个性化学习的实现。

应用效果：

一是有效整合了学校资源，为学生的发展提供了个性学习的学习空间。学校并未一味加大信息化资金的投入，而是采取集约化建设手段，智慧教室的建设呈现出一室多用的态势，在为学生创设智能学习场景的同时，大大节约了建设资金。

二是解决了有效评价的问题。学校借助数据分析平台，解决教师数据收集烦琐、分析不全面等教学痛难点问题，帮助教师精准掌握学生学业水平，及时调整教学策略；帮助学生全面了解自身发展，及时提供在线帮扶；帮助学校管理者全面把控教学质量，及时实施管理干预；帮助决策层清晰掌握区域教学生态，统筹规划教育资源。

三是准确把握了技术与学科教学融合度的问题。学校依托信息技术打造丰富而真切的智慧学习场景，推动学生个性化自适应学习，走出了"教学千人一面"的困境，又让学习回归本质，营造出最符合学生发展需求的、属于未来的智慧学习生态圈。

学校先后获评"中国STEM教育种子学校""江苏省智慧校园示范校""江苏省智慧校园""苏州市四星级智慧校园""苏州市STEM项目学校"等，科技信息化团队获"姑苏区青少年科技创新奖"团队奖。

典型案例四

"智慧"点亮梦想：E+时代的学校建设

苏州市沧浪新城第二实验小学校在智慧校园建设引领下，立足智慧需求，顶层设计智慧校园建设；创设智慧环境，打造智慧应用全生态系统；强化智慧研训，以省"四有"好教师团队建设促进教师专业发展；贯通智慧教学，建构"童本课堂"，推动省前瞻性项目建设；实施智慧管理，提高学校智能化管理水平，为学校高品质发展奠定坚实的基础。近年来，学校先后走出省特级教师、正高级教师和一大批省、市、区级教学名师、学科带头人。学校先后被评为省文明校园、省教科研先进集体、省前瞻性教学改革实验项目、省"四有"好教师重点建设团队、省智慧校园、市四星级智慧校园等。

建设背景：

苏州市沧浪新城第二实验小学校无论在硬件建设，还是在育人质量上，都在本区域具有较高的影响力。但随着学校发展进程的加快，许多问题与矛盾不断显现，如高效课堂的打造、课改理念的革新、师资队伍的培养、疫情期间的线上教学等都有待进一步加强。"好风凭借力，送我上青云"，为了使学校继续行进在高质发展的快车道上，学校认真学习领会《江苏省中小学智慧校园建设指导意见》，决心以创建智慧校园为契机，努力打造现代化、信息化智慧校园，实现学校高质量发展新突破。

建设方案：

1. 健全组织机构，顶层规划设计

智慧校园建设，核心领导团队至关重要。学校以智慧校园示范校创建为发展目标，成立了相关的责任领导团队，由校长亲自领衔，副校长、各科室负责人及相关骨干教师参与，组成了学校智慧校园示范校创建工作网络组织。

认真学习《江苏省中小学智慧校园建设指导意见》，将智慧校园建设列入学校发展规划，顶层设计智慧校园建设。学校制定了信息化建设整体规划及2019年至2022年三年行动计划，从治理体系、基础设施、支撑平台、数字资源、智慧教育、网络安全等方面进行全面规划，即借助信息技术和人工智能的发展，改善学校环境，优化教学场景，变革管理模式，以智慧应用为驱动，聚焦立德树人根本任务，培育新理念，构建新格局，创设新模式，助力学校

第二章 探，涵育的路

高质量发展。

通过新设备、新技术展望未来教学环境，融入物联网、AI 技术、大数据等新技术，开拓学生视野，启迪学生思维；发挥数字化科学实验室、信息教室、录播室等作用，创新机器人普及教学、普及图形化创意设计课程、开设人工智能启蒙课程等，支持丰富的育人学习现场。

2. 智慧环境建设——"智"在和谐，守护身心

配置信息终端，硬件建设实现智能化。学校实现了千兆到校，百兆到班，无线网络覆盖校园，投资 100 万元，完善教学办公云平台；配备多个彩色显示系统，为校本活动提供硬件支持；高度重视网络安全，创建防火墙，做好上网行为管理。利用姑苏教育云平台做好教学管理、后勤管理，实现教学资源共享。学校报告厅、体育馆都配备 P2.5 LED 全彩屏显示屏，其使用寿命长、视角大、分辨率高、故障率低等优点，为学校组织培训、会议、师生大型活动等提供了高质量的硬件支持。

构建安防系统，校园监控实现全覆盖。"校园盾牌"三级智慧安防，装有高清视频采集装置——人脸识别系统、黑名单布控、异常行为分析、全景监控装置、车牌识别及车辆抓拍系统等，实现校园安全实时监控。学校还对校内信息设备进行集控管理，借助集控平台远程开关机，一键远程还原系统，有效开展设施设备维护工作。学校消防报警系统设在保卫监控室，应急广播系统分布于各个教室。

建设智慧教室，班级管理实现信息化。学校所有教室实现了交互式希沃一体机全覆盖，多媒体教室、云录播室、现代化办公室、智慧教育云服务平台、电子教学研修平台功能齐全。创客中心、机器人、3D 打印等设备极大地激发了学生学习科技、运用科技、探究科学的兴趣。智慧教室视听设备智能化、人性化，建立以学生为中心的教学模式，实现学习无处不在。

3. 智慧教学建设——精准研学，以"智"促教

智慧课堂提升教学效益。学校广泛开展智慧课堂创新教学模式的探索，依托省基础教育前瞻性教学改革实验项目，结合信息技术，利用电子交互白板、希沃一体机等技术手段，在项目中发挥重要作用；学校加入区"基于数据诊断的区域性学业质量监测项目"，广泛发动教师参与项目研究，开展大数据资源库的建设，有效发挥大数据在教育教学管理和评价中的作用；网络教研、资源库、云平台、研修网等的高效使用，为全体教师提供了开展课堂教

学、学习交流等多种教学互动活动的软环境；智慧课堂系统、数字化学习中心提供了硬环境支撑，真正使课上课下、校内校外、线上线下的智慧化教育成为可能；学校引入姑苏教育云平台诊断平台及在线测评系统、学业大数据学情反馈系统，以大数据分析软件为学情分析提供技术依托，建设智慧教学系统辅助教学，真正实现了精准把握学情、精准导教导学的智慧生态教学系统。

智慧课程实施全面育人。学校充分利用信息课这一主阵地，让学生通过各种信息化手段获取各种学习资源。利用姑苏教育云平台、icode 国际青少年编程学习等平台发布信息，各类项目式学习如编程体验（一年级大眼博士）、创意编程、python 编程、C++编程，数字小公民智能工学院，全覆盖的编程体验尽可能让有潜力的学生得到适当的发展，培养多方位数字小公民人才。新型冠状病毒感染疫情期间，学校进行"非常时期非常课程"在线课程开发，利用自主学习导学单远程指导学生自主学习。此外，"云上艺术节""云上体育节""云上科技节""书虫行动"有效拓展了学生的课外活动形式，"五育"融通，全面育人。社团活动中，学校的江苏省优秀红领巾小社团——濯缨合唱团在"乐缘之约"中欧城市传统文化交流苏州维也纳连线活动中，在线与维也纳合唱团的学生直播交流，并用一首童声合唱《友谊天长地久》架起中欧城市文化友好交流的桥梁。

智慧德育强调立德树人。学校少工委通过微信平台的全国少工委红领巾爱学习栏目，向队员们推荐优秀云端队课，及时帮助队员掌握时事动态。少先队红领巾寻访活动依托网络平台实现云端互联，小队员们在线和抗击新型冠状病毒感染疫情一线的党员、团员们连线，向党员先锋、团员抗疫模范学习。学校在新型冠状病毒感染疫情期间推出的云端升旗仪式也受到了大家的好评，"学习英雄模范""中国传统文化"等内容的云端集体晨会，深受少先队员们的喜爱和家长的好评，云端录制宣讲、播放视频等方式形象生动，活动面广，贴近队员的生活，成为大家居家期间期待的晨会课程。

智慧评价系统诊断分析。学校成立"大数据中心"，专门用于学情采集、个性化学习手册的制作。利用学生每次的练习成绩开展学情分析，进行教研活动，并在语文、数学、英语学科监测中常态化使用。大数据精准教学已成为学校教育的传统特色，学校教导处胡艳副教导多次就"基于大数据分析下的数学课堂教学与应用"做经验介绍，教导处徐丽副教导在新教师培训中开展了《教学循证改革中的实用分析技术基础》的大数据精准教学主题报告。学校教师积极深入大数据精准教学的教学研究，胡艳副教导主持的课题"基于教育大数据的课堂深度学习发生机制研究"正在研究过程中。

智慧研修助推教师专业成长。学校利用姑苏教育云平台，科学高效地提供教研活动的计划、组织与审批、过程管理、动态查询、成果管理与共享等全过程管理功能，各类研修、专题教师培训也正通过该平台如火如荼地开展。学校重视信息技术与课堂教学的融合创新，经过学科融合教研，开设多堂公开课堂，帮助学生自由想象、创造、探索，体验沉浸式的学习。学校语文学科张怡红老师开设的"梅兰芳学艺"，以及道法学科凌悦翔老师开设的"网络新世界"成功进入2022年姑苏区教育信息化教学优质课大赛复赛。

4. 智慧管理建设——"智"能研发，服务校园

依托智慧管理系统，提高校务管理效能。学校的校务管理，依托区协同办公平台及学校的云办公平台，精准实现了通知到人、任务到人、上传下达无失误的理想状态。学校依托校务管理系统下达各类通知，实现了办公数字化、资料实时化。

依托智慧管理系统，提高教务管理效能。学校的招生入学使用云报名系统，尤其在新型冠状病毒感染疫情期间，全面实现了无接触报名、无接触审核。教导处的编班排课，实现了办公自动化，较之以往达到了事半功倍的效果。

依托智慧管理系统，提高后勤管理效能。后勤的校园报修系统、资产管理系统可以精准到每一样资产，杜绝了人为统计、保管可能出现的安全事故隐患，达到了较好的管理效果。

应用场景：

1. 在线教学

新型冠状病毒感染疫情期间，学校开设"非常时期非常课程"。"非常时期非常课程"涵盖"人文精神"课程、"科学认知"课程、"身体锻炼"课程、"心理健康"课程、"生命教育"课程。学校还制作了每日导学单（一日安排表），让学生挑选适合的课程，合理安排作息时间。云家访使这一"非常时期"的家校联系得更为紧密，老师们制作心理线上课程视频，各科老师与家长交流学科重点……云家访，让"爱"不掉线。

停课不停学。"学"成为一个宽泛的概念，不仅指学习学科课程，还指提

升综合素养：线上升旗仪式、体育公共课、线上班会课、线上艺术课等，寒暑假和节假日学校还制定了假期"智慧生活"课程，让家长带着学生做运动、做家务，并通过亲子运动、亲子阅读、亲子劳动，吸引更多的家长参与到与孩子一起持续学习、共同发展的过程中来。云上节日课程、"明德大讲堂"等将家长优质课程资源引进校园，学生在现场聆听，并通过全程录像直播的形式让全校同学观看及再次学习。家、校、社三位一体的协同育人真正实现了跨学科学习，"五育"融通，全面育人。

2. 云端式"实境课堂"

学校围绕立德树人根本任务，创新信息技术应用，建立云端式"思政课堂"。学校为红色德育赋能，打造智慧联动的"红色课堂"；开展"云"微课+党史教育，孩子们自编自导红色主题课本剧；举行"云"队会，云端传递红色力量。新型冠状病毒感染疫情期间，线上班队课结合当下实时热点问题，结合学生的疫情防控心理疏导问题，站位思政课堂的高地，为学生梳理校园事、国事、天下事，培养学生的爱国主义情怀。此外，学校还打造了信息化"实境课堂"：校史智慧展馆内，借助导览、电子屏幕、三维立体成像等系统，实现先进的信息技术与校园精神文化深度融合。孩子们的爱国之心，报国之志油然而生。

3. "100+1"家庭实验室

依托虚拟实验构建"教学练"一体化平台，全校学生建立属于自己的家庭实验室，助力实验高效开展，学生在记录中发现、成长，勇于、乐于在"三分钟科学实验秀"中展示交流。虚拟实验平台让学生能够在三维的虚拟情境中发生交互探究，从而产生对现实生活新的认知；将抽象概念与重难点内容可视化呈现，从而有效提高实验教学效率。"100+1"家庭实验室，不仅让学生的父母升级家庭实验指导师，也给予老师和孩子们共同探索科学的机会，见证了孩子们的不断成长。

应用效果：

1. 优化智慧教学，促进学生素养提升

创校之初学校就按《江苏省中小学教育技术装备标准》中的Ⅰ类标准配备教育教学设施，各类课程实践室配置完备。学生能熟练地使用多媒体计算机、网络以及其他终端设备，选择合适的技术工具解决实际问题。以信息课为主阵地，教会学生获取各种学习资源的方法，学生的信息素养与能力得到普遍提高。学生在各类信息科技比赛中屡获佳绩：2020年度，学生团队荣获世界机器人大赛总决赛青少年机器人设计大赛团队一、二、三等奖，获得睿抗机器人大赛全国总决赛 VEX-IQ 拔地而起一等奖、三等奖，学生团队制作的视频获"我的中国梦"科技微视频十佳作品，获得世界机器人大赛华东赛区青少年机器人设计大赛团队一、二等奖，学生团队作品获苏州市第三届"集体的力量"创新设计大赛一等奖。此外，学校学生获得姑苏区首届青少年无人机公开组趣味飞行高年级组一、二等奖，姑苏区小学生程序创意设计团体二等奖，姑苏区青少年网络信息安全应用能力竞赛一等奖。学生个人也在各级别科技赛事中斩获好成绩，如第二十届 robotex 世界机器人大会乐高 WEDO 8 人次获一等奖、全国软件和信息技术专业人才大赛江苏赛区 Scratch 创意编程 3 人次获奖，全国青少年创意编程大赛（江苏赛）Scratch 创意比赛项目 9 人次获奖，苏州市中小学电脑制作活动 10 人次获奖，第二十届 robotex 世界机器人大会中国总决赛获一等奖，全国中小学信息技术创新与实践大赛获二等奖，江苏省青少年科技模型大赛 94 人次获奖。2022年度，学校学生参加第 33 届江苏省中小学生金钥匙科技竞赛，4 人次获奖；参加第二十八届江苏省青少年科技模型大赛，235 人次获奖；参加第二十八届江苏省青少年科技模型大赛苏州市青少年机器人竞赛，22 人次获奖。

2. 强化智慧研修，助推教师专业成长

学校要求教师充分利用国家教育资源公共服务平台、江苏省基础教育信息服务平台、一师一优课等公共服务平台积极上传及下载适用于自己课堂的课件、教案等，优化课堂结构，提高教学效益，促进专业发展。学校积极开展智慧教育校本培训，如大数据学情诊断系统、录播教室、希沃白板的使用培训等。教师将数据分析精准用于评估学生学习成效，促进有效学习的发生；将新技术用于和家长的沟通，拉近家校的距离。学校还鼓励教师积极参加教育技术应用能力培训，教师全员通过省中小学教师信息技术应用能力工程 2.0 培训，实现教育教学开展的科学化、全面化、个性化、智慧化。近两年，学校在苏州市微课大赛中表现突出，20 多节课获奖；多名教师录制省、市、区级线上课，多篇信息化论文在省、市获奖。2020年度，学校被评为全国青少年人工智能活动特色单位、江苏省智慧校园、江苏省青少年科技教育四星级先进集体、苏州市智慧校园三星级学校、姑苏区青少年科技创新团队奖、优秀青少年科技创新微视频青少年科普教育活动阵地、姑苏区首届青少年无人机比赛优秀组织奖；2021年度，学校被评为全国青少年人工智能活动特色单位、江苏省青少年科技教育协会（五星级先进集体）、苏州市青少年数字公民培育计划项目学校、2020—2021学年度"姑苏区青少科技创新奖"团队奖、第三届Icode国际青少年编程竞赛优秀组织奖；2022年度，学校获评科技创新团队奖，学校学生团队获评青少年科学调查体验活动2021年优秀学生小组。

3. 注重辐射带动，促进区域协同发展

在智慧校园示范校的创建过程中，学校在注重自身发展的同时，还充分发挥示范引领作用，辐射周边，引领、带动区域协同发展。学校通过省"四有"好教师团队共建校、省前瞻性项目共建校，区内发展联盟校，携手贵州铜仁江口县第二小学、桃映镇中心完全小学等，利用线上交流平台在课程开发、智慧教室建设、资源共享、智慧教学、机制创新形成的可借鉴、可推广的有效经验和成果等方面进行专题交流，分享优秀做法和先进理念。新型冠状病毒感染疫情期间，学校共组织集团学校名师、学科带头人、骨干教师录制优质课例60多节，供全市学生免费观看。2022年，学校录制了《萝小庚学数学》系列课程，配合姑苏区教师发展中心为全区教师录制软件使用视频，分享线上教育的可行性的操作，在区域内深受好评。假期间，视频在苏州线上教育平台总点击量达3.7万人次，产生了较好的社会影响。

典型案例五

为个性留白：智慧教育视域下的区域精准教学实践探索

姑苏区贯彻落实"双减"政策精神，聚焦教与学改革，融合教育信息技术应用，站位区域层面，凝练出"为个性留白"核心理念，从"减少低水平重复训练内耗，增加高效能精准指导外驱"的精准教学发力，构建以知识图谱为核心作用点的学业大数据综合分析系统，形成指向学生深度学习有效作用点的元资源库，提供个性化推送服务，描绘学生综合素养"简笔画"，满足学生发展的本质需求。本案例从区域实践出发，透视教育表层，探寻内在根源；总结出区域实践路径和机制，构建精准教学的三度空间，切实减轻师生负担，让学生拥有更多的自主学习时间，让教学回归本位、学生回归本真，为学生的个性发展留白。

建设背景：

随着区域教育信息化的逐步推进，"三通两平台"信息化基础条件已实现区域全覆盖，具备了朝向品质服务前进的基础。在区域看来，姑苏区是全国首个也是唯一的历史文化名城保护区，教育是姑苏的一张名片。千年来，这里崇文重教、人文荟萃，走出了无数江南才子，也拥有最多的两院院士。在各个领域走在前列，绽放夺目光彩的江南名士，正是姑苏文脉不绝原因所在。因此，区域认识到现有的规模化教学在很大程度上形成了定势，如同流水线一样，虽然扩大了教育覆盖面，提高了效率，但学生绝对不是流水线上的"产品"，学校教育不应该成为模式化的"工厂"，需转变现有的教学模式，为学生成长支撑起个性化发展空间。

同时，现有教学模式无法解决学生学力差异、个体表现的自我实现和学习资源适配性的问题，师生的有限精力在不断"被拉平到统一起跑线"和"满足学情的资源支撑"中消耗殆尽。结合智慧教育理论框架和实践经验，深究出现以上现象的根本是在教学环境上缺乏有力的数据积累和支撑，在教学方法上欠缺对于学生知识点习得情况的准确把握，在智慧评估上缺乏过程性、综合性、个体性的科学依据，只能通过"广撒网"方式弥补师生对于精准化、个性化的教与学的渴求，区域迫切需要一个有力的抓手来提供个性服务和资源支撑，减负增效，以此来突破教育教学瓶颈。

建设方案：

一、基于多应用场景的分层智慧环境建设

实现精准教学的首要条件是能够进行过程性的数据采集，将区域各个软硬件系统的数据收集起来，对接应用系统，采集应用系统过程性数据，才能把握实践方向。

1. 打通数据底盘，实现全纳入

2018年11月，借力于苏州市"古城保护和管理大数据中心项目（一期）"建设，区域正式启动了姑苏"智慧教育（一期）"项目。采用"支撑平台＋采聚系统＋诊析引擎"三组合的方式，根据应用场景搭建了一个中心七大系统的支撑平台，共计建设36个功能点，实现了区域内45所公办学校、65所幼儿园、4千多名教师、5万多名学生数据的全纳入，并从教、学、考、评、管五大过程性数据进行积累，从区、校、师、生四个板块进行分层管理（图2-2）。

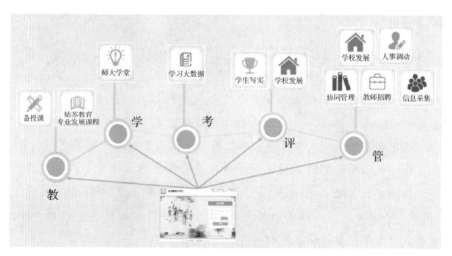

图2-2　姑苏智慧教育云平台框架

基于多层级多应用场景框架构建，区域基本实现了多维度多角度学情诊断分析，系统的架构提供了全数据（全区域全学科的学业数据采集）、过程性（伴随性、过程性数据采集）、常态化（区、校两级常态化学业练习与评估）、及时性（练习反馈及时，支撑精准教学）等方面的分析服务能力，全方位整合汇聚教师与学生教与学全过程性数据、管理数据等，打破数据孤岛和数据壁垒，从区、校、师、生四个板块进行分层管理，改变原来设计的单个模块无法实现数据之间汇聚、分析不全面等问题，从而提升整个区域教育水平。

2. 打通数据壁垒，实现同步调

在建设和推进过程中，区域发现随着业务的全纳入，随之而来的海量数据存在大量冗余、重复，甚至错漏，这些都为后期数据挖掘分析带来了困难。针对此情况，区域通过"智慧教育（二期）"建设进行调整和完善，采用将区域各个软硬件系统的数据收集起来，按照已制定的标准格式汇聚数据到共享数据中心，实现数据汇聚，为以后数据分析提供必要数据来源。对于各个系统数据标准不统一、数据格式多样、数据接口或有或无的问题，在进行数据采集时不仅要能获取各个系统的数据，还要进行数据清洗，将结构多样、内容杂乱的数据整理成统一、标准格式的数据（图2-3）。

图 2-3　全过程数据采集及存储系统

3. 打通建用阻隔，实现共参与

精准教学的落脚点始终在教与学之间，学校教育管理者和教师在平台应用上存在着疏离感，他们虽普遍认可智慧教育是未来趋势，但仍觉得智慧教育离他们很远，他们习惯了传统的备课和教学模式，难以走出"舒适圈"。针对平台建设与实际应用无法贴合的情况，区域采用从需求出发，在前期调研过程中就尽量了解一线教育管理者和教师应用需求，挖掘教师在应用过程中的痛点和难点，在建设过程中不断"矫正"方向。历经三年的不断完善和调整，最终完成小规模试点到大面积铺开的实践：首先，根据学校管理者需求增设"集团"层级，优化操作环节，减轻教师负担，逐步成型的"建用一体化"机制让建设者有了更明确的方向，通盘考量，应用者的需求得以满足。其次，以智能图像识别技术为基础，采用纸质答题卡与智能扫描识别相配合的方法，构建一套智能阅卷与识别系统，保留学校传统纸笔作业与测试的习惯，实现学校对学生学习数据的全面便捷化采集；为教师提供选择题自动阅卷功能，支持纸笔测试中主观题有痕阅卷，直接在答题卡上进行批改，不改变教师的批改习惯，然后通过阅卷系统扫描识别成绩。此模式还可以保留教师的批改痕迹，便于学生翻阅。

二、基于知识图谱的智慧教学法生态构建

将精准教学应用流畅度作为衡量精准教学的首要指标。为推进精准教学流畅性，建立起一套图示化的学科知识框架体系。根据心理构念理论，为师生提供一个知识框架，更大程度上透过学生行为的表征，了解其因果关系机制，确定以知识图谱为"骨干"。根据连接主义的观点将知识存在于信息网络之中并以多样的数字格式储存，学习的过程就是连接特殊节点或信息源的过程，串联起智慧教学法的生态建设。

1. 以知识图谱关联，破解精准教学的关键

区域借助多学科知识图谱关联的学业大数据综合分析系统建设，梳理确立可视化的学科知识体系，贯通知识库与数据库的桥梁，实现大数据对知识的高效管理。为贴合区域教育特点，姑苏区组织学科教研员和骨干教师全程参与学科知识图谱构建和精准题库研制，借助图形化结构发现概念之间的潜在关联，完全对应知识图谱开发训练体系，提供学情、应会、强化三种场景训练，将"隐晦"的知识和训练"串联"起来，点亮师生教与学的通路。知识图谱管理系统允许管理员按模板分层级线下组织学科知识点，支持七级细粒度知识点层级关系，同时存储先备知识与后续知识等知识间的关联关系；允许管理员对知识图谱进行编辑与更新，包括知识节点名称的修改、先备与后备关系的修改、知识间的层级关系修改等操作，保证知识图谱的完整性与精细化管理。图 2-4 所示为知识图谱认知地图。

图 2-4　知识图谱认知地图

2. 以元资源库建设，破译精准教学密码

对于元资源库的界定源自区域"元宇宙"的概念，区域认为的元资源库是一种线上线下并存的资源载体，是"教材"的未来趋势。为此，姑苏区一方面站位区级层面不断推进更新区域资源，将上级教育行政主管部门权威专家命制的优秀试题资源在区域监测应用后对所有教师开放，并引入优质社会资源和自主创编资源，自上而下地为师生提供支撑，形成习题元资源库的"输入血"；另一方面推进以区域、教育集团、学校、教师为主体的四级资源分层建设模式，鼓励基于教学实情和学校特色的体本、校本元资源建设，打通壁垒，形成自下而上的"自造血"。基于学情的元资源库建设，为"共享"和"个性"并举的精准教学提供动态储备。图2-5所示为教师应用资源出题组卷。

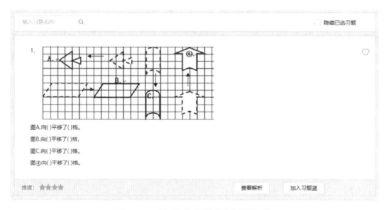

图2-5　教师应用资源出题组卷

三、面向个性推送服务的智慧评估

将对师生教学作出精准的评价作为促成精准教学闭环的关键节点，通过多维度、过程性数据的积累和收集，形成可视化的素养报告，提供全面有力的数据支撑，改变原有的经验价值判断，将智慧评估引入更为精准地描述知识技能掌握和品质新境界。通过精准智慧的评估实现有效的个性推送服务。

1. 依托分析引擎，细化数据分析

以教育测量学、统计学与人工智能为基础，构建基于大数据的多维学习数据分析引擎，为不同层级的教育管理者提供全方位的数据分析报告。提供区域联考分析、校级联考分析、年级联考分析和班级综合分析，从不同范围为教育管理者和教师提供可视化图表。学生发展是教育的旨归，通过学生个人综合分析、学生个人单科分析和班级及个人成长历程分析等维度，进一步

刻画学生的"自画像"。图 2-6 为数据驱动的分析引擎与综合评价。

图 2-6　数据驱动的分析引擎与综合评价

2. 个性推送服务，落地精准教学

流动起来的数据和资源方能发挥最大价值。在区域形成一定数据资源规模后，一要根据学生答题情况，推送个性化错题服务，及时查漏补缺，强化精准训练。二要组织教师充分开展数据"链接"与"比照"，精准分析每个学生的学科素养发展状况，切实找到学科教学和学生学习的薄弱环节，发现问题、跟进改进，开展针对性提优补差，形成全新的个性化教学模式，实现对每一个学生的"精准施教"（图2-7）。三要综合学生素养过程性数据，生成"用数据说话"的学生素养报告，以"评价即学习"的智慧评估推动教育教学正向生长。

图 2-7　学生学习个性推送服务

关键技术：

1. 数据中台

全方位整合各类教育教学数据，汇聚师生教与学全过程性数据、管理数据等，通过对各类数据进行清洗和转换，为各业务平台提供统一准确的数据。

2. 诊断分析引擎

诊断分析引擎基于姑苏区教师发展中心教研员与学科专家共同研讨构建的多学科知识图谱，能够实现对大数据时代高效的知识管理、知识获取和知识共享，并明确教学方向，统一教学思路，诊断教学问题。面向教育大数据的诊断分析引擎，为教育管理者、普通教师、学生提供教师教学指数、学生发展指数、学养水平指数、学科素养指数、学养完成指数等可视化数据分析。通过对学科知识点进行分级分类，构建知识图谱，服务精准教学。

3. 智能学业分析系统

智能学业分析系统是人工智能与教学的完美融合，通过全过程、全方位数据采集与分析，精准打击学习弱点，为学生提供诊断分析结果与学习建议，帮助教师进行教学决策。智能学业分析系统既关注学生学习结果数据，又注重学生学习过程数据。

应用效果：

基于建设方案中的三个路径实施，区域基本形成了在横向上以智慧教育环境为依托，在纵向上以知识图谱和精准题库为"骨血"的智慧教学生态，在深度上个性推送智慧评估的三度空间。经过近四年的探索，姑苏区在精准教学的实践中逐步取得了一定成效。

1. 区域学业质量得以逐步提高

通过创建具有区域特色的基础性精准题库管理系统，探索试题资源共享新机制，完善精准题库公共服务体系，打造本区特色的优质试题库，支持优质学校资源在本区学校（包括民办学校）的资源共享，提高资源服务供给能力，有效支撑学校和师生开展信息化教学应用。推进区域院校开放资源汇聚共享，打破教育资源开发利用的传统壁垒，为区域各级院校和全体学习者提供海量、适切的试题资源服务，实现从"专用资源服务"向"区域资源共享服务"的转变。

目前姑苏区45所公办小学全员参与"基于数据诊断的区域性学业质量监测"实践，自主创编与知识图谱关联的精准题库达16余万题，累计生成学生报告近 80 万份。近年在省基础教育质量监测中，区域学生学业质量水平均超全省、全大市平均水平，位居大市前列，并呈逐年上升态势。

2. 个性化社团活动得以蓬勃发展

学校将教学目光转向了更为丰富的个性特色建设，有的学校根据自身百年老校文化传承，开设了十多个非遗传承基地学校，带领学生学习姑苏灯彩、苏州制扇、泥塑等传统技艺；有些学校在人工智能、创客教育中发力，开设无人机、3D 打印等十多个社团项目，丰富的课外活动开阔了区域师生的眼界。

3. 学生个性化学习成果得以彰显

基于精准教学带来的高效能，区域师生得以将教育目光转向更为丰富的综合素养视野。师生积极投身智慧教育创新实践中，目前区域小学校获评江苏省智慧校园 43 所、市智慧校园四星级 6 所、智慧校园示范校 1 所，超前实现建设目标。师生在各级各类竞赛活动中均有亮眼表现，以去年师生信息素养提升实践活动为例，共计 7 项作品获得全国奖项，88 项作品获得省市级奖项；区域组织开展的创客嘉年华活动，参赛人数达 700 多人次。精彩纷呈的校园学习生活为学生的个性发展添上了鲜亮色彩。

绘，发展的景

第一节　县级教师发展中心"新示范性"建设的姑苏思考

围绕"县级教师发展机构使命"这一核心命题，以全面质量观为引领，基于10年行动研究，"苏式"教师发展服务品牌的姑苏实践收获满满。

2020年，在获评江苏省示范性县级教师发展中心后，姑苏区教师发展中心在全省率先提出机构的"新示范性"追求并进行理念与建设思路探索。以此为内容架构的项目《县级教师发展中心"新示范性"建设的实践研究》被立项为江苏省教育科学"十四五"规划2021年度"教师发展研究专项"重点课题（课题编号J-b/2021/15）。

"苏式"教师发展服务品牌再次起航……

一、"新示范性"建设的提出

2012年江苏省教育厅发布了《省教育厅关于建设县级教师发展中心的意见》，2020年全省每个区县基本建成教师发展中心并达到省示范性县级教师发展中心的标准，根据时代要求与现实需求，县级教师发展中心应该追求更高质量的内涵建设，形成"新示范"。

姑苏区教师发展中心"新示范性"建设回答的是在当前教育改革背景下，在已经顺利成为"江苏省示范性县级教师发展中心"后，"要建设成什么样的县级教师发展中心"的核心问题，是对更高质量县级教师发展中心评估体系构建并不断实践、验证与完善的过程，最终指向更好地为区域教师队伍建设服务。

以姑苏区教师发展中心为样本，在省域县级教师发展中心普适"示范"后，在实践中明晰"新示范"的方向、内涵、标准及建设路径与方法，形成可借鉴、可复制的实践经验，推动省域县级教师发展中心内涵发展，具有极大的实践价值。同时，研究构建形成县级教师发展中心"新示范性"评估指标体系，实现体制机制创新及实践导向创新，具有一定的理论价值。

二、"新示范性"建设的目标与内容

"新示范性"建设,我们拟达成如下研究目标:通过研究与实践,研制形成县级教师发展中心"新示范性"建设的内容体系,探索形成县级教师发展中心"新示范性"内涵建设的路径与策略方法,构建形成县级教师发展中心"新示范性"评估指标体系,推动省域县级教师发展中心内涵发展,服务区域教师队伍建设,助力区域教育高质量发展。

对应建设目标,我们为项目建设架构了以下内容。

县级教师发展中心"新示范性"建设的内容体系研究:通过研究《江苏省示范性县级教师发展中心评估指标体系》、国家关于县级教师发展中心建设的相关文件,梳理新时代对教师队伍建设的要求等,研制形成县级教师发展中心"新示范性"建设的内容体系。

县级教师发展中心"新示范性"建设的现状研究:对照县级教师发展中心"新示范性"内涵要求,调研地域县级教师发展中心发展状况,分析现状与愿景之间的差距及原因,形成建设更高标准县级教师发展中心的目标共识。

县级教师发展中心"新示范性"内涵建设的路径与方法研究:从"新示范性"县级教师发展中心的物化建设、非物化建设这两个维度开展研究与实践,特别在新时代国策的深领与落实,区域教育育人方式的转型与新构,区域教师队伍"未来朝向"的规划与培育等领域重点突破、重点作为,推究形成县级教师发展中心"新示范性"内涵建设的科学方法与有效路径。

县级教师发展中心"新示范性"评估指标体系研究:对县级教师发展中心"新示范性"建设的内容体系及过程、方法与绩效进行全面分析与研究,构建县级教师发展中心"新示范性"评估指标体系,形成更高质量县级教师发展中心的标准与范式。

县级教师发展中心"新示范性"建设的案例研究:以姑苏区教师发展中心为典型个案,依据县级教师发展中心"新示范性"评估指标体系进行验证性建设,使之成为具有实证、参照或借鉴价值的样本形态。

三、"新示范性"建设的思路与方法

"新示范性"建设,我们拟遵循这样的研究思路:通过县级教师发展中心"新示范性"建设内容体系架构,在分析明确当下县级教师发展中心存在的普适性问题及其原因的基础上，通过前瞻、有效、创新的实践，形成破解问题、朝向新体系的路径与策略方法，在整体科学分析的基础上构建县级教师发展中心"新示范性"评估指标体系并形成落地样本。

为了"新示范性"建设研究的有效推进，我们将采用以下方法。

文献资料法：搜集、学习与课题研究相关的理论、文献和学术研究成果，加以领会和借鉴，形成课题研究与实践的理性认识与指导思想。

行动研究法：通过学习、借鉴相关学术及实践成果，开展县级教师发展中心"新示范性"建设，通过在实践探索基础上的自觉反思和自我完善，逐步获得较为成熟的策略方法。

个案研究法：以姑苏区教师发展中心为典型个案，依据县级教师发展中心"新示范性"评估指标体系进行验证性建设，使之成为具有实证、参照或借鉴价值的样本形态。

经验总结法：对县级教师发展中心"新示范性"建设的实践研究进行实践经验和理性提升相结合的全面总结，以形成具有借鉴意义和应用价值的研究成果。

县级教师发展中心"新示范性"建设是县级教师发展中心深化内涵建设的必然要求，构建形成的县级教师发展中心建设全新评估指标体系具有体制机制创新及实践导向价值，对于推动省域县级教师发展中心内涵发展、服务区域教师队伍建设、助力区域教育高质量发展意义重大，我们将"咬定青山不放松"，扎实地做好这一项工作。

第二节 我国县级教师发展机构建设研究述评

县级教师发展机构是我国教师教育体系的重要组成部分。在党中央坚持把教师队伍建设作为基础工作、强化教师教育工作、强调加强县级教师发展机构建设的背景下，积极开展县级教师发展机构建设研究，具有重要意义。

一、研究视角归类

在中国知网以近20年为时限（截至2022年12月），以"县级教师发展机构"为主题进行文献检索，得到69条记录；以"县级教师发展中心"为主题进行文献检索，得到25条记录；以"县域教师发展机构"为主题进行文献检索，得到14条记录；以"县域教师发展中心"为主题进行文献检索，得到14条记录，合计118条。对118条记录进行辨别，去掉重复文献，删除无效文献，最终得到主题为"县级教师发展中心"的有效文献108篇，其中研究生学位论文6篇（含1篇博士学位论文），期刊学术论文95篇，图书1部，会议论文6篇。

通过全部文献资源的研究类型比较分析，发现以下几类研究视角比较突出。

（一）县级教师发展机构建设推进的政策脉络

县级教师发展机构最早是以县级教师进修学校的名称出现的。中华人民共和国成立初期，部分省市开始创建教师进修学校并形成成功经验，教育部于1952年和1953年分别发文要求各省举办"函授师范学校""县筹办教师业余学校"，成为县级教师进修学校的雏形；到1959年，全国大部分县都创办了县级教师进修学校。20世纪，县级教师进修学校历经了"创办—停办—恢复—转型"的发展阶段，对乡村教师的学历补偿教育以及素质提升发挥了重要的作用。①

进入 21 世纪，国家有关部门密集出台政策：2002 年《教育部关于加强县级教师培训机构建设的指导意见》、2004 年《教育部关于加快推进全国教师教育网络联盟计划，组织实施新一轮中小学教师全员培训的意见》、2011 年《教育部关于大力加强中小学教师培训工作的意见》、2012 年《国务院关于加强教师队伍建设的意见》、2013 年《教育部关于深化中小学教师培训模式改革全面提升培训质量的指导意见》。对县级教师发展机构建设的政策逐步走向宽松治理，但是建设质量要求越来越高，体现的是从严格的规定到自主创新的转变，从"有事做"到把"事做好"的转变。

关于县级教师专业发展机构体系建设的要求，国务院、教育部很早就提出对教师培训机构进行资源整合的意见和要求，而且在多个规范性文件中提及。教育部等五部门关于印发《教师教育振兴行动计划（2018—2022 年）》的通知（教师〔2018〕2 号）中指出，要"制定县级教师发展中心建设标准。以优质市县教师发展机构为引领，推动整合教师培训机构、教研室、教科所（室）、电教馆的职能和资源，按照精简、统一、效能原则建设研训一体的市县教师发展机构，更好地为区域教师专业发展服务"。② 2018 年《中共中央、国务院关于全面深化新时代教师队伍建设改革的意见》提出"建立健全地方教师发展机构和专业培训者队伍，依托现有资源，结合各地实际，逐步推进县级教师发展机构建设与改革"，各地区应抓住政策机遇，积极推动体制机制改革和资源整合，加强县级教师发展机构建设，为县域教师专业发展和能力提升提供支撑。③

教育部学习贯彻 2021 年习近平总书记关于教师工作的重要指示批示，贯彻落实党中央关于坚持把教师队伍建设作为基础工作的总体要求，深入贯彻落实《中共中央、国务院关于全面深化新时代教师队伍建设改革的意见》，提出深入推进教师管理改革，精准实施"国培计划"，创新实施教师在线培训，推进教师自主选学。强调要研制加强市县教师发展机构建设的指导意见，打

---

① 何树虎，张坤香. 县级教师发展中心建设的现状与对策——一个研究文献综述［J］. 曲靖师范学院学报，2021，40（2）：115-119.

② 侯超. 关于研制《新时代县级教师发展机构建设标准》的思考［J］. 吉林省教育学院学报，2021，37（9）：62-65.

③ 李廷洲. 优质均衡发展重点在内涵关键在教师［J］. 人民教育，2019（21）：1.

造区域教师发展支持服务体系。①

（二）县级教师发展机构的职能定位

目前的研究中，除了采用"县级教师发展中心"及"县级教师进修学校"，还有不少研究采用的是"县级教师培训机构""地方教师发展机构""县级教师教育机构"等名字。机构名称各异折射出学界针对县级教师发展机构的定位、功能发挥的认识以及实践还没有形成共识。②

《中华人民共和国教师法》《中小学教师继续教育规定》《中小学校长培训规定》等法律法规明确规定了县级教师教育机构的主要功能：实施对本地区义务教育阶段教师、幼儿园教师和校（园）长的继续教育；为本地区中小学校开展教师校本培训提供指导和服务；承担本地区基础教育新课程、教材和教法培训等工作，承担本区域教师教育的有关组织、协调、指导、管理和服务等任务，是县域中小学教师继续教育的培训、研究和服务中心。在具体的运作中，发挥着开展教师全员教育、提供继续教育资源服务、组织教育教学研究、进行义务教育质量监控与测评四项功能。③

2018年，《中共中央、国务院关于全面深化新时代教师队伍建设改革的意见》提出："制定县级教师发展中心建设标准。在县域教师发展机构的引领下，整合教师培训机构、教研室、教科所（室）、电教馆的职能和资源，按照精简、统一、效能原则建设研训一体的县级教师发展机构，更好地为区域教师专业发展服务。"从文件中可以看出，实现教研、科研、培训、电教等部门"四位一体"的有效整合、建设"县级教师发展中心"是教师培训机构改革的方向和趋势，这不仅是机构、人员、资源等物理实体的简单叠加，还是文化整合、愿景整合、制度整合，实现深度融合、优势互补，形成"以教师发展机构为主体的上挂高校、下联中小学校的现代教师学习与资源中心，建立促进中小学教师专业发展"的良性运行机制。④

县级教师发展中心为提升教师专业素质能力担当中枢地位和发挥中坚作

---

① 陈志伟，周飞，余慧娟，等. 2021中国基础教育政策分析［J］. 人民教育，2022（Z1）：7-32.

② 何树虎，张坤香. 县级教师发展中心建设的现状与对策——一个研究文献综述［J］. 曲靖师范学院学报，2021，40（2）：115-119.

③ 王志显. 新时代县级教师教育机构的发展与思考［J］. 中国教育学刊，2019（4）：53-56.

④ 周凯，王凯，翟荣刚. 县域教师培训专业化建设路径与策略——基于山东省95所县级教师发展机构的实证研究［J］. 继续教育研究，2021（12）：24-28.

第三章 绘，发展的景

用。县级教师发展中心的"中枢"地位，指的是它自身需要上联高校、中联片区（乡镇）、下联中小学，实现"国培计划"重心下移、阵地前移，实现线上线下融合的混合研修，实现有指导引领的教师自主选学等。通过"中枢"地位的真正确立，建立健全高等学校、县级教师发展中心、片区研修中心、校本研修四位一体的教师专业发展支持服务体系。县级教师发展中心的"中坚"作用，指的是它的专业培训者队伍的定位是培训的专家、教研的名家、电教的行家、科研的方家。这支队伍的成员需要履行支持服务教师专业发展的职责，他们应该具备策划设计能力、组织管理能力、研究指导能力和评估服务能力等，他们的专业角色应该是培训讲师、培训管理师、教育教学专家和学校管理专家等。①

（三）县级教师发展机构的建设策略

县级教师发展中心的建设和发展既承续了教师进修学校的基础条件，又在新的时代要求中延展新的功能，国家政策对于教师发展中心从严格管控到轻松治理的转变上也意味着教师发展中心的建设需要在自主管理创新的环境中把质量提升放在首位。②

各地的教师发展中心建设工作在实践中取得了一定的工作成绩，形成了一些有效的策略，主要体现在以下几方面。

一是在顶层设计层面，注重确立"教科研训一体化"的核心建设理念。县级教师发展中心是由区县内原教研室、教师进修学校、电教站等教师专业发展相关机构整合而成的新型教师专业发展引领的综合性专业机构。县级教师发展中心的成立是为了解决教研、科研、培训之间彼此脱节、效率低下和资源浪费的问题，即通过整合进修学校的教师培训职能、教研室的教学研究职能、教科所的教育科研职能和电教馆的技术支撑功能，追求教育资源运用集约化、发展效能最大化，以信息技术为支撑，实现教研、科研和培训的一体化，促进教师专业水平的内涵提升，最终实现区域基础教育的优质均衡发展。③"教科研训一体化"是指注重教育教学、教学研究、教育科研与师资培

---

① 王庆军. 内涵、主体与策略：提升区县教师培训品质的研究［J］. 中小学教师培训，2018(8)：19-23.

② 何树虎，张坤香. 县级教师发展中心建设的现状与对策——一个研究文献综述［J］. 曲靖师范学院学报，2021，40（2）：115-119.

③ 徐伯钧. 教科研训一体化：县域教师发展中心的功能融合［J］. 教育理论与实践，2015，35(11)：31-33.

训诸要素相互协调，互为补充，形成整体，解决新时代教育发展变化后教师培养遇到的新问题的模式。在整体架构时，一是科研培训机构注重充分整合教学研究、科学研究与培训的资源，承担教育理论与实践的研究、指导及教师培训的任务，有效地促进教师专业的发展；二是研训管理者注重以课程、课堂研究为载体，以课题、项目研究为抓手，进一步探索教科研训一体化的运行模式；三是研训学员注重在"研"中"训"，"训"中"研"，形成正确的专业理解，具备关键的专业能力。确立研训工作的教师主体性，避免实践的虚化；探索"研训融合"的运行策略，从认知、情意、行动三个维度，促进教师的自主发展；改进理论与实践脱节、内容与形式分割的培训方式，提倡"在做中学""在学中做"的理念。①

二是在目标设定层面，注重确立"教师培训专业化、品质化，提速教师专业化发展"的工作重心。教师的职业化要求教师培训必须走专业化的道路。随着中小学教师培训常态化、专业化、个性化、校本化这"四化"的提出与实施，专业化被列入其中，并被赋予较高的期望，一直为教育业界同行所推崇，以期能够提升教师培训的专业化程度。所谓专业化，是指一个普通的群体在一定时期内，逐渐符合专业标准、成为专门职业并获得相应专业地位的过程。正是通过这个过程，某个行业或职业才能转变为具有高度完整性和竞争力的专业。②

学校品质提升的核心在中小学教师，教师质量提升的重心在区县教师培训。关注教师专业化发展，从提高培训质量到提升培训品质，是县级教师中心的使命担当。提升教师培训的品质：首先是立足于供给侧改革，从"供给方主导"转向"需求方主导"，也就是培训首先要服务中小学校、学生及其家长对优质教师资源、高质量教育教学的需要，满足参训教师提升自身素质能力、成长为"四有"好教师的需求，让校本化、个性化得以突出，让精准培训得以落地生根、开花结果。其次是落点于内涵发展及特色塑造、品牌建设。品质的内在是内涵，外在是品牌。特色是品牌的基点，没有特色就谈不上品牌；品牌是品质的基础，品质是在进一步深入挖掘特色、进一步总结提炼品

---

① 吴青华. "教科研训一体"视域下县级教师发展中心的建设机制与工作策略[J]. 江苏教育研究, 2020 (34): 44-47.
② 周凯, 王凯, 翟荣刚. 县域教师培训专业化建设路径与策略——基于山东省95所县级教师发展机构的实证研究[J]. 继续教育研究, 2021 (12): 24-28.

牌的基础上形成的。教师培训的品牌及特色体现在培训机构及培训者的高度专业化、综合化。最后是以培训文化和机构信誉为载体。培训文化的建设与机构信誉的建立也是相互联系、互为促进的。培训文化的"魂"在教师教育的理想与追求，在使命担当；机构信誉的"根"在整体性的改进，在对培训环境信息化的跟进，通过大数据的分析诊断来支撑改进，以增强影响力和美誉度。①

三是在实施路径层面，注重"项目化运作"的有效运用。"项目化运作"就是整合原有零散随意、各自为政的研训活动，统整优化研训内容、研训资源，科学规划，系统组织，有效促进区域教育提升、教师发展。县级教师发展中心实施研训工作的"项目化运作"，较传统的研训活动具有明显特点。首先是项目运作的规范性。教师发展中心从区域教师发展、教育提升的高度，开展研训项目的顶层设计，各项目包括项目主题、指导思想、活动方案、组织安排、过程管理、绩效评估等，均形成规范，杜绝随意。其次是项目立项的系统性。运用项目管理理论指导项目立项、论证、实施、评估，环环相扣，项目内容、方式精心筛选，项目之间构成县域整体研训体系的项目链，以实现县域教师发展和教育质量提升。再次是项目目标的导向性。所确定的研训项目十分清晰地指向教师专业发展，指向区域教育质量提升，而这种指向契合教师发展的内在规律和区域教育发展的传统特色。最后是项目管理的精致性。作为项目主体的教师发展中心，精心设计，精细管理，统整资源，全程调控，每一个环节均责任到人，考核到位。同时，研训项目中心借助信息化平台随时获取研训信息，不断调整内容，优化研训方式。②

四是在区域推进层面，注重"以评促建"机制的落实。例如，2012年，江苏省出台《省教育厅关于建设县级教师发展中心的意见》、颁布《示范性县级教师发展中心评估实施办法》，在全国率先启动了县级教师发展机构建设，坚持效能原则，自下而上、分级推进、逐步完善，整合各区、县教师进修学校、教研室、教科所、电教馆的职能和资源，建立"四位一体"的教师发展中心，实现区域内教科研训的一体化。江苏的县级教师发展机构建设采取

---

① 王庆军. 内涵、主体与策略：提升区县教师培训品质的研究[J]. 中小学教师培训，2018(8)：19-23.
② 朱唤民. 项目化运作："教科研训一体化"的有效操作策略[J]. 课程教学研究，2016(8)：84-87.

"以评促建、以训赋能、以研深化"的建设思路,市级教师发展机构建设采取"自主定位、创新实践、'标准'① 推进"的建设思路。到2020年年初,江苏的省、市、县三级教师发展机构已经初步建成。②

(四)县级教师发展机构的研训员队伍建设

研训员是县级教师发展中心开展工作的责任主体,他们整合了原来教研员、科研员和培训员的工作职能③,研训员队伍建设始终是县级教师发展中心建设研究的重要内容。

2018年《中共中央、国务院关于全面深化新时代教师队伍建设改革的意见》中提出"建立健全地方教师发展机构和专业培训者队伍,逐步推进区县教师发展机构建设和改革",在这样一个专门针对教师队伍建设国家级文件中,"培训者"前面被冠以"专业"一词,体现了用专业培训者实施教师培训的国家意志,以及由区县教师发展机构通过实施培训加强教师队伍建设的时代需求。区县教师发展机构从事教师培训工作的教师是"专职培训者",但从"专职"到"专业"并非一蹴而就。首先,培训者应是通过专门培养,经过一定时期的学习和研究,具有教师培训所需要的专业理念与师德、专业知识、专业能力的专业人员。其次,培训者团体要有明确的思想信条,通俗来说就是要有信守的准则,要有可遵循的专业标准和规范,这是教师培训专业化发展的必要条件和重要内容。再次,在专业规范下,培训者依其专业知识,对培训任务或工作,可享有专业判断,即自由执行不受非专业成员干预的权利。最后,培训专业化是一个发展的概念,既是一种状态,又是一个不断深化的过程。在这个过程中,培训者要不断进修,提升专业水平,以满足培训不断发展的要求。④

建立县级教师发展中心,不仅仅是教育资源的整合与高效使用,更重要的是职能的转换,这种转换主要体现于教研员角色的变化。县级教师发展中心教研员的角色应主要体现在五个方面:一是课程价值的传播者,必须积极

---

① 以《示范性县级教师发展中心评估实施办法》为标准。
② 李玉明,谢峰,李英子,等. 教师进修院校"研培融合"政策沿革与实践探索 [J]. 延边教育学院学报, 2021, 35 (5): 191 – 194.
③ 吴青华. "教科研训一体"视域下县级教师发展中心的建设机制与工作策略 [J]. 江苏教育研究, 2020 (34): 44 – 47.
④ 刘伟菁,郑文年. 区县教师发展机构培训专业化现状及发展路径探索 [J]. 中小学教师培训, 2021 (10): 10 – 14.

第三章 绘，发展的景

传播课程价值，解剖课程精神，加深课程理解，通过不同的形式、路径和方法，引领广大教师充分把握课程价值的精髓，认识课程的育人功能，用课程理念指导教学实践。二是课程实施的指导者，必须从本地区的社情、教情、学情等影响课程实施的因素出发，指导制订本区域的课程实施细则，指导学校结合校情（如学校文化、教师专业水平、学生素质等）科学地实施课程；指导并帮助学校按照国家和地方对课程的规定，均衡设置课程；指导学校根据本地区、本校的具体情况，开发多样性课程资源，建设校本课程；指导学校搞好校际课程资源的交流工作，为学生学习方式的多样化和学习空间的拓展提供服务。三是教学改革的推进者，要发挥"教学研究、指导和服务"的作用，要站在课程实施的高度，从本区域课堂教学的现状出发，确立课堂教学改革主题和重点，运用新思维、新观点、新技术、新方法，有步骤、有分别地推进课堂教学改革。四是教育科研的组织者，要通过教育科研的实际行动给教科研去魅，必须帮助广大教师廓清在教育科研认识上的误区，保持县域教育科研的本色和特色，即平民化和实用性。五是学科团队的建设者，要根据区域学科教师队伍构成，以教师学科教学知识的拥有程度为基本标准，对教师进行分类，然后根据不同类型教师专业成长的最近发展区，明确其专业化发展的方向和目标，并按照不同类型主体的需求，根据补偿原则，确定教研主题，精选培训项目，分类教研，分别指导，分层培训，将教科研训融为一体，打造高水平的区域教师队伍。五种角色互为目的、互为内容、互为过程，相与为一，不可或缺。①

有专家同时指出，教师自我效能感是教师专业成长的强大内驱力，是教师发展的重要动力源泉之一。县级教师发展中心研训员是承担特定教育任务的专业人群，在区域教育教学生活中举足轻重。提升研训员的自我效能感，是促进研训员队伍专业化的重要保证。鉴于研训员队伍专业化建设的现状，提升研训员自我效能感的策略体现为四个方面：认识到县级教师发展机构建设的价值以及研训员对县级教师发展机构的作用，增强研训员对研训工作的价值认同；定位研训员六种专业职能，强化研训员工作的专业性，提升研训员工作的职业尊严，增强研训员的职业自豪感；明确研训员的专业素养，即指明研训员专业发展的方向，增强研训员的专业自信；通过制定县级教师发

---

① 徐伯钧. 县域教师发展中心教研员的角色定位［J］. 江苏教育研究（理论）（A版），2014（19）：29－32.

展机构建设标准、研制研训员专业标准、开展系统的专门培训等多种方式为研训员专业赋能。①

二、研究进展评析

通过对检索文献进行比较和分析，发现近20年来，广大研究者在县级教师发展机构建设和研究方面取得了一定的成就，同时，也有需要进一步改进之处。

（一）主要成绩

1. 研究范围不断拓宽

从检索的文献内容看，县级教师发展机构建设研究的范围不断拓宽。早期主要集中在县级教师发展机构建设现状分析，指出了建设困境，如理念认识不足、经费保障不足、教师培训有效性受限等问题，比较宽泛地提出了解决问题的对策。随着相关政策的不断强化，文献逐渐增多，涉及县级教师发展机构的职能定位、建设理念、研训员队伍建设、教师培训内容与方式等方面，还有部分文献涉及经济发展薄弱地区教师、乡村教师发展与职教中心建设等。这些方面的研究观照了县级教师发展机构建设的核心要素和主要内容，比较客观地反映了我国县级教师发展机构建设研究的现状和全貌。

2. 研究内容不断丰富

关于县级教师发展机构建设策略的研究不断深入，将县级教师发展机构建设推向新高度，标志着县级教师发展机构建设从关注技术、重视操作向强调理论引领、重视内涵发展的方向深化。例如，"教科研训一体化"理念的研究，既关注到了理顺各相关要素之间的关系，又通过其基本特征的分析、系统性的顶层设计，细化了实现教研、科研、培训深度融合的路径。又如，研训员队伍建设，强调了专业化与品质化内涵与路径研究，还关注到了研训员专业标准研制的必要性与科学内涵设定，体现了县级教师发展机构建设研究内容的不断深化和丰富。

3. 研究队伍不断优化

从文献作者的构成看，县级教师发展机构一线管理者、研训员教师为研

---

① 徐伯钧. 县级教师发展机构研训员自我效能感提升策略［J］. 江苏教育，2021（40）：25－30.

究主体，他们对县级教师发展机构的建设现状、存在问题和解决方法等有切身体会和实际需求，提出的问题有现实性，解决问题的方案有针对性和可操作性。2009年开始，研究生学位论文的研究视角开始关注到县级教师发展机构建设，高校和省级教育科研院所、教师发展学院的少数专家学者也关注县级教师发展中心建设。学术派研究的加入，优化了研究者队伍，提升了研究的高度，实现了县级教师发展机构建设研究学术性的提升。

（二）不足之处

1. 职能定位研究的片面化

《中共中央、国务院关于全面深化新时代教师队伍建设改革的意见》的起点是"推进新时代教师队伍建设"。县级教师发展中心是推进教师队伍建设的核心专业机构。但是，不能"以一当十"，大多数文献表述把"教师专业发展"作为县级教师发展中心的"唯一"职能定位，这是对县级教师发展中心职能定位的片面认识，把县级教师发展中心的功能"窄化"了。在上海、江苏等经济、教育发达地区，县级教师发展中心是区域教育高品质发展的内涵引擎与核心动能，职能定位还应该涵盖教育生态、育人方式、规划决策、质量监测、课程建设、教学改革、教育科研、专业发展、智慧赋能等。

2. 队伍建设研究的单薄化

文献中关于队伍建设的研究主要聚焦于专任教师专业化培养的重要性上，在实质性的可操作性方法、建设路径上还显得比较空洞。尤其是对非常重要的研训员专业标准的研究还处于起步阶段。而且，对于队伍的另两个重要组成部分——领导班子、兼职专任教师，在职能定位、工作职责、人员构成、评聘管理等诸多领域的研究涉及极少，相关队伍建设的研究显得比较单薄。

3. 机构文化研究的缺失化

文化理念建设是机构建设的灵魂。作为在区域发展中被赋予诸多职能的县级教师发展中心，其机构文化建设的重要性毋庸置疑。优秀的机构文化是县级教师发展中心形成特色、提升工作绩效的有力助推器，这也是一所县级教师发展中心从平庸走向内涵发展、品质发展的有效路径。从文献构成来看，此方面的建设研究有所缺失。

三、未来研究展望

纵观县级教师发展机构建设的现实状况和教育发展趋势，可以肯定的是，县级教师发展机构在教师教育中的重要作用将愈发凸显，县级教师发展机构建设定会越来越被重视。鉴于当前县级教师发展机构建设的实际状况和未来教师教育发展对县级教师发展机构建设的要求，今后县级教师发展机构建设的研究领域将进一步拓宽，研究的主题和内容会有新的拓展，与县级教师发展机构建设相关的问题也会越来越多，其中以下三个方面特别值得关注。

1. 关注县级教师发展机构建设的理论建构

从《中共中央、国务院关于全面深化新时代教师队伍建设改革的意见》文件中可以看出，实现教研、科研、培训、电教等部门"四位一体"的有效整合，建设"县级教师发展中心"是教师发展机构改革的方向和趋势。如何从机构的合并走向有效整合，再达成深度融合，需要理论支撑和引领。这就需要各级教育相关部门、各县级教师发展机构主要领导以及各高校教育专家高度关注，力争形成研究合力，探索建构具有指导意义的县级教师发展机构建设的理论体系，提速优质县级教师发展中心的内涵建设。

2. 关注县级教师发展机构建设的现实条件

县级教师发展机构建设必须放到教育发展的大背景下来考量，尊重教育发展规律，遵循县级教师发展机构内部元素之间的必然性。县级教师发展机构建设是基于实践的行动探索，必然要兼顾教育发展的实际状况，关注县级教师发展机构建设的现实条件，关注不同地区教育发展现状。比如，经济欠发达地区、乡村地区，研究该地区教师生存现状、教师专业发展水平以及其他制约教育和教师发展的诸多因素，思考县级教师发展机构建设的新思路、新方法。此外，在一些经济、教育比较发达的地区，对一些已经取得一系列建设成果、已经达成相关地区"省级示范性"建设标准的县级教师发展机构，如何进一步内涵发展，体现"新示范性"建设的定位、顶层设计架构、建设标准优化、建设策略方法等，都是很有价值的研究内容，同样不能忽视。

3. 完善县级教师发展机构建设的发展机制

县级教师发展机构建设是一项复杂的系统工作，机构定位、机构文化建设、内部成员发展、课程设置、研训活动组织、基层教师学校发展服务引领等，相互之间逻辑关系紧密。因此，需要进一步厘清县级教师发展机构内部各元素之间的关系，完善县级教师发展机构建设的发展机制，如县级教师发展机构建设标准、县级教师发展机构建设评价机制、县级教师发展机构建设的保障机制等，使县级教师发展机构在区域教育中充分发挥功能。

第三节 我省县级教师发展机构建设调研样本分析

一、调研背景

从国家层面来看，2018年，《中共中央、国务院关于全面深化新时代教师队伍建设改革的意见》提出"建立健全地方教师发展机构和专业培训者队伍，依托现有资源，结合各地实际，逐步推进县级教师发展机构建设与改革，实现培训、教研、电教、科研部门有机整合"。《教师教育振兴行动计划（2018—2022年）》明确提出"形成以国家教师教育基地为引领、师范院校为主体、高水平综合大学参与、教师发展机构为纽带、优质中小学为实践基地的开放、协同、联动的现代教师教育体系"，进一步要求"制定县级教师发展中心建设标准。以优质市县教师发展机构为引领，推动整合教师培训机构、教研室、教科所（室）、电教馆的职能和资源，按照精简、统一、效能原则建设研训一体的市县教师发展机构，更好地为区域教师专业发展服务"。而江苏省早在2012年就在全国率先启动了县级教师发展机构建设，到2020年年初，省、市、县三级教师发展机构已经初步建成。可以说，江苏省是我国县级教师发展机构建设的先驱者。因此，了解分析江苏省县级教师发展机构建设情况具有很强的参考价值，本研究就是基于此目的展开的。

二、调研设计

为了更全面地了解县级教师发展机构建设现状，中心于2023年2月组织进行了覆盖江苏全省县级教师发展机构建设现状的专项调查。江苏省所辖13个地级市的县级教师发展机构参加了本次调查，共计回收有效样本86份。本次调查采取线上问卷形式开展，主要内容包括县级教师发展机构基本情况、队伍建设、工作绩效等多个方面（调查问卷见附录）。所得问卷数据利用SPSS工具进行统计处理与分析。

三、样本数据分析与结论

（一）县级教师发展机构基本情况分析

问卷设计了一系列问题用以了解省内县级教师发展机构的基本情况，主要数据见表3-1：

表3-1 省内县级教师发展机构的基本情况样本数据统计表

调查内容	选项	人数	占比
2. 您所在的教师发展中心是否获评江苏省示范性县级教师发展中心	是	61	70.93%
	否	25	29.07%
4. 您的年龄	20—30 岁	5	5.81%
	31—40 岁	12	13.95%
	41—50 岁	29	33.72%
	51—60 岁	40	46.51%
5. 您的学历	大学本科	74	86.05%
	硕士研究生	12	13.95%
6. 您的职称	中小学一级	19	22.09%
	中小学高级	52	60.47%
	中小学正高	15	17.44%
7. 您的最高业务荣誉称号	县级以上骨干教师	27	31.40%
	市级及以上学科带头人	33	38.37%
	特级教师	17	19.77%
	其他	9	10.47%
8. 您的职务	领导班子成员	42	48.84%
	中层干部	21	24.42%
	专任教师	21	24.42%
	其他	2	2.33%
9. 您的基层单位工作经历年限	6—10 年	19	22.09%
	10 年以上	67	77.91%

续表

调查内容	选项	人数	占比
10. 您的基层单位行政管理工作经历年限	0 年	1	1.16%
	1—5 年	17	19.77%
	6—10 年	20	23.26%
	10 年以上	48	55.81%
11. 您是否担任过基层单位主要负责人	是	43	50.00%
	否	43	50.00%

从所获得的样本数据分析可以得出以下三点结论：一是我省县级教师发展机构获评省级示范性县级教师发展中心还未达到全覆盖，还有待进一步提高；二是我省县级教师发展机构工作人员以40周岁以上的区县级及以上骨干教师为主，存在平均年龄偏大的问题；三是我省县级教师发展机构工作人员大多有10年以上基层单位工作经历，且基本具备基层单位行政管理工作经历，其中50%的县级教师发展机构工作人员担任过基层单位主要负责人，从中可以了解到我省县级教师发展机构工作人员具备较强的行政管理能力，对基层单位工作较为了解。

（二）县级教师发展机构队伍建设情况分析

问卷从县级教师发展机构队伍专兼任教师情况、研究领域、名师工作室情况等维度对县级教师发展机构队伍建设情况进行了调查，样本数据统计表（表3-2、表3-3）及分析如下。

表3-2 县级教师发展机构队伍专、兼任教师及名师工作室情况样本数据统计表

调查内容	选项	人数	占比
12. 您所在的教师发展中心专任教师总数	20 人以下	7	8.14%
	21—30 人	11	12.79%
	31—40 人	14	16.28%
	41—50 人	44	51.16%
	51—60 人	6	6.98%
	60 人以上	4	4.65%
14. 您所在的教师发展中心兼任教师总数	10 人以下	4	4.65%
	11—20 人	25	29.07%
	21—30 人	31	36.05%

续表

		31—40 人	12	13.95%
14.您所在的教师发展中心兼任教师总数		41—50 人	8	9.30%
		51—60 人	4	4.65%
		60 人以上	2	2.33%
16.您是名师工作室的领衔人吗		是	23	26.74%
		否	63	73.26%

从表3-2的样本数据分析可知：我省县级教师发展机构专、兼任教师总数地域差距较大，专任教师人数在41—50人左右的县级教师发展机构占大多数，省会城市县级教师发展机构专任教师人数较多；兼任教师人数在11—30人左右的县级教师发展机构占大多数，个别县级教师发展机构兼任教师人数较多。从我省县级教师发展机构专、兼任教师名师工作室领衔情况来看，县级教师发展机构专、兼任教师中名师比例有待进一步增加，辐射引领力度有待进一步提高。

表3-3　县级教师发展机构专、兼任教师研究方向及研究领域样本数据统计表

调查内容	选项	人数	占比
13.您所在的教师发展中心专任教师的研究领域包括（多选）	中小学主要学科	84	97.67%
	学前教育	23	26.74%
	特殊教育	21	24.42%
	劳动教育	33	38.37%
	心理健康教育	29	33.72%
	其他	14	16.28%
15.您精通以下哪些方面的工作（多选）	课程建设与资源开发	23	26.74%
	教学研究与指导	76	88.37%
	质量评价与分析反馈	34	39.53%
	研训一体方案设计和实施	19	22.09%
	调查研究与决策建议	58	67.44%
	其他	7	8.174%

从表3-3的样本数据分析可知：我省县级教师发展机构专任教师研究领域涵盖了基础教育发展的各个方面，包括中小学主要学科、学前教育、特殊教育等，其中以中小学主要学科和学前教育为主，这符合我国教育发展的

需求。

（三）县级教师发展机构工作绩效情况分析

问卷从教师研训、教育教学、教育科研、信息化建设、对外合作等多个维度对县级教师发展机构工作绩效情况进行了调查，样本数据统计表（表3-4～表3-8）及分析如下。

表3-4 县级教师发展机构教师研训开展情况样本数据统计表

调查内容	选项	人数	占比
18. 您所在的教师发展中心能有效开展教师研训，研训与实施体系化、序列化课程(1—10打分)	3	4	4.65%
	4	7	8.14%
	5	12	13.95%
	6	9	10.47%
	7	19	22.09%
	8	13	15.12%
	9	12	13.95%
	10	10	11.63%
19. 您所在的教师发展中心实施的课程能实现"研训一体化"转型、自主化选择、信息化管理，研训满意度高(1—10打分)	3	10	11.63%
	4	7	8.14%
	5	25	29.07%
	6	15	17.44%
	7	13	15.12%
	8	12	13.95%
	9	2	2.33%
	10	2	2.33%
20. 您所在的区域教师队伍建设水平主要指标逐年提高(1—10打分)	5	8	9.30%
	6	10	11.63%
	7	9	10.47%
	8	21	24.42%
	9	15	17.44%
	10	23	26.74%

县级机构建设的核心是研训一体化，从表3-4的数据可以看出，我省县级教师发展机构教师研训工作开展情况正常有序，基本达成"省示范性县级

教师发展中心"职能要求,支持了区域教师队伍建设水平主要指标逐年提高,但在研训一体化的新时代价值和路径探索上还需大力增强。

表3-5 县级教师发展机构指导教育教学工作情况样本数据统计表

调查内容	选项	人数	占比
21.您所在的教师发展中心能有效指导与组织高质量课程教学研究与实践,区域课程建设有力,课程标准落实,课堂改革有效(1—10打分)	3	9	10.47%
	4	8	9.30%
	5	25	29.07%
	6	21	24.42%
	7	9	10.47%
	8	11	12.79%
	9	1	1.16%
	10	2	2.33%
22.您所在的教师发展中心是否建有教学质量监测与评估体系	是	32	37.21%
	否	54	62.79%
23.您所在的区域教育教学质量逐年提升,教学生态优良(1—10打分)	5	18	20.93%
	6	29	33.72%
	7	16	18.60%
	8	13	15.12%
	9	8	9.30%
	10	2	2.33%

教学质量是教育的生命线,指导并提高区域教育教学水平是县级教师发展机构的重要职能之一。从表3-5的数据可以看出,我省县级教师发展机构能够指导与组织高质量课程教学研究与实践,近40%的县级教师发展机构都建有教学质量监测与评估体系,教育教学质量逐年提升。但在教学生态优化、教学改革纵向推进、育人方式转型上拥有较大提升空间。

表3-6 县级教师发展机构教育科研工作情况样本数据统计表

调查内容	选项	人数	占比
24.您所在的教师发展中心有效指导与组织教育科学研究,区域课题(项目)规格高、数量足、参与广、品质好(1—10打分)	3	6	6.98%
	4	4	4.65%
	5	19	22.09%
	6	22	25.55%
	7	14	16.28%

续表

调查内容	选项	人数	占比
24. 您所在的教师发展中心有效指导与组织教育科学研究,区域课题(项目)规格高、数量足、参与广、品质好(1—10打分)	8	11	12.79%
	9	6	6.98%
	10	4	4.65%
25. 您所在区域的教师能积极主动参与研究和实践,科研成果推广转化率高(1—10打分)	3	12	13.95%
	4	10	11.63%
	5	26	30.23%
	6	16	18.60%
	7	4	4.65%
	8	10	11.63%
	9	7	8.14%
	10	1	1.16%

从表3-6的样本数据分析可知:我省县级教师发展机构普遍较为重视教育科研工作,能扎实指导与组织区域教育科学研究。但科研成果的推广转化率、辐射性等仍需高度关注。

表3-7 县级教师发展机构信息化建设情况样本数据统计表

调查内容	选项	人数	占比
26. 您所在的教师发展中心能有效指导与推进教育信息化(1—10打分)	4	3	3.49%
	5	15	17.44%
	6	18	20.93%
	7	19	22.09%
	8	16	18.60%
	9	10	11.63%
	10	5	5.81%
27. 您所在的区域能有效应用信息化设施设备、平台系统等,并能通过信息化手段支持教师专业发展、教育改革、教育决策等(1—10打分)	3	2	2.33%
	4	8	9.30%
	5	10	11.63%
	6	19	22.09%
	7	17	19.77%
	8	15	17.44%
	9	10	11.63%
	10	5	5.81%

从表 3-7 的样本数据分析可知：县级教师发展机构能够指导与推进教育信息化，区域信息化设施设备、平台系统等应用较为有效。但是，人工智能时代与教育改革、师资培育的深度融合极具增长空间。

表 3-8　县级教师发展机构对外合作情况样本数据统计表

调查内容	选项	人数	占比
28. 您所在的教师发展中心与教师发展机构、高等院校、科研院所、教育相关领域等开展密切合作，协同研究解决重大或关键问题。（1—10 打分）	2	4	4.65%
	3	16	18.60%
	4	11	12.79%
	5	18	20.93%
	6	10	11.63%
	7	9	10.47%
	8	12	13.95%
	9	5	5.81%
	10	1	1.16%

从表 3-8 的样本数据分析可知：县级教师发展机构有一定的教师教育一体化意识，能够与师范院校、科研院所、教育相关领域等开展合作。但协同研究解决重大或关键问题，有效建立区域联动、校际互动的良性运行机制是其努力方向。

综合以上样本数据来看，我省 13 个地级市的县级教师发展机构发展基本均衡，但在县级教师发展机构高质量内涵建设上还存在着进步的空间。

四、对策建议

（一）建立专、兼任教师培养机制，形成结构合理的师资队伍

建议进一步优化师资队伍年龄结构、学历和职称结构、学科结构，培养年轻的、具有发展潜质的专、兼任教师，作为师资队伍的后备骨干力量；通过遴选区域内外中小学、幼儿园一线名师、名校长、高校与科研院所的专家、学者等，充实兼任教师队伍；严格把关专、兼任教师队伍，建立动态流动机制；提升已有专、兼任骨干教师培养力度，对机构负责人及专、兼任教师进行定期培训，不断提升教育情怀和思想境界，提高德能才干，以做好教师教育工作，服务教师专业发展。

(二) 以评促建，提升省级示范性县级教师发展中心覆盖率

调查数据显示，我省已有约70%的县级教师发展中心通过了省示范评估认定，已获评省级示范性的县级教师发展中心应以此为新起点，加强机构内涵建设，朝着更高的目标发展；尚未获评的约30%的县级教师发展中心应对标江苏省教育厅发布的《江苏省示范性县级教师发展中心建设标准》，确立建设方向，抓住示范性教师发展中心创建契机，通过"以评促建、以评促改、以评促发展"，加快机构建设、改革与发展步伐。

(三) 名师培养，高端培养项目实现专业引领

在问卷调查中，我省县级教师发展机构专、兼任教师名师工作室领衔人占总受调查人数的26.74%。对于江苏这一教育高地而言，这一比例明显偏低，名师培养势在必行。建议可以从两个角度提升县级教师发展机构中名师人数，一是遴选、聘请一批名师作为县级教师发展机构的兼任教师，解决专任教师名师比例偏低的现状；二是挑选不同发展层次的专任教师参加高端培养项目，如省师训中心设计的由教育家型教师、卓越教师和骨干教师构成的省级高层次教师体系培养项目等，以此促进机构专任教师的专业进阶。

附录：县级教师发展中心建设现状调查问卷

县级教师发展中心建设现状调查问卷

您好！本调查问卷目的在于了解江苏省各县级教师发展中心建设的现状，整份问卷大约需要占用您10分钟左右的时间，问卷采用匿名填写方式，我们将对您的信息绝对保密。感谢您在百忙之中支持我们的研究。

一、基本情况

1. 您所在的城市_____、区域_____。（填空）
2. 您所在的教师发展中心是否获评江苏省示范性县级教师发展中心？
   A. 是　　　　　　　　B. 否
3. 您所在的教师发展中心内设哪几个部门？_____（填空）
4. 您的年龄
   A. 20—30岁　　　　　B. 31—40岁　　　　　C. 41—50岁
   D. 51—60岁　　　　　E. 60岁以上
5. 您的学历_____。

A. 中专   B. 大专   C. 大学本科

D. 硕士研究生   E. 博士研究生

6. 您的职称_____。

A. 中小学二级   B. 中小学一级

C. 中小学高级   D. 中小学正高

7. 您的最高业务荣誉称号_____。

A. 县级及以上骨干教师   B. 市级及以上学科带头人

C. 特级教师   D. 其他

8. 您的职务_____。

A. 领导班子成员   B. 中层干部

C. 专任教师   D. 其他

9. 您的基层单位工作经历年限_____。

A. 0年   B. 1—5年

C. 6—10年   D. 10年以上

10. 您的基层单位行政管理工作经历年限_____。

A. 0年   B. 1—5年

C. 6—10年   D. 10年以上

11. 您是否担任过基层单位主要负责人_____。

A. 是   B. 否

二、队伍建设

12. 您所在的教师发展中心专任教师总数_____。（填空）

13. 您所在的教师发展中心专任教师的研究领域包括_____（多选）

A. 中小学主要学科   B. 学前教育

C. 特殊教育   D. 劳动教育

E. 心理健康教育   F. 其他

14. 您所在的教师发展中心兼任教师总数_____。（填空）

15. 您精通以下哪些方面的工作_____。（多选）

A. 课程建设与资源开发   B. 教学研究与指导

C. 质量评价与分析反馈   D. 研训一体方案设计和实施

E. 调查研究与决策建议   F. 其他

16. 您是名师工作室的领衔人吗?_____

A. 是　　　　　　　　　　B. 否

三、工作绩效

17. 您所在的教师发展中心有中、长期工作规划，年度实施计划详尽、重点突出。重点工作纳入县级教育行政部门工作计划。（1—10 打分）

不符合　　　　　　　　　　　　　　　　　　　　极其符合
0　1　2　3　4　5　6　7　8　9　10

18. 您所在的教师发展中心能有效开展教师研训，研训与实施体系化、序列化课程。（1—10 打分）

不符合　　　　　　　　　　　　　　　　　　　　极其符合
0　1　2　3　4　5　6　7　8　9　10

19. 您所在的教师发展中心实施的课程能实现"研训一体化"转型、自主化选择、信息化管理，研训满意度高。（1—10 打分）

不符合　　　　　　　　　　　　　　　　　　　　极其符合
0　1　2　3　4　5　6　7　8　9　10

20. 您所在的区域教师队伍建设水平主要指标逐年提高。（1—10 打分）

不符合　　　　　　　　　　　　　　　　　　　　极其符合
0　1　2　3　4　5　6　7　8　9　10

21. 您所在的教师发展中心能有效指导与组织高质量课程教学研究与实践，区域课程建设有力，课程标准落实，课堂改革有效。（1—10 打分）

不符合　　　　　　　　　　　　　　　　　　　　极其符合
0　1　2　3　4　5　6　7　8　9　10

22. 您所在的教师发展中心是否建有教学质量监测与评估体系。

A. 是　　　　　　　　　　B. 否

23. 您所在的区域教育教学质量逐年提升，教学生态优良。（1—10 打分）

不符合　　　　　　　　　　　　　　　　　　　　极其符合
0　1　2　3　4　5　6　7　8　9　10

24. 您所在的教师发展中心有效指导与组织教育科学研究，区域课题（项目）规格高、数量足、参与广、品质好。（1—10 打分）

25. 您所在区域的教师能积极主动参与研究和实践，科研成果推广转化率高。（1—10 打分）

26. 您所在的教师发展中心能有效指导与推进教育信息化。（1—10 打分）

27. 您所在的区域能有效应用信息化设施设备、平台系统等，并能通过信息化手段支持教师专业发展、教育改革、教育决策等。（1—10 打分）

28. 您所在的教师发展中心与教师发展机构、高等院校、科研院所、教育相关领域等开展密切合作，协同研究解决重大或关键问题。（1—10 打分）

29. 您所在的教师发展中心有何可供借鉴的创造性经验和成果？（填空）

第四节　新示范性：县级教师发展机构内涵建设的挑战与突围
——江苏省苏州市姑苏区教师发展中心的思考与尝试

2012年，为贯彻落实教育规划纲要，江苏省教育厅出台《省教育厅关于建设县级教师发展中心的意见》。文件明确指出，县级教师发展中心承载着提升教师队伍整体质量，发展公平而有质量教育的使命，是"区域教育现代化建设水平提升工程"的重要内容，是教育现代化评估的重要指标。整合职能资源，建设教科研训"四位一体"的县级教师发展中心迫在眉睫。随后，《江苏省示范性县级教师发展中心评估实施办法》等颁布，建设省示范性县级教师发展中心成为推进省域教育现代化进程的重大部署与有力行动。截至2021年，江苏省内每个县（市、区）基本建成教师发展中心，并达到省级示范标准。

伴随《中共中央、国务院关于全面深化新时代教师队伍建设改革的意见》《教师教育振兴行动计划》《中国教育现代化2035》《新时代基础教育强师计划》等系列文件出台，新时代教师队伍建设对教师发展工作提出了更高要求。县级教师发展机构须准确识变、科学应变、主动求变，为引领高质量教师队伍建设发挥真正价值与作用，为全面落实立德树人根本任务、推动教育高质量发展提供有力保障。

江苏省苏州市姑苏区教师发展中心以省教育科学"十四五"规划2021年度中小学教师发展专项重点课题"县级教师发展中心'新示范性'建设的实践研究"为载体，努力探索并实践新形势下县级教师发展机构的"新示范性"发展战略。

一、"新示范性"的价值意义及目标

中心提出的"新示范性"，是基于教育根本任务的有效落实、基于机构作用价值的优化发挥、基于区域教育品质的提升而提出的，体现破解难题、全力开创新时代教师教育新局面的价值及其现实意义。

1. "新示范性"的价值意义

（1）基于教育根本任务落实，实现从专业引导走向方向引领

立德树人是教育的根本任务。教师是落实立德树人根本任务的坚强保障。县级教师发展机构肩负教师队伍建设的重要责任，须更准确把握党和国家对教师队伍的整体要求，解决"见术不见人"问题，紧紧围绕"培养时代新人"，扛起教师教育使命担当、破解教师发展困点难题、整体提升教师队伍素质，高质量实现为党育人、为国育才。

（2）基于机构作用价值优化，实现从指导、管理走向服务、赋能

在建设省示范性县级教师发展中心的过程中，教科研训的职能逐步整合，指导与组织管理区域教师专业发展、教育教学研究、教育信息化建设的作用逐步发挥。但机构定位不高、自身队伍不强、工作绩效不优、价值作用不大等现实问题也存在。"新示范性"建设就是要从内涵突围，定位"新"、方式"新"、绩效"新"、价值"新"，达成机构整体价值的"新实现"，有力服务与赋能区域教师队伍，从而为区域教育高质量发展提供坚实保障。

（3）基于区域教育品质提升需求，实现从基本均衡走向优质均衡

近几年，姑苏教育紧紧围绕"打造古城教育高地"核心目标，持续提升区域教育内涵品质，提出"新示范性"的发展战略，其目的和宗旨就是聚力教师发展机构自身转型与新构，从而引领与助推区域教育实现从"基本均衡"到"优质均衡"的重大升维。

2. "新示范性"的目标

通过县级教师发展机构定位、组织和行动方式、绩效等的转型，达成机构内涵的突围，开创教师教育新局面，有力服务与赋能区域教育高质量发展。

形成"协同＋引擎"的"新示范性"机构追求。以教育科研、教学研究、教师培训、教育信息化等的职能协同，高校院所、行政部门、教师发展机构、教育基层单位等的联动协同，为区域教育发展提供核心动能与持续保障。

建设"自觉＋自能"的"新示范性"组织资源。以县级教师发展机构"人"的精神、视野、素养、行动为自我建设关键，形成专业、创新、积极的"新示范性"机构人文品质。

构建"立体＋能动"的"新示范性"行动范式。从政策要求、区域需求、基层期盼、机构自觉等出发，形成整体系统的行动规划及运行机制，以

"立体建构、能动创生、科学评价"构建"新示范性"行动样态，解决实际问题、破解关键难题、关照长远命题，有力服务与赋能区域教育。

二、"新示范性"的内涵释义及特征

围绕"新时代需要的'县级教师发展机构使命'"这一核心命题，以全面教育质量观为引领，以"自我变革"为关键，实现价值认知、行为方式、组织生态、绩效实现的新目标。

1. "新示范性"的内涵

"新示范性"是中心在已获评"江苏省示范性县级教师发展中心"后，基于新时代教师队伍建设新要求，从"角色自觉"出发，重新回答县级教师发展机构"是什么""靠什么""怎么做""怎么样"。从实践层面来说，"新示范性"是一种"新"机构文化支持下的"新"运行生态及"新"价值实现。

2. "新示范性"的特征

"新示范性"服务与赋能的是教师教育新要求、教育发展"高"质量；"示范性"是实现"新示范性"的坚实保障，也是突围的"对标"载体；"新示范性"是县级教师发展机构内涵建设"自己的句子"。因此，"新示范性"具有核心性、生长性、文化性等特征。

（1）核心性

"新示范性"是新时代朝向的"县级教师发展机构"内涵答卷。呼应时代要求、政策导向、教育发展、区域期盼等，必须作出关键而重要的回答：把准教育改革的方向、预见队伍建设的长程、直击破解难题的关键、提升区域教育的品质，驱动与保障区域教育的整体性、高质量发展，落实立德树人根本任务。

（2）生长性

以《江苏省示范性县级教师发展中心评估实施办法》及《江苏省示范性县级教师发展中心评估指标体系》为基础及对应标准，"新示范性"县级教师发展机构将力求定位新的角色意义，培植新的内生力量，彰显新的行动价值。

（3）文化性

地域教育文化是孕育"新示范性"的丰沃土壤。在具备"新示范性"一般特质（核心性与生长性）的基础上，不同的县级教师发展中心在实现"新示范性"的实践中会有多样而丰富的表达,彰显文化意蕴。

三、"新示范性"的建设思考

"新示范性"建设是一个系统工程,规划定位、组织文化、行动方式是中心着力思考的关键。

1. 规划定位,着力"是什么"

县级教师发展机构的"定位"是"新示范性"建设的核心要义,须从简单的"指导与组织管理机构"、简易的"有效整合"中突围出来。

基于时代期望、政策要求、区域需求及角色自觉等,县级教师发展机构须承担起新的使命担当。首先是引领教育改革。须基于全面落实"立德树人"根本任务,围绕教育核心领域、关键问题、重大变革等,发挥"引擎"价值,导向区域教育发展正确且前瞻的方向。第二是服务教育决策。方向对了,须落地区域化的实践,教育决策就是行动的"路线图"与"护航舰",县级教师发展机构须在深入研究、实证行动、科学研判等基础上为教育行政决策提供专业保障。第三是赋能教育发展。"新示范性"县级教师发展机构须更多实现"赋能":激活与撬动区域教育体制机制、队伍建设、教育教学、学生成长等,成为促进区域教育高质量发展的动能机构。

朝向引领教育改革、服务教育决策、赋能教育发展的价值追求,教育科研、教学研究、教师培训、教育信息化等功能的简易"有效整合"显然无法匹配。县级教师发展机构须在教师教育、教育发展的完整场域中审视自己、定位自己。实现"功能协同",即教科研训等的高效融合、协调推进;实现"体系协同",即联动贯通教育行政部门、师范院校、科研院所、基础教育各基层单位等,建成高质量教师发展中心。

2. 组织文化,着力"靠什么"

组织文化,就是组织内成员的精神共识与行为表征。

"新示范性"县级教师发展机构的组织文化首先是"人"的精神视野,拥有"大格局"。高度认同"新示范性"朝向的机构定位,站位高远、胸襟开阔、实干为上,于整体、系统中认知与践行使命与担当。

第二,拥有"大团队"。素质优良而充满活力的专任教师团队是"新示范性"最宝贵的组织资源。结构合理、配备齐全是他们的特点,学前教育、特殊教育、劳动教育、心理健康教育等专业人员一应俱全,政策研究、数据分析、教师教育等专业领域全面覆盖，呈现喜人的青壮化、梯队化、专业化。兼职教师来源广阔、充满动能：其他教师发展机构、师范院校、科研院所、非教育领域等，德品修养、专业能力和引领作用在业内得到高认可度。

第三，拥有"大素养"。全局观念、系统思维、创新精神是"新示范性"组织中"人"的典型特质，拥有教育研究与分析、课程规划与实施、教学实践与指导、质量评价与改进、研训设计与落地、调查研究与决策建议等多元能力。从实际中来、从研究中来，回研究中去、回实践中去。

"新示范性"县级教师发展中心的组织文化唱响着专业、创新、积极的强音。这样的组织文化本身就是区域教师教育的最好示范、教师队伍高质量发展的最美成果。

3. 行动方式，着力"怎么做"

"立体建构、能动创生、科学评价"成为"新示范性"县级教师发展机构的实践样态。首先，始终紧扣"立德树人"根本任务，始终瞄准区域教育高质量发展核心目标，建构立体的"任务群"。在区域教育正确朝向的整体导航下，教育科研、教学研究、教师培训、教育信息化等领域融通协同，建构起"大任务"：教育改革的关键任务、先试先行的前瞻任务、破难解困的破冰任务、教学实践的需求任务等，任务之间相互关联、形成群落、构成体系、逐层推进、久久为功。其次，指向"能动"、着力"创生"。每一个"任务"的破解就是教师教育的完整过程，也是区域教育品质提升的具体环节。"任务"指向"研究着做事"，即完整真实教育的卷入、建构与改进。高校院所、行政部门、教师发展机构、教育基层单位等联动协同、统筹发力，既有微小问题的真解决，更有教育本质的常叩问。绝不止步细碎微茫，更聚焦区域教育育人方式的转型与新构、教育教学优良生态的优化与捍卫、教师队伍"未来朝向"的规划与培育、课程建构与教学范式的深入与彰显、教育文化的创生与发展……最后，以"实效"与"长程"来科学评价"新示范性"县级教师发展机构的价值实现，既指向"解决真问题"的微观维度，更关照"教育本质"的终极追求。

新的时代需要县级教师发展机构实现内涵建设的突围。"新示范性"的提出与初探仅是一种尝试的起步。如何真正实现，还有很长很长的路要走。

后 记

苏格拉底说：学习是一种回忆。

本书是"'苏式'教师发展服务品牌"的行动研究、实践成果。成书之际，既是学习过程，也是温暖回忆。

学习如逆旅，你我皆行人。感谢中心所有同志相伴而行，看一路风景，你们何尝不是风景；前行路上，或挥手道别，或启程他方，感谢已退休及调离中心的老师们，你们是战友，太多不舍，但是再见，亦是开始；感谢省、市各位专家、领导，你们是这路上的明灯，照亮前方，温暖岁月。

回忆似湍水，你我皆过客。感谢集团、学校、幼儿园，特别是亲爱的老师们，给予中心实践以无限信任与有力支撑；感恩千年姑苏，文化隽永、创生无限。前行、前行，朝向教育高质量的更高处，过往已成回忆，来日尤为可期。

回忆像远眺，你我自有梦。伴随教育阅历增长，看到无数伟大的素朴教师，真的拥有一份爱的事业并愿意为之终生奋斗。如果，你还能越走越欢乐，精神越来越明亮，那就是一辈子的幸事了。热爱生活、热爱教育、热爱学生、热爱老师，不断朝向精神的明亮处前进。

水平有限，一家之言，不足之处敬请批评指正。如有一二可取，皆为集体智慧。

感谢中心王润清、李琴、曹强、包迎艳等老师在专辑编著过程中的支持与付出。

是为记。